比较政治与政治文化研究丛书

民主与政治文明研究丛书

陈　刚　著

公共行政与代议民主

——西方公共行政的历史演变及其启迪

中国社会科学出版社

图书在版编目（CIP）数据

公共行政与代议民主：西方公共行政的历史演变及其
启迪/陈刚著．—北京：中国社会科学出版社，2010.10
ISBN 978 - 7 - 5004 - 8986 - 3
（民主与政治文明研究丛书）
（比较政治与政治文化研究丛书）

Ⅰ.①公…　Ⅱ.①陈…　Ⅲ.①公共管理：行政管
理—研究—西方国家　Ⅳ.①D523

中国版本图书馆 CIP 数据核字（2010）第 142711 号

策划编辑　卢小生（E - mail：georgelu@ vip. sina. com）
责任编辑　卢小生
责任校对　韩天炜
封面设计　杨　蕾
技术编辑　李　建

出版发行　中国社会科学出版社
社　　址　北京鼓楼西大街甲 158 号　　　邮　编　100720
电　　话　010 - 84029450（邮购）
网　　址　http：//www. csspw. cn
经　　销　新华书店
印　　刷　北京新魏印刷厂　　　　　　装　订　广增装订厂
版　　次　2010 年 10 月第 1 版　　　　印　次　2010 年 10 月第 1 次印刷
开　　本　710×1000　1/16　　　　　插　页　2
印　　张　16　　　　　　　　　　　印　数　1—6000 册
字　　数　258 千字
定　　价　32.00 元

《民主与政治文明研究丛书》总序

一

　　民主是一种激动人心的政治理想，同时也是一种令人神往的政治形式。从公元前 5 世纪古代雅典的公民大会，到中世纪的意大利城市国家，再到 18 世纪启蒙时代的法兰西第一共和国，尔后再到 19 世纪代议制政府时期的欧洲和美国，直至 20 世纪和 21 世纪初的自由民主时代，民主一直是人类政治发展中不断追求的理想目标。完全可以说，人类政治生活的任何进步都是与民主的进展联系在一起的，一部人类社会政治发展史其实也就是一部人类不断争取民主的历史。

　　何以人类要如此孜孜不倦地争取民主呢？或者说民主对人类发展究竟有什么价值呢？

　　"我们生活在或者看起来生活在一个民主的时代。仅于若干年前起家的国家社会主义在中欧和东欧已经崩溃。民主似乎不仅在西方得到了牢固的确立，而且，作为一种适应的政治模式，在西方以外的地区也大体上得到了广泛的采纳。民主的过程和程序已经在世界的主要地区得到了巩固。70 年代中期，三分之二以上的国家可在被称为权威主义国家。现在，这一比例已大幅下降，不足三分之一的国家仍然为权威主义的国家，而民主国家的数字却在急剧地增长。民主已经成为当今时代政治合法性的基本标准。"① 这是英国政治学者戴维·赫尔德 1996 在其新著《民主的模式》一书的《英文版序言》开篇中讲的话。我们当然不必将赫尔德的话当成圣典，也不必以西方的民主模式为楷模。但赫尔德所说的"我们生活在或者看起来生活在一个民主的时代"、"民主已经成为当今时代政治合法性的基本标准"，倒是真实地反映了现代政治发展的基本趋向。

在当下的世界，无论人们对于民主持何种看法，但似乎都承认，民主是值得追求的。即使是社会主义者，一直也是将实现民主作为重要政治目标的。马克思、恩格斯在《共产党宣言》中明确指出："工人革命的第一步就是要使无产阶级上升为统治阶级，争得民主。"② 列宁作为社会主义制度的追求者和实践者早就明确提出："没有民主，就没有社会主义"。③ 毛泽东在抗日战争时期曾提出："只有民主才能救中国"。④ 邓小平在世时，也反复强调："没有民主就没有社会主义，就没有社会主义的现代化。"⑤ 中共十四大报告指出，"人民民主是社会主义的本质要求和内在属性。"中共十五大报告提出："发展社会主义民主是我们党始终不渝的奋斗目标。"中共十六大报告指出："发展社会主义民主政治，建设社会主义政治文明，是全面建设小康社会的重要目标。"中国十七大报告更是提出："人民民主是社会主义的生命。"可见，民主作为一种价值目标，始终是社会主义者追求的政治目标。

然而，要实现民主，首先必须科学地理解民主的真实含义。马克思在《新莱茵报·政治经济评论》中指出，"全部问题在于确定民主的真正意义"⑥。因此，研究民主首先有必要搞清楚民主到底是什么？只有消除了在这个问题上的模糊认识之后，我们才能在诸如民主有没有普适价值，西方民主模式适合不适合中国，如何建设中国特色社会主义民主政治等一系列问题上，回到基本正确的认识上来。

---

① ［英］戴维·赫尔德：《英文版序言》，《民主的模式》，中央编译出版社 1998 年版，第 5 页。

② 《马克思恩格斯选集》第 1 卷，人民出版社 1995 年版，第 293 页。

③ 《列宁全集》第 28 卷，人民出版社 1990 年版，第 168 页。

④ 《毛泽东文集》第三卷，人民出版社 1996 年版，第 272 页。

⑤ 《邓小平文选》第二卷，人民出版社 1994 年版，第 168 页。

⑥ 《马克思恩格斯全集》第 7 卷，人民出版社 1959 年版，第 304 页。

民主是人类政治文明发展的优秀成果，也是世界各国人民的普遍追求。对于世界来说，民主是人类谋求和平、安宁、文明、幸福的重要机制；对于中国来说，人民民主是社会主义的生命，没有民主就没有社会主义，就没有社会主义现代化。

有人说民主是个好东西，也有人说民主并不一定是个好东西，也有人说优质的民主才是好东西，还有人说民主可以成为一个好东西，还有人说民主不是东西而是生命。无论人们如何看待民主，民主都可以当之无愧地被称为当今时代政治领域的最强音。

民主的含义众说纷纭。它既是一种价值、一种理想、一种制度、一种机制，也是一种形式、一种方法、一套程序、一个过程。

就民主的本质而言，民主所解决的是国家权力归属问题。简单地说，民主相对君主而言，国家权力属于人民，那就是民主；国家权力属于君王，那就是君主。因此，国家权力属于人民，这是民主的最本质的特征。

就民主的实践过程来看，民主关系到领导人和公共决策的产生。也就是说，如果领导人和公共决策是根据多数人的意志产生的，那就是民主；反之，如果领导人和公共决策是根据个人或少数人的意志产生的，那就是独裁或专制。人类天生是政治动物，也天生是社会动物。人类的所有活动总是以群体的方式展开的。而只要是群体的活动，就必然需要领导人和公共决策来管理和协调。于是，如何产生领导人和公共决策就成为人类政治生活的核心内容。

既然民主关系到领导人和公共决策的产生，那么，领导人和公共决策产生的原则和方式就具有了重要的意义，甚至可以说，正确地认识和把握了领导人和公共决策的产生原则和方式，就是正确认识和把握了民主的真谛。

就领导人和公共决策的产生原则来说，凡是按照"服从多数和保护少数"原则进行的，就是符合民主精神的；反之，凡是违背"服从多数和保护少数"原则的，就是不符合民主精神的。同时，必须明确的是，多数与少数并非完全对立的，也不是固定不变的，而是可以随着时间和条件的变化而改变的。正如研究民主议事规则专家罗伯特所指出的："民主最大的教训，是要让强势一方懂得他们应该让弱势一方有机会充分、自由地表达自己的意见，而让弱势一方明白既然他们的意见不占多数，就应该体面地让步，把对方的观点作为全体的决定来承认，积极地参与实施，同时他们仍有权利通过规则来改变局势。"①

至于是"全体一致通过"或"过半数通过"更能反映人们的真实意图呢？或者说更能体现民主的精神呢？罗伯特认为，由于社会存在的差异性，要求人们对所关注的事情的处理达到完全一致的意见，实际是不可能的。而且，从价值取向来看，追求全体一致和绝大多数一致本身就是一种独裁（也就是说作这样的规定的本身就是独裁），"在一个追求'一致'的组织里，各种错误的感情——不愿被人视作反对领导，不愿因说出不同意见而遭到歧视，不愿被人说成是集体团结的障碍，等等——自然会在'全体一致'的假象下，作出的决定却没有人真正满意，结果也就没有人真正愿意去实施这些决定，没有人真正愿意为这些决定负责。"因此，"只有通过'过半数表决'，加上公开明晰的辩论，才能够在最大限度上作出符合组织整体利益的决定。"② 可见，只有将"多数决定"的民主形式与"协商说服"的民主形式结合起来，才能真正体现民主的精神。

二

研究民主和实践民主，有必要明确的一点是，即民主价值的普适性和民主形式的多样性。也就是说，民主作为一种价值，它具有普适性，是任何进步人类都必须追求的；同时，民主作为一种政治形式，它具有特殊性，在不同国家和不同时代是不同的。正如有的学者所指出的："民主制也许是一个普适的概念，但是它的形式和实用性却是很特殊的。试考虑一下投票行为。大部分人都认为全世界的人对这一行为有一致的理解，但事实并非如此。我们通常理解投票是指明它意味着选择：投票者在候选人中间进行选择。但是在其他那些自称民主制的国家或文化区域中，投票通常与其说是一种代表着选择的行为，还不如说是一种批准性的（ratificatory）或全民表决的（plebiscitary）机制。投票者可以通过批准政府继续担任公

① ［美］亨利·罗伯特：《罗伯特议事规则》第10版，格致出版社、上海人民出版社2008年版，原著导言。
② 同上。

职来表达对政府的支持，而批准性的投票行为和选择性的行为是完全不同的。一些国家还有可能同时采用这两种投票形式。因此，我们在利用数学公式深入研究复杂的投票行为之前，最好先确定我们是否真正理解了投票在我们所研究的国家中的含义。否则，我们就像是在苹果和橘子之间进行比较。"① 德国前总理施密特曾在同中国年轻人的谈话中强调："中国不会发展出像德国、英国和美国那样的民主。这与这个国家的文化遗产相矛盾。（中国的民主）它将是另一种样子。"②

毫无疑问，民主最早产生于西方社会。也应该承认，西方社会的民主发展相对于东方国家来说要完善一些。然而，随着人类社会的发展变迁，西方社会的民主的内涵和形式已经发生了深刻的变化，一些非西方国家也有了许多成功的民主实践。如果不能及时地了解民主在西方社会的这种变化以及非西方国家民主的发展实际，就很难把握民主发展的基本趋势，进而找到不同国家民主发展的正确道路。

必须明确，民主并非西方国家的专利，而是人类共同创造的政治文明成果，是人类共同政治智慧的结晶，不同国家的政治实践对民主的发展都作出过自己的贡献，无论是成功的经验或是失败的教训。而且，民主的实践特别依赖于不同国家的社会发展条件，因而民主发展的道路和形式从来都是多层次和多样化的。对于不同国家的民主化道路，西方有的学者也已经意识到是一个不可回避的问题。比如，美国政治学者霍华德·威亚尔达主编的《民主与民主化比较研究》中就提出这样的问题："民主是单一的、普遍的、在很大程度是来自西方（美国和欧洲）对民主的定义和实践而有所不同？换句话说，在民主的西方模式之外，现在是否还存在亚洲模式和理论、拉丁美洲版本、伊斯兰模式以及土生土长的非洲模式？"③他的结论是："民主既是普遍的——所有人（准确地说是几乎所有人）都希望得到它，而且它还具有某些特定的核心要求，使其可以适用于全球；民主又是特殊的——所有国家和文化地区都以各自的方式实践民主。"④

---

① ［美］霍华德·威亚尔达：《比较政治学导论：概念与过程》，北京大学出版社 2005 年版，第 211 页。
② 转引自杨建平《法治民主后发国家的政治选择》，《战略与管理》2001 年第 6 期。
③ ［美］霍华德·威亚尔达：《民主与民主化比较研究》，北京大学出版社 2004 年版，前言。
④ 同上书，第 171 页。

　　有必要指出的是，民主模式与民主形式是既有联系又有区别的。由于民主模式是相对稳定的制度形式，是特定社会条件下经过长期积淀的产物，因而民主模式具有不可模仿性和不可复制性的特点。有学者指出："民主诞生在西方的古希腊，甚至可以说是由古希腊人所发明的。长期以来，它与西方——包括西欧及其北美的扩展部分——的发展和制度安排有着紧密的联系。有着多种定义的民主看来与西方是彼为契合的。正如我们看到的那样，它与西方的文化和制度密不可分。这就暗含着这样一个观点：民主不仅仅是一套在理论上任何国家都可以通过最低限度的宪政建构来加以模仿的制度安排，例如制度化的选举等；作为一套生活方式，民主常常地铭刻在西方的文化、社会和经济之中。正因为这样，在历史、文化、社会和经济关系都与我们在非常不同的社会中，民主很难被模仿或者复制"①。

　　相对于民主模式同言，民主形式是具体的、多样化的制度形式。不仅不同国家有不同的民主形式，而且具体的民主形式也是发展变化的。"我们需要承认，许多国家的民主不是一种非此即彼的命题，而是一个连续体、一段旅程、一个正在进行着的过程。我们需要运用一系列的范畴——有限民主、部分民主、不完全的民主，等等，以便我们不仅能够理解和把握各种等级的民主，而且也能够理解和把握民主可能具有的各种独特的、由文化条件所限定的形式。这将不仅为我们评估民主在全球范围内的条件和现状提供一种有用的、现实主义的方式，而且也将对我们促进民主在未来的发展奠定一个良好的基础。"②

　　当然，强调民主形式的多样性，并非要否民主价值的普适性。其实，民主作为一种价值追求，其普适性是毋庸置疑的。当下许多人在说，美国民主不具有普适性，因而不能搞美国式的两党制、三权分立、两院制，其实这些都是在谈民主的形式。民主形式从来都是多样性的，因为形式是随着存在条件的变化而不断变化的，如同以前没有电子投票而现在有电子投票一样。然而，这并不能否定民主价值的普适性。民主价值的普适性是说对民主（主权在民）的追求是普适的，只要是进步人类都是要追求民主

① ［美］威亚尔达主编：《民主与民主化比较研究》，北京大学出版社 2004 年版，第 6 页。
② 同上书，第 182 页。

（主权在民）的，资本主义要追求民主，社会主义也要追求民主，在这里民主是被作为价值目标来追求的。比如，中国近期提出要树立民主法治、自由平等、公平正义的理念，这里所说的三大理念就是普适性的。你不能说这些理念只是社会主义或资本主义的，因为这是进步人类都要追求的。而当我们说发展社会主义民主的时候，这其实也是在说形式，是说我们实现民主的形式和方法与资本主义是不一样的，而不是说民主的价值、理念是不一样的。比如，北京奥运会提出的"同一世界，同一个梦想"和中国俗话说的"人同此心，心同此理"都是就价值和理念而言的。

为了清楚地说明问题，不妨对价值、模式、形式等概念作一点语义上的分析，以便正确地理解民主价值的普适性和民主形式的多样性问题。

价值，是指事物的积极作用或进步作用，是一种值得追求的目标。由于人类的本质属性是不断追求进步，因而价值是具有普适性的，只要是人类，都会追求进步的价值。

模式，是描述物质世界的一种相对固定的标准形式或者使人可以照着做的标准样式（如模式图、模式化等）。在通常情况下，模式是单一的，相对固定的，自然形成的。当人们将之用于描述社会现象时，模式就是一种相对固定的社会样式，作为社会现象的模式是不可能照搬的。

形式，是指事物的形状、结构、方式等（如组织形式、艺术形式、操作形式等）。形式从来都是多样的，因而形式是可以借鉴和选择的。

民主价值，是指民主所追求的目标，简单地说，就是实现"主权在民"（人民当家作主）。这是所有民主政治都要追求的，因而是普适的。

民主模式，是指一国实现民主的相对固定的标准样式，如"三权分立"、"两党制"、"五权分立"就是不同的民主模式。由于民主模式是相对固定的，因而是不可照搬的。

民主形式，是指一国实现民主的具体方式、方法，如选举、决策、管理、监督的方式、方法等。由于民主形式是多样的，是具体的，因而是可以借鉴的。

其实，民主模式、民主形式与民主价值也不是绝然分开的，任何民主价值都需要与它适宜的民主形式去实现；反之，任何民主形式实际上都在维护和体现着某种价值。民主价值经过长期发展，有两个构成要素：（1）对民众的保护（保障公民权利）；（2）民众的权力（人民当家作主），这两个要素是普遍性的,只要是民主,就应该体现在这两个要素,这就是民主价值的普适性。至于如何保障公民权利和怎样实现人民当家作主,不同制度下则是不一样的。与保障公民权利相对应的是权力制约。权力必须制约,不受约束的权力必然导致腐败,这是普适性的,因此,为了制止腐败,必须制约权力,其中最重要的是以权力制约权力。但具体到如何以权力制约权力,这就有特殊性和多样性了,各国制约权力的形式完全可以不一样,比如,有的两权分立,有的三权分立,有的五权分立。这些是权力制约形式问题,必须根据各国的实际情况,分别采取不同的权力制约形式。

总之,"民主既是普遍的——所有人都希望得到它,而且它还是某些地特定的核心要求,使其可以适用于全球;又是特殊的——所有国家和文化地区都以各自的方式实践民主。"①

三

在中国社会主义民主发展过程中,有人总是以中国的情况不一样,而说中国不能选择某种民主形式。其实这是一种前提和结果的倒置,是站不住脚的。没有给予可选择的对象而说不会选择,显然是不合逻辑的。萨托利在批评有的人说第三世界国家不珍视自由时举例说:"当我问某人愿意骑马还是愿意乘车旅行时,他的回答是没有意义的,除非回答至少看到一辆车或一匹马。去询问对面的人的偏好是没有意义的,因为你从未给对方提供可选择的对象,即提供可比较的东西。……有无数的人不能喜欢一样东西甚于另一样东西,只因为他们见不到'另一样';他们只能承受他们所发现的人道的(或不人道的)条件,并把自己置于这种条件之下。"②

因而,问题的核心并不在于抽象地谈论某种民主形式适合不适合中国,而在于这种民主形式是否具有普适性价值,只要是具有普适性价值的民主形式,那就是值得追求和可以借鉴的。如前所述,民主形式有两种具

---

① [美]威亚尔达主编:《民主与民主化比较研究》,北京大学出版社 2004 年版,第 171 页。
② [美]乔万尼·萨托利:《自由民主可以移植吗?》,载刘军宁编《民主与民主化》,商务印书馆 1999 年版,第 145 页。

体表现形式：一种是民主模式，另一种是具体民主形式。前者是不可照搬的，后者则是可以借鉴的。因为，选择与借鉴是不一样的，选择是根本性的，是在多样性中择其一种；借鉴是具体的，是吸取精化，去其糟粕，为我所用。选择是变更自我，变换主体，改弦易帜；借鉴则是以我为主，为我所用，无论怎么借鉴都不会改变自我本身。因此，选择必须谨慎，而借鉴必须大胆。正因为如此，我们才说要大胆借鉴人类政治文明的成果，但绝不照搬别国的政治制度模式。

就民主的内在机理来说，社会主义是最有利于实现民主的。因为，社会主义以社会为本位，以存在于社会的每一个人为主义，这样社会主义就从根本上保证了民主（人民当家作主）的实现。正是从这个意义上说，民主与社会主义并不是矛盾的，反而是内在契合的，民主是社会主义的本质要求，没有民主就没有社会主义，就没有社会主义现代化。因此，问题的关键不在于社会主义要不要搞民主，而在于社会主义如何搞民主，能否创造出较之资本主义更高的民主。当我们批评资本主义民主时，实际上是说资本主义民主还不够民主，而社会主义则能够创造出比资本主义更高的民主，使"民主更加民主"。

1988 年 10 月，邓小平会见罗马尼亚总统尼古拉·齐奥塞斯库时，在谈到社会主义问题时说：我们走社会主义道路是正确的，我们都要在努力证明社会主义优于资本主义。但是，各国建设社会主义的方法，一定要根据自己的实际情况，要多种形式，各有自己的特点。各国只能根据本国的实际情况来制定自己的发展战略和与之相适应的方法、方式，制定适合自己具体的政策。社会主义国家之间的经验相互可以参考、借鉴，但绝不能照搬。自己认为成功的东西，就应该继续坚持，不要因为别人改变了，自己也跟着改变，用不着这样。经验教训，包括成功的经验和失败的教训，要自己去总结，都是一个模式不行①。

邓小平还多次明确表示，我们不学美国，但要搞社会主义民主。1991年 9 月，他在会见朝鲜劳动党中央委员会总书记、国家主席金日成时指出：我们搞改革开放，要有两手：一手搞改革开放；一手搞"四个坚

---

① 中共中央文献研究室编：《邓小平年谱》（一九七五——一九九七）下，中央文献出版2004 年版，第 1254 页。

持"，反对资产阶级自由化。两手中最核心的是发展生产。我们的改革是从经济上、从改善人民生活上做起，不是从政治上做起。在宣布进行政治体制改革时，我就说过，不赞成美国式的民主。我当面对布什以及其他美国人多次讲，我们不会学美国。我们不赞成西方民主，但是我们也确实要民主，要社会主义民主①。

江泽民、胡锦涛和温家宝在不同场合也都表示要发展社会主义民主。2002 年 11 月，江泽民在中共十六大报告中指出："发展社会主义民主政治，建设社会主义政治文明，是全面建设小康社会的重要目标。" 2007 年 10 月，胡锦涛在中共十七大报告将人民民主提高到社会主义生命的高度，指出："人民民主是社会主义的生命。发展社会主义民主是我们党始终不渝的奋斗目标。" 2009 年 2 月，温家宝访问欧洲在回答英国《金融时报》记者巴伯的提问时指出："在西方人看来，中国人好像怕民主、怕选举，其实不然。我今年在记者招待会上曾经讲过，只有人民信任你，人民才能让你坐在台上。我们现在实行的是村级的直接选举，乡、县和不设区的市人民代表的直接选举，县以上实行的是间接选举。但是我坚信，群众能管好一个村，就一定能够管好一个乡，一个县，也就能够管好一个省。但要按中国的实际情况，发展具有自己特色的民主方式，循序渐进。"②

的确，发展社会主义民主不可能一而蹴而就。民主建设是一个系统工程，需要把民主制度建设与民主文化建设、民主社会建设结合起来。"在定义民主的时候，我们应该倍力小心。民主不仅仅是选举——尽管选举是很好的开端。如果民主仅仅被定义为选举的话，那么诸如尼加拉瓜、萨尔瓦多和俄罗斯等国家都可以被视作民主国家。除了定期的自由选举之外，民主还要求如下几个运行良好的机构：强大而独立的议会、强大而独立的法院系统、强大的政党、强大的足以传达自身观点的利益集团以及政府中强大的基层参与。根据这些标准，上述提及的那些国家，以及很多其他国家，都只是部分意义上的民主国、不完整的民主国、正在形成中的民主国。此外，民主要求宽容、尊重不同的观点、言论自由——这通常被称作

---

① 中共中央文献研究室编：《邓小平年谱》（一九七五——一九九七）下，中央文献出版 2004 年版，第 1332 页。

② 2009 年 2 月 2 日"新华网"。

'公民文化'。因此，除了研究民主化的进程之外，我们还必须承认存在着不同类型、层次与程度的民主。"①

总之，民主是天下公器，谁也不能独霸民主；民主也是世界公理，谁也不能拒绝民主。民主是价值的普适性和形式的多样性的统一。世界上没有统一的民主模式，也没有不能共享的民主价值。

民主作为一种价值追求，它本身并不保证什么，它既提供成功的机会，也提供失败的风险。因此，不能因某种民主形式的失败而否定民主的价值，同样也不能因民主价值的普适性而要求采取统一的民主模式。还必须看到的是，无论民主价值或民主形式都是发展的，理解民主和实行民主都必须与时俱进。民主不是一套天启不变的真理，而是一个寻找真理的机制。由于有了这个机制，人们可以透过思想的冲突与妥协，以及个人与机构、机构与机构的冲突与妥协，用和平的方式找到真理。

2010 年 4 月 12 日，两年一度的世界民主运动大会在印度西尼亚首都雅加达召开第六次会议。于 2009 年再次当选印度尼西亚共和国总统的苏西洛·班邦·尤多约诺（Susilo Bambang Yudhoyono）在大会上作了主题演讲。他激情地说："民主的魅力不仅仅在于选举权，更在于为公民提供更佳发展机遇的愿景。当我们试图达到此目的时，我们应该始终牢记：良治既非民主本质，也非民主专有。非民主以及半民主国家同样可以发展出良治。每一个——我指每一个——政治体制都必须去努力赢得实现良治的珍贵声誉，而不应将其视为理所当然。"针对一些发展中国家在民主道路上的挫折，他表示："我确信，这些倒退充其量只是暂时现象。民主——正如我们印度尼西亚人在自身经历中所深刻体认的那样——从来都不是轻而易举的、从来都不是一帆风顺的，也从来不是线性的。它常常是一个不断试错的痛苦过程，充满跌宕起伏。所以不要绝望。我相信，21 世纪的本能最终是民主的本能，并且 21 世纪的民主本能将不可避免地比 20 世纪的民主本能更为强大。"②

---

① ［美］霍华德·威亚尔达：《比较政治学导论：概念与过程》，北京大学出版社 2005 年版，第 114 页。

② ［印尼］尤多约诺：《21 世纪的民主本能》，《民主杂志》2010 年 7 月刊。

四

政治文明是人类政治生活的进步状态，也是政治发展追求的重要目标。"政治文明"作为客观的社会存在，自古有之；"政治文明"作为人类社会政治建设追求的目标，也由来已久。但是，将"政治文明"作为国家建设的重要任务而明确提出来，则是 21 世纪以来发生在中国的事情。自从 2002 年中共十六大正式提出"发展社会主义民主，建设社会主义政治文明"的奋斗目标以来，广大理论工作者围绕政治文明基础理论和中国政治文明建设实践问题展开了深入的研究，取得了一系列有价值的研究成果，有力地促进了中国社会主义政治文明的发展。但是，由于政治文明问题提出的时间不长，而政治文明建设和政治文明研究所涉及的问题又十分广泛和复杂，因而人们对于政治文明的基本理论和政治文明建设的路径并没有十分清晰的认识。因此，政治文明建设和政治文明研究仍然是中国政治发展和政治学研究的重要课题。

民主与政治文明有着天然的联系。民主是政治文明的重要内容，也是政治文明的具体体现。在当代，离开了民主，所谓政治文明就是一句空话。因此，政治文明建设必须将如何实现民主作为重要目标，而民主发展又必须以推进政治文明为圭臬。正是基于此，我们的这套丛书特意将民主与政治文明结合起来，试图从理论与实践的结合上探寻民主与政治文明的发展道路，进而推动实现中共十六大提出的"发展社会主义民主政治，建设社会主义政治文明"的宏伟目标。

五

编辑出版《民主与政治文明研究丛书》，是我们主持的武汉大学"985 工程"二期拓展项目"政治文明与民主政治建设研究"的重要任务之一。

自 2005 年武汉大学人文社科重点研究基地——"政治文明与政治发

展研究中心"成立以来，我们围绕着政治文明与中国民主政治建设问题
展开了多方位的研究工作，先后独立或与北京市政治文明建设研究中心联
合召开了"政治文明与政治体制创新"（2006）、"和谐社会的政治文明建
设"（2007）、"改革30年中国政治发展：回顾、反思、展望"（2008）、
"地方人大设立常委会30年"（2009）和"政治体制改革的新进展：纪念
邓小平'8·18'讲话30周年"（2010）5次学术研讨会，出版《政治文
明与政治发展研究丛书》，发表有关政治文明、政治发展和民主政治建设
方面的论文100余篇，在政治学界产生了良好的影响。

　　2009年1月，鉴于我们在政治文明与民主政治方面已经取得的研究
成果，武汉大学决定设立"985工程"二期拓展项目——"政治文明与民
主政治建设研究"。此后，我们联合全校政治学、法学、马克思主义等学
科的力量，积极开展研究工作，先后在8个省市进行"基层官员民主意
识"的调查，获得了大量实证资料和数据。同时，2009年9月和2010年
4月先后在《武汉大学学报》开办"西方民主理论研究"和"中国式民
主理论研究"两期专栏，发表专题论文10篇。另外，同期在国内其他期
刊上发表相关论文40余篇。2009年11月，以拓展项目为载体筹备并召
开了"中国式民主国际学术研讨会"，国内外学者共70余人参加会议，
其中有6个国家12位国外学者及多名我国台港学者与会，推进了中国式
民主的研究，获得学术界的广泛好评。

　　我们编辑的这套《民主与政治文明研究丛书》，共10种，内容涉及
民主与政治文明研究的基本层面，力求比较全面地反映民主与政治文明研
究的最新进展和最新成果。当然，我们深知，无论民主问题或者政治文明
问题，都是人类政治发展进程中极其重要的问题，我们这区区的10本著
作，显然是不可能究其竟的。好在，民主与政治文明建设和发展问题已经
成为人们的共识，估计在不久的将来会有大量的鸿篇巨著问世，那正是我
们之所愿。真的好希望这一天的早日到来！

虞崇胜

2010年8月于武汉大学珞珈山下补牢斋

《比较政治与政治文化研究丛书》总序

对于普通百姓来说，政治都是当地的。很难要求一个普通人熟知那些遥远的、与自己没有切身关系的异国政治，甚至不可能企求他们产生了解这些异国的政治的欲望。外国人如此，中国人更是如此。古代的中国是自成一个世界的，中国人只知道一种制度即以专制皇权为特征的君主制度，以及发生在自己身边的争夺皇权大位的种种故事。直到鸦片战争敲开了中国的大门，中国人才慢慢地知道了别样的文明存在，经过一些开明知识分子的介绍，人们才了解了种种不同的政治和政治制度。但是，即使如此，今天的中国人对外国政治和政治制度的了解仍然是不多的，有时甚至是被扭曲的。

比较政治学是政治学中"根据方法论而不是根据所研究主题进行定义的唯一分支"[1]，它通过对不同国家、不同类型的政治和政治制度的分析、比较，来探讨和研究政治现象的一般规律。虽然比较政治的研究者们在比较什么及如何比较上仍然各执己见，但是大多数人都承认，比较方法的运用的确有助于推进我们对世界政治的理解。比较是人类认识事物的基本方法之一，人们总是在自觉或不自觉的比较中认识事物的。比较是社会科学研究中最常见的方法之一，同样，也是研究政治现象最常见的方法之一。实际上，政治学就是源自比较政治研究，比较政治学的历史可以追溯到两千多年前的古希腊，而亚里士多德的著作《政治学》就是以对当时城邦政治的比较研究为基础的。从这个意义上讲，比较政治研究实际上是

---

[1] ［美］劳伦斯·迈耶等：《比较政治学——变化世界中的国家和理论》，罗飞等译，华夏出版社 2001 年版，第 3 页。

先于政治学的，或者可以说政治学是以比较政治研究的成果为基础产生的。要理解政治现象，要理解政治学的许多基本概念、基本原理，都离不开对不同国家的政治的比较和对比。

就学科关系而言，关于各国政治和政治制度的知识，是关于一般政治现象、关于政府管理和公共行政及关于国际关系现象的研究所不可缺少的知识基础，比较政治实际上是政治学、公共行政学和国际关系学的共同支撑。

政治学关注国家及其活动，是探求治国之道、探求如何建立和维持良好的公共秩序及公共生活的一门最高的学问，而对各国政治和政治制度的比较研究显然构成这门学问的重要知识基础。正如众多学者所指出的那样，比较政治学是政治学中最富创新性、最有吸引力和最具发展潜力的领域，它所贡献的有价值的政治概念、政治理论和政治洞见多不胜数。从事政治学的学者如果不重视比较政治的研究，就会大大限制自己的视野，也很难把握学科发展的最新动向。同样，政治学专业的学生如果不掌握比较政治的知识，就不可能真正领悟政治学的奥妙，不可能掌握政治学所能提供的智慧，甚至不可能进入政治学的知识视界。

公共行政学致力于发现政府及行政官员依法管理社会公共事务的客观规律，而关于各国政府组织结构特点、政策制定过程的知识无疑是认识和掌握这些规律所必不可少的。关于这一点，罗伯特·达尔曾经说过："只有深入研究与公共行政管理关系密切的各种国家和社会的特性，以便确定公共行政的哪些方面真正可以独立于国家和社会的环境，才会有真正普遍的概括。"① 可见，如果不能用比较的眼光来考察不同国家那各具特性的政府管理活动，公共行政学就无法实现真正的科学化。

国际关系学以国际行为体之间的相互作用为其研究对象，准确地认识和把握国家之间的经济、政治和文化交往关系，探求实现良好的国际秩序和国际环境的战略和策略，不言而喻，要达到此目的，比较政治的研究同样是不可或缺的。要研究国家之间的关系必然要研究各个国家的对外政策，外交是国内政治的延伸，而且任何国家的对外政策也是在一定的政治

---

① 罗伯特·达尔：《公共行政科学：三个问题》，参见彭和平、竹立家等编译《国外公共行政理论精选》，中共中央党校出版社 1997 年版，第 165 页。

制度和政治背景下制定的，因此，一个国家的国内政治特别是大国的国内政治会对国际体系的运行和发展产生重要影响。正因为如此，对不同国家政治结构及政治过程的比较和分析，也是解开国家间交往的某些秘密和认清国际关系演变的总体特点及一般趋势的必备知识基础。

20世纪90年代以来，随着综合国力的增强及海外投资的扩大，中国越来越多地参与国际事务，也越来越深地被卷入全球化进程之中。在这种情况下，要想应对日益激烈的竞争、实现持续的和平发展、更好地维护本国利益，就必须系统地了解世界各国，包括它们的社会、经济和政治。因此，比较政治研究应该引起中国领导层和学界的重视，因为它已成为国家处理对外关系迫切需要的知识。掌握此类知识有助于深切地体认他国的独特性，进而与受不同文化熏染的其他民族进行有效的沟通，建立持久的合作，减少冲突，降低对抗发生的可能性。

另外，比较政治研究也是借鉴世界各国政治文明建设有益经验，推进中国民主与法治建设的必要知识准备。世界的文明是多样性的，现代世界是丰富多彩的，每一个国家都是特殊的，同时也为人类的文明作出过特有的贡献。各国政治制度的形式和政治发展的道路也是多样的，任何国家的政治制度和政治发展模式都是各国人民的自主选择，为这个国家所特有，所以任何一个国家都不应拒绝学习他国的经验。我们既要克服自己的中心主义，也反对任何他人的中心主义。

自从政治学在中国恢复以来，中国的比较政治学也取得了一定的成就，这既表现为国外有关比较政治制度、比较政治发展和比较政治经济等领域的经典著作大量被译介出版，也表现在国内青年学者们正自觉地尝试运用新的理论和方法来拓展比较政治研究的对象，或深化既有的研究内容。但是，就整体而言，中国比较政治研究的成就，离社会实践的要求还有太大的距离，比较政治研究至今尚未获得应有的重视。而且，新世纪纷繁复杂的国际形势及不断变幻的国家政治为比较政治学者提出了很多需要探讨的新课题——其中有相当比例是以往未曾涉及的。要增强对这些特别有意义的政治事件和现象的理解，我们有一种紧迫感。

早在上世纪三四十年代，武汉大学就已形成了重视外国政治制度和比较政治的教学与研究的传统，一批知名的学者在这个领域里作出了开创性的贡献。王世杰的《比较宪法》，周鲠生的《欧洲新民主宪法之比较的研究》、《近代欧洲政治史》，刘遒诚的《比较政治制度》、《比较市政学》，曹绍濂的《近代欧洲政治社会史》、《欧美民主宪法》等著作，不仅对当时的国内学界产生了重要影响，即使从今天看来也是非常有价值的。

恢复政治学 30 年来，武汉大学的学者们在 80 年代就先后出版了《美国政治制度史》、《比较宪法》、《当代美国总统与社会》、《各国地方政府》、《美国两党制剖析》；90 年代末，中央编译局俞可平教授主编的"当代各国政治体制"丛书出版，这是比较政治研究领域的一大盛事，其中关于英语国家的三本专著均由我校学者撰写。此外，我们还出版了《美国式民主》、《多头政体：参与和反对》等译著。这意味着前辈学人的比较政治研究传统已在新的历史条件下得以传承，并成为武汉大学政治学学科的重要支撑。2003 年，武汉大学正式成立比较政治研究中心，试图整合研究力量，推动比较政治研究。我校比较政治研究的领域有了进一步的拓展，研究方法也逐渐走向多元化，在这几年里，我们又陆续出版了《政治现代化比较研究》、《调和与制衡：西方混合政体思想的演变》、《比较政治：理性、文化和结构》、《权力与财富之间》等著作和译著，发表了多篇有关比较政治方面的论文。尤其值得一提的是，最近 20 年间，武汉大学已经产生了数十篇较高质量的关于美国、英国、加拿大、俄罗斯、印度、伊朗、新加坡等国政治制度的硕士论文和博士论文，其中不乏创新之作。为了更好地介绍这些研究成果，增进比较政治研究者之间的对话和交流，我们决定组织出版《比较政治与政治文化研究丛书》。我由衷地期盼比较政治研究能获得越来越多的重视和支持，也希望青年政治学人都能逐渐培养起和运用好比较的思维，因为正如斯旺森所指出的那样："没有比较的思维是不可思议的，如果不进行对比，一切科学思想和所有科学研究，也都是不可思议的。"①

谭君久

2010 年 9 月于珞珈山麓

---

① 转引自［美］尼尔·J. 斯梅尔塞《社会科学的比较方法》，王宏周、张平平译，社会科学文献出版社 1992 年版，第 2 页。

目　　录

导　　论

一　研究的缘起及意义

自有政府以来，就存在着利用特殊公共权力而对公共事务所进行的管理活动，但其范围一直较为狭窄和有限，机构设置等方面的专业化水平也不高。进入 20 世纪之后，伴随着行政事务的增多和行政权力的强化，政府干预的内容、范围也日益广泛，几乎涉及经济和社会生活的每一个领域。实践中，公共事务治理的重要性导致越来越多的学者认识到研究行政现象所具有的价值，从而使行政学逐渐成为大学里的"显学"，得以蓬勃发展。这种趋势反映了如下共识：行政管理活动并非只是纯粹技术性、工具性的枝末细节，它也具有科学性，必须对其特点及规律进行深入地探讨。国内的行政学研究虽起步较晚，但在学科体系建设方面业已取得了不俗的成绩，表现为师资力量不断壮大，设立了本学科的硕士点和博士点，举办了一系列有影响的学术研讨会，还发表了众多高水平的学术论文。此外，近些年来，国内学者引入境外公共行政经典的努力也有目共睹，其中具代表性的如中共中央党校出版社出版的"国外行政学经典译丛"、上海译文出版社出版的"公共管理和公共政策丛书"、上海交通大学出版社出版的"公共管理译丛"、中国青年出版社出版的"公共管理译丛"等，而中国人民大学出版社出版的"公共行政与公共管理经典译丛"在介绍西方公共行政理论与实践的最新动向方面表现得最为突出。总体来看，这门学科与以往相比的确进步非常明显，对改进各级政府的政策执行和政务处理及推动中国行政管理活动的科学化等也起到了积极作用。

不过，在肯定上述成绩的同时，我们还应该看到，当前的行政学研究仍然有不尽如人意的地方。首先,越来越多的人为追求实用而把目光聚焦于管理技术和方法的运用,一味强调经济和效率的优先性,逐渐淡化了对行政管理活动目的、价值、伦理等问题的思考和探究,造成行政学的理论支撑日益薄弱。其次,少数研究者不加辨别地搬用西方的话语体系及学术观点,强调公共管理模式的普适性,极力推动中国行政管理体系的市场化,从而导致公共行政两重性中的政治属性被管理属性所排挤,并使得公共行政的本质变得模糊起来。针对上述情况,有知名学者呼吁"发展行政学要重视加强行政哲学研究"①,中国行政管理学会会长郭济还在一次主题为"21世纪的行政哲学与我国的行政发展"的研讨会上特别指出:"对我国行政管理经验教训的总结和国外经验的借鉴,需要行政学界在深入行政理论研究和行政实践的基础上进行新的理论建构。"② 本书也试图作出积极的努力来响应上述呼吁,为此,笔者将追随德怀特·沃尔多等大师的脚步,以西方国家公共行政理论和实践作为研究的对象,重新探寻公共行政研究与政治理论之间的密切联系。笔者以为,从代议民主的视角来考察西方公共行政的历史流变,可以弥补只从管理角度来看行政的不足,进而为中国及发展中国家民主行政的发展提供更为丰富和准确的信息,以及更具可行性的理论指导。

众所周知,行政学原本是政治学的一个分支学科,需要借用政治学的基本理论和方法来分析政府体制和政府行为,研究行政管理规律,因此行政学必须以政治学为依托。随着行政学独立地位的取得,政治与行政的这种密切关联开始为一些人有意无意地忽视——表现为管理的术语在行政学研究中逐渐占据主导而政治的术语则日益边缘化,这是既错误又危险的。之所以错误是因为行政的属性是由管理属性和政治属性两者构成的,公共行政不可能做到脱离政治;之所以危险是因为任由这种"非政治化"倾向继续发展会割裂政治学与行政学之间的内在联系,制约学科的进一步发展。令人担忧的是,这点如今似乎不再是"不言自明",因此,笔者以为有必要再度强调,研究公共行政活动时应当突出政治与行政的互动,更多

---

① 张康之:《发展行政学要重视发展行政哲学》,载《中国行政管理》2003年第1期。

② 郭济:《重视研究行政哲学 提高行政科研水平》,载《中国行政管理》2003年第7期,第4页。

地把行政管理活动纳入政治学的视野。国内已有行政学家明确指出，将政治与行政看做"政府两种相互独立、相互平衡的活动"以及从这种错误观点出发所导致的把行政学当成一种"与政治学相平行的独立学科，脱离政治学的指导研究行政学，甚至宣称行政学的研究内容只是政府管理的技术问题，它须摆脱政治学的价值观，坚持所谓'价值中立'原则，或者根本就不过问价值问题"等做法都"只会把行政学的研究引向歧途"①。以民主作为自身价值关怀的政治学研究者也必须重视和研究这个问题，始终把公共事务的治理当做民主政治的核心要素来看待，并牢牢树立如下观念，即公共行政的民主取向是政治民主的内在要求，而民主行政则是确保公共行政所追寻的公益不被背离的必要保障。毕竟谁统治的问题总要延伸到如何统治的问题中去，民主既与统治权力的归属有关，也与行政管理有关。换言之，民主价值不仅体现为公民对政策制定者的选举过程，也体现为各种民主机制对行政权力的有效制约以及公民积极参与影响自己切身利益的行政管理活动。同样，行政管理不能够只追求经济与效率，民主制度下行政活动的运作也应当渗透着民主精神，特别是对所谓"中立"的政府官员来说更是如此，正如莱维坦所言："民主国家的公务员不可能很好地履行其职责，除非他确实理解了民主的含义、公民的尊严和成为人民公仆的概念。"② 鉴于当代西方各国的行政改革过程中都不同程度存在着"非政治化"思潮，而中国行政学研究忽略政治理论支撑的倾向又实际上源自西方的新公共管理运动，所以，本书对西方公共行政历史发展过程中政治性质的发掘和讨论将有助于我们更好地认清政治与行政以及行政与民主之间的密切联系，再度肯定政治学理论在发展行政学过程中的重要地位和作用。

　　另一方面，本书选择西方公共行政理论与实践作为分析对象不只是为了增加政治认知，也是为了更全面地了解西方发达国家的行政现代化之路，从而给发展中国家提供经验与借鉴。考虑到西方发达国家是在民主制

---

① 胡象明：《政治与行政两分法：思想渊源及其评价》，载《学术论坛》1999 年第 11 期，第 39 页。

② David M. Levitan, "The Neutrality of the Public Service", *Public Administration Review*, Vol. 2, pp. 318 – 319, Autumn 1942.

度建设相对完善时才提出研究行政管理，提高行政管理效率这一课题的，而后发国家的行政发展与民主政治建设、完善密不可分，因此了解西方发达国家行政发展的政治内涵，可以为我们选择、评价相关的公共行政范式提供现实指导。国内近几年流行的新公共管理因其鲜明的效率中心论而受到一些人的赞同与欢迎，他们把官僚制看做过时的、僵化的组织架构，并在公共行政的实践中广泛应用绩效评估、竞标采购、全面质量管理等方法。另一些反对者则认为，行政发展应循序渐进，对于中国这样的发展中国家来说，存在的问题是具有理性精神的现代官僚制并未真正建立，是官僚化不足，因此应该在合理的适用范围内完善官僚制以实现行政现代化①。总体而言，围绕着中国行政发展方向而产生的这种争论更多的是从效率的角度来展开的，本书通过对这两种范式的比较和研究，试图从另一个角度阐明两者对于民主而言意义何在，以求得到对行政改革更加理性的认识。笔者以为，通过对西方公共行政转型的民主视角进行探讨，有助于我们打破口号式的思维方式，摒弃效率外在于民主的这种看法，以更加务实的态度来处理发展中国家行政改革与民主完善两者关系问题。当然，除了探讨行政中的政治是如何表现的之外，政治学者还应积极思考如何使转变中的公共行政实践适应民主理念，本书力图在这方面也有所贡献。最后，笔者想要强调的是，不同国家的公共行政具有不同特点，任何理论借鉴与创新都必须考虑国情，尽管我们可以在批判基础上利用外来成果，但纯粹"拿来主义"的做法并不可取。

二　研究成果概述

为了说明在公共行政的百年发展过程中政治层面是如何得以体现的，本书引入了范式概念，并以范式转变为基础进行纵向梳理。关于公共行政是否存在范式转变，以及存在哪些范式，是有争议的。国内学者张康之在《20世纪行政学发展回顾》一文中认为，公共行政并未走出威尔逊和韦伯

---

① 王强：《全球行政改革浪潮与中国行政现代化——从官僚制的角度思考》，载《江苏社会科学》2000年第2期，第63页。

所确立的基本理论原则，行政学先驱所倡导的科学化、技术化目标并未被
摒弃，因此公共行政不存在学科的革命性变革和根本的范式转型，库恩的
范式概念不能随便使用①；更多的学者则认为范式转变的确发生过，并提
出了两范式、三范式、五范式等几种有代表性的观点。两范式观点如休斯
的官僚制范式与新公共管理范式②、奥斯特罗姆的官僚制行政范式与民主
制行政范式③；三范式观点如国内陈振明等人所提出的官僚制范式、新公
共行政范式和新公共管理范式④；五范式观点则是由美国行政学家尼古拉
斯·亨利提出来的，他把20世纪公共行政的百年演变划分为政治与行政
的二分法、公共行政原则、作为政治学的公共行政、作为管理学的公共行
政、作为公共行政的公共行政五种范式⑤。应当承认，这些学者在划分范
式时都有一定的依据，故而争论实际上涉及范式的真正含义是什么和范式
转变应以什么为标准。对于大多数学者来说，官僚制范式和新公共管理范
式这两种范式的提法似乎更为恰当，因为这两种范式在学术共同体成员的
思维定式和行政学的教科书中都有所反映，并且也确实影响着行政管理
实践。

　　官僚制的研究是各学科专家都非常重视和感兴趣的一个领域，他们当
中既有对官僚制持批评态度的，也有持同情甚至赞颂态度的。不过，大多
数学者更关注的是官僚制作为政府处理公共事务的组织形式是否有效这一
问题，而较少涉及官僚制行政的实践对政治民主的影响，以及政治民主是
否、如何在官僚制行政中得到贯彻。对此，有几个例外值得我们注意。哈
利维对官僚制与民主关系的各种理论进行了批判性的研究，他认为官僚体
系会使民主面临着两难困境，民主也会使官僚体系面临两难困境，尽管如

---

　　①　张康之：《20世纪行政学发展回顾》，载《广东行政学院学报》2002年第3期，第20—
22页。

　　②　［澳］欧文·E.休斯：《公共管理导论》第二版，彭和平等译，中国人民大学出版社
2001年版。

　　③　［美］文森特·奥斯特罗姆：《美国公共行政的思想危机》，毛寿龙译，上海三联书店
1999年版。

　　④　陈振明：《从公共行政学、新公共行政学到公共管理学——西方政府管理研究领域的
"范式"转换》，载《政治学研究》1999年第1期。

　　⑤　［美］尼古拉斯·亨利：《公共行政与公共事务》，张昕等译，中国人民大学出版社2002
年版，第2章。

此官僚制却有助于避免民主选举和利益交换等所造成的政治腐败，而且"只有独立于政党之外的官僚体制充分发展的国家，才能使适当的民主程序得以发展……它对民主来说不是一个充分条件，但绝对是一个必要条件"①。海尼曼同样基于传统的民主控制来考察官僚制，他承认官僚机构运用权力以增进大众福利的必要性，但也明确指出："我们的民主政府概念要求我们引导和控制这些官僚机构成员，并迫使其遵从民众的意愿。"②万斯莱等人在《黑堡宣言》③中认为，传统官僚制的问题在于其阻碍了官僚积极性与主动性的发挥，导致官僚的职责不能有效履行，因此，最重要的应当是强调官僚作为民众利益受托管理者的身份，增强官僚对民众的回应性，并促使官僚在民主治理中扮演更重要的角色。英国的金斯利、美国的克里斯罗夫和罗森布卢姆等人④则认为，官僚制的非民主性在于官僚构成不具有代表性，因此主张在公共官僚机构的建立过程中引入一定的代议制安排，从而使官僚制与民主政治体制成功结合，使决策增加合法性。国内学者对官僚制的研究大多侧重于对中国古代官僚制度的研究，涉及的是韦伯所说的历史官僚制，而非理性官僚制。相比之下，池忠军的《官僚制的伦理困境及其重构》是与主题联系得更为紧密的一部理论性很强的专著，该书探讨了官僚制的合法性危机、民主理论的重构与后官僚制的合法性谋划等问题，提出官僚制与民主、专家治国与民主、集中与民主是基于经济社会发展与人的发展的互为性的历史逻辑中的矛盾的统一体⑤。在论文方面，李志强的《从官僚制到后官僚制——论"效率"与"民主"的行政学博弈》及赵蕾的《官僚制与民主行政：改良而非替代》等也对官僚制与民主关系进行了较为深入的探讨。

　　作为官僚制范式的替代，新公共管理运动也得到了国内外学者的广泛

---

　　① Eva Etzioni Halevy, *Bureaucracy and democracy: A Political Dilemma*, London: Routledge & K. Paul, 1983, p. 227.

　　② Charles S. Hyneman, *Bureaucracy in a Democracy*, New York: Harper & Row, 1950, p. 38.

　　③ ［美］万斯莱等：《公共行政与治理过程：转变美国的政治对话》，载《中国行政管理》2002 年第 2 期。

　　④ Donald Kinsley, *Representative Bureaucracy: An Interpretation of the British Civil Service*, Yellow Springs: Antioch University Press, 1944. Samuel Krislov and David H. Rosenbloom, *Representative Bureaucracy and the American Political System*, New York: Praeger Publishers, 1982.

　　⑤ 池忠军：《官僚制的伦理困境及其重构》，知识产权出版社 2004 年版。

讨论和评述，其中有关新公共管理民主属性的看法主要可分为两派：一派
相信新公共管理改革是与西方民主政体相适应的，且有利于推进民主价
值；另一派提出新公共管理以效率为导向的做法会损害政府官员的责任心
和公共精神，造成对民主的冲击。前一派观点以巴西学者布雷塞尔－佩雷
拉为代表，他认为近些年来在工业民主国家发生公共管理改革并非偶然，
它是对选民想改进公共服务等要求的回应，其目标是要提升国家能力和建
立强国家，从而促进代表性和负责任的民主政府、保障公民权利、限制腐
败和寻租，它会使西方国家摆脱20世纪社会民主主义的内生危机，并转
向共和主义民主①。后一派观点以挪威学者克里斯藤森和勒格莱德，以及
美国学者勃克斯等人为代表。克里斯藤森和勒格莱德主编的《新公共管
理：观念与实践的转变》以一种转变观考察了最近20年澳大利亚、新西
兰、挪威和瑞典四国与新公共管理有关的各项改革，并着重探讨了新公共
管理对政治民主的效果及含义，其主要结论就是新公共管理损害了中央政
府的政治控制，导致行政人员更注重个人利益而非集体利益，并使责任问
题变得更为模糊——而责任却是代议民主的关键要素②。勃克斯等人也对
新公共管理在民主治理中扮演的角色表示忧虑，他们认为管理性国家虽然
能取得短期效应，但却无法解决社会生活中深层次的问题，而且"按照
私人部门的愿望来塑造公共部门可能恶化民主"、"把市场模式强加给公
民和管理者并不能支持民主性的自我管理行为"③。值得注意的是，上述
两派学者在倡导政治对市场的优先性、突出公民相对于消费者的重要性及
强调政治民主而非管理效率等方面又具有共性，他们的研究和写作并未只
运用管理的思维。国内学者中，陈振明、周志忍、金太军、王乐夫等人也
都写过一些文章对新公共管理运动进行过介绍，但专门探讨新公共管理与
民主关系的并不多，相关的论文有钟伟军和陈星平的《民主视角下的新
公共管理》、毛立红的《新公共管理的民主行政之维》、裴峰和姚勤的

---

① Luiz Carlos Bresser – Pereira, *Democracy and Public Management Reform：Building Republican Democracy*, Oxford：Oxford University Press, 2004.

② Tom Christensen & Per Lægreid（eds.）, *New Public Management：The transformation of ideas and practice*, Aldershot：Ashgate, 2001, p. 304.

③ ［美］勃克斯等：《新公共管理与实质性民主》，载《上海行政学院学报》2002年第3期。

《新公共管理与民主社会核心价值的冲突》等。

　　此外，本书所强调的公共行政中政治属性的重要性以及政治与行政的不可分离也是有其学术渊源的。早在 1946 年，弗里茨·莫斯坦·马克斯就联合莱尔森、斯通、格雷汉姆等人共同撰写了《公共行政的要素》一书。该书收录的是质疑政治与行政二分假设的 14 篇文章，作者们指出，通常表现为价值中立的行政，实际上是充满价值的政治，实践中公共行政人员与当选政治家一样会做出政治性决策①。之后行政学大师德怀特·沃尔多也对破除政治与行政可分离的虚假幻想作出了积极的贡献，其博士论文《行政国家：美国公共行政的政治理论研究》从观念史和政治理论的视角考察了公共行政实践的发展。他批评了某些行政学者只注重事实而对理论冷漠的倾向，并再三强调公共行政的基石是政治理论，民主政治的观念不应与公共行政实践分隔开来②。锡拉丘斯大学公共事务学院的阿普尔比教授进一步普及和深化了上述观念，他在《政策与行政》里不仅提出了行政就是决策的论断，而且还试图阐明，民主社会必然要求行政人员参与公共决策，亦即行政人员的决断权是完全正确的，因为民主治理不仅限于政治过程，也与政府的行政活动密切相关③。到了 20 世纪 60 年代，聚集于明诺布鲁克的新公共行政学派更是极力主张摒弃政治与行政二分法的观点，其代表人物弗雷德里克森认为行政官僚从来就不是中立的，而且要让他们承担更多责任以便维护社会公平的话，也必须鼓励他们多参与政策制定，因此政治与行政不但在事实上不可分，也不应该分。在新近的著作中，麦克斯怀特的《公共行政的合法性——一种话语分析》、费斯勒与凯特尔的《行政过程的政治——公共行政学新论》等对此也都有独到的见解。总的来看，"自从 20 世纪 30 年代后期以来，以卢瑟·古利克、罗伯特·达尔、查尔斯·海尼曼、弗雷德里克和赫伯特·西蒙这样一些行政学家为首，越来越多的政治学家既反对政治/行政二分法，也反对在此基础上的分权修订版本"。他们断定："如果政治指的是政策制定而不仅仅是

---

　　① Fritz Morstein Marx, ed., *Elements of Public Administration*, Englewood Cliffs：Prentice – Hall Incorporated, 1946.

　　② Dwight Waldo, *The Administrative State：A Study of the Political Theory of American Public Administration*, New York：Ronald Press, 1948.

　　③ Paul H. Appleby, *Policy and Administration*, Alabama：University of Alabama Press, 1949.

党派归属，它就不可能'与行政无关'，只要行政人员在解释其所执行的法律方面有裁量权，并且可以决定什么时候、如何去执行、执行多少。"①根据上述学者的看法，政治与行政之间不是能否分离的问题，至多只能说在保持政治控制行政的前提下行政能够享有怎样的相对独立性问题。公共行政必然要在一定的政治环境中运作，而且政治生活的方方面面都会对行政活动产生影响。由于西方公共行政在20世纪演变都是在民主体制下发生的，故此行政体制适应民主观念（虽然是西方式的自由民主观念）也是必要的。换句话说，20世纪西方公共行政的演变不只体现了对效率的追求，也反映了对民主在公共行政领域实现的关注。

　　由于地域、规模的限制，以国家行政组织作为主要公共事务管理主体的公共行政所对应的民主政治只能是代议民主制，同时鉴于公共行政中的人民主权最终要靠民众及民选政治家对官僚的控制来实现，因此责任问题是代议民主的核心问题。这方面的文献也很多，而且早在40年代初政治学家卡尔·弗里德里希和赫伯特·芬纳还曾就行政人员的责任问题有过一次争论，弗里德里希在《公共政策和行政责任的性质》等文章中认为具体的客观控制机制和民主过程不能确保对大众偏好负责，因此行政人员的责任主要是道德责任而非政治责任。芬纳在《民主政府中的行政责任》中则认为只有通过民选官员对官僚人员的监督和控制，才能保证他们对选民负责，道德责任在理论上成立，但实践需要更多客观的政治责任措施来监督、控制行政人员，行政人员所选的代表能够也应该主宰政府行政管理人员的行为②。他们的观点在后来都有很多追随者，也有不同的声音，如伯克的《官僚的责任》探讨了使官僚机构对所服务的社会负责的途径，认为正式的和法律上的责任必须用以民主为基础的官僚责任观念来平衡它③。在近期研究中，戴和克莱因的《责任：五项公共服务》较为著名，

---

①　Austin Ranney, *Governing*: *An Introduction to Political Science*, Englewood Cliffs: Prentice - Hall, 1987, p. 275.

②　Carl J. Friedrich, "Public Policy and the Nature of Administrative Responsibility", in Carl J. Friedrich and Edward S. Mason, eds. , *Public Policy*: *A Yearbook of the Graduate School of Public Administration*, Cambridge: Harvard University, 1940. 以及 Herbert Finer, "Administrative Responsibility in a Democratic Government", *Public Administration Review*, Vol. 1, Summer 1941.

③　John P. Burke, *Bureaucratic Responsibility*, Baltimore: Johns Hopkins Press, 1986.

该书追溯了责任概念的历史演变，区别并比较了政治责任与管理责任，阐述了责任问题的几个不同维度，并指出传统民主理论所主张的联动性的责任机制在专业分工细化的今天存在缺陷①。库珀的《行政伦理学：实现行政责任的途径》则论述了现代社会行政责任的双重属性——客观责任和主观责任，两种责任经常会发生冲突，并带来伦理的困境，为保证行政人员在公共组织中保持负责任行为，该书强调外部控制与内部控制相结合的重要性，并特别强调应在组织中保持个人伦理的自主性②。国内学者中，张贤明的《论政治责任》是探讨政治责任问题的一部专著，该书介绍了政治责任的概念，指出政治责任表明的是公共权力行使者与公共权力所有者的关系，区分了政治责任与法律责任，并就资本主义民主下政治责任的实现与社会主义民主下政治责任的实现进行了比较③。

需要指出的是，尽管目前国内外论述公共行政的著作汗牛充栋，其中不仅有对行政管理活动及其规律、管理技术和手段革新等问题的探讨，也有些著作在不同程度上论及行政的政治属性特别是行政与民主的相关性。不过，后一种关注逐渐在减少，这虽然反映了政府职能转变的要求，即从政治统治职能更多地转向社会管理职能和公共服务职能。但是，要真正促进学科发展及推动民主建设，就必须将管理的视角与政治的视角结合起来。换言之，研究公共行政的演变不能够只侧重于效率方面的定量指标，规范的评述同样必不可少，因为它有利于我们弄清在公共行政转型过程中，对于定性方面的价值获得了什么，失去了什么。因此，从政治与行政的密切关联以及公共行政必须与代议民主相适应为基线来考察公共行政在20世纪的历史演变问题，是极为有意义的工作，这就要求我们对公共行政的发展作出政治价值的评判。为了完成本项研究，本书重点探讨了下列一些问题：西方发达国家的民主体制是如何影响到其行政变革的？西方发达国家的公共行政转型过程中责任问题是如何落实的？政治家、官僚与选民关系在不同类型的民主政治中是如何处理的？西方发达国家的行政改革

---

① Patricia Day and Rudolf Klein, *Accountabilities: Five Public Services*, London: Tavistock Publications, 1987.

② [美] 特里·L. 库珀：《行政伦理学：实现行政责任的途径》，张秀琴译，中国人民大学出版社 2001 年版。

③ 张贤明：《论政治责任》，吉林大学出版社 2000 年版。

过程是否以及会以何种方式影响其民主政治的性质、内容，影响行政官员和民众所持有的观念？

三　研究的主旨、框架及方法

本项研究从代议民主的视角来审视西方公共行政在 20 世纪的发展，试图说明两点：

第一，公共行政的公共性是与国家这一特殊的公共权力联系在一起的，涉及一定经济基础上的政治关系，因此公共行政在表面上所具有的公共性不能够掩盖其最终服务于一定阶级利益的实质。尽管资本主义发达国家在第二次世界大战后不断推动行政改革，以提高行政效率，但其目的归根到底仍是为了更好地确保资产阶级的统治利益。正如《中国大百科全书·政治学》中"行政"词条所指出的那样："行政总是与统治阶级的政治密切相关，并从属于这种政治，同政治一起服务于一定的经济基础。"[1] 从马克思主义政治学的分析来看，公共行政与政治之间的密切联系表明前者公共性仍然是不完全的，这不仅针对资本主义国家，社会主义国家的公共行政也是如此，如果公共性真正实现，那么以国家权力后盾、由特定国家机器开展的这种行政活动就没有存在的必要了。对于资本主义国家的公共行政来说，这种公共性虽然使其在很多方面要比之前"私天下"的行政模式更为可取，但是，"西方社会生活中方方面面的'公共性'，总的说都是在资产阶级的关系内存在和发展的，并且形成了经济的、文化的、政治的、社会的系统结构体系，发挥着首先有利于资产阶级总体利益的历史作用"[2]。通过对发达资本主义国家公共行政的公共性进行剖析有利于我们更好地看清其实质。

第二，公共行政所具有的政治性又体现在公共行政与资本主义民主制建立之前的国家行政不同，需要贯彻民主价值，需要将公民参与纳入行政

---

[1]　《中国大百科全书·政治学》，中国大百科全书出版社 1992 年版，第 399 页。

[2]　刘德厚：《广义政治论——政治关系社会化分析原理》，武汉大学出版社 2004 年版，第 239 页。

管理活动之中，需要从公共利益出发来履行社会管理职能，因此，20 世纪关于公共行政的很多研究和实践也在探讨如何使公共行政与民主价值更好的结合在一起。公共行政的民主层面实际上是其政治属性的表现与延伸，除了谈阶级性的行政之外，民主性与社会性的行政亦要进行深入分析。了解西方公共行政在理论上和实践中实现民主价值的方式有何值得肯定之处，存在哪些不足，有利于我们吸收人类政治文明建设方面的积极成果，博采众长，进一步推动我国的行政体制改革和政治生活的民主化。正因如此，本书最后还专门总结了西方公共行政演变对中国民主行政发展所提供的有益经验，以作为我国行政管理体制改革的理论参考。

为完成前述论证，选择恰当的分析框架就显得尤为重要。本书的论证思路和逻辑结构大致如下：

第一章是公共行政的历史演变。以相关概念的界定为起点，探讨公共行政公共性的具体表现，然后概述作为历史范畴的公共行政的产生及发展，且对比了以公益为其宗旨的公行政与之前的私行政。接着引入库恩的范式概念，概括了公共行政百年演变的两大范式，即官僚制范式和新公共管理范式，并阐明了代议民主与公共行政结合的可能性、必要性。

第二章是行政的民主之维。从观念史的角度，说明联邦党人等著名政治思想家已在一定程度上谈到行政管理活动如何与民主政治更好结合的问题，而威尔逊等著名行政学家也都强调行政管理活动贯彻民主精神的重要性。为廓清民主行政的理论基石，本章考察了托克维尔和密尔关于每个人是自己利益最好看护者的原理，探讨了休谟"无赖假定"对于宪政民主和制度设计的重要意义，还论证了公共行政合法性要求与其公共性的契合性。西方政治实践中制约行政权的各种有效手段也得到了系统的介绍，以突出民主控制行政是政府民主属性的体现。

第三章是官僚制范式。韦伯对官僚权威的法理基础、官僚制的基本特征、官僚制对民主的挑战等问题的看法得到了系统论述。同时，对官僚制的质疑和批评也作了较为全面的介绍，例如，官僚制组织被看做是低效的，政治与行政二分法被看做是幻想，环式民主被认为具有诸多局限性，官僚责任性质问题及如何完善也存在争议，等等。当然，西方公共行政的发展无论从理论上还是从实践上都是以官僚制为基点展开的。

第四章是新公共管理范式。围绕着新出现的这场行政改革运动的基本特征及其背后的经济学理论支撑作了简短的叙述和评价，然后重点探讨了新公共管理范式在公共行政实践中带来的对政治民主的积极意义及其局限性。基本的看法是新公共管理用管理术语来取代政治术语会造成公民权利淡化和官僚责任弱化，因此从政治民主角度来看是不可取的，虽然在鼓励参与方面也代表着民主行政发展的方向。

第五章是近来的改革思路。其中再官僚化思路反映了某些学者对改进传统官僚制范式持有乐观态度，他们希望通过完善环式民主、增强官僚代表性、求助宪法权威等方式来使官僚制在运行有效的同时保持民主的性质。伦理建构模式试图通过官僚道德化和体制道德化来弥补以往过于注重制度的局限，使官僚责任能够真正落实。对话模式试图通过组织有序而且有价值的对话来使公众纳入行政管理活动中，并在肯定民主参与的前提下克服直接民主具有的不现实性。奥斯特罗姆的民主行政理论则试图通过分权、发展地方自治来实现行政管理的民主化，同时他也认为这种多中心治理对于行政效率提高而言亦具有重要价值。

第六章是重塑公共行政的合法性。从对公共行政性质和宗旨的探讨入手，说明官僚制仍然是处理社会公共事务所不可或缺的组织形式，以及民主行政从本质上说也是公益行政。然后分别探讨了选民与政治家、政治家和官僚、官僚与选民之间的关系，提出一个成功的、能够贯彻民主价值的公共行政范式需要建构上述三者之间的良好关系。

第七章是思考与启迪。从经验总结的角度，指出西方公共行政演变对中国行政发展具有的启迪包括应当强化代议机构职权，锻造有责任心和道德感的官僚，强化政治家对官僚的有效控制，推动公众参与行政进程和扩展公共商谈的空间。文末再次强调了政治与行政之间的密切联系，并得出结论：20 世纪西方公共行政的演变不只是追求效率的过程，同样也是关注政治民主如何在公共行政领域得以实现的过程。

在研究方法的选择上，本书始终坚持了马克思主义的辩证分析方法和历史分析方法，即注意分析资本主义民主的两面性，结合特定的历史背景来对公共行政的产生和发展作出评判，尽可能全面地阐述每种范式对民主的积极意义和存在的问题，明确资本主义政治与行政的统一表现在其所维护的经济利益上。此外，本书还采用了一些具体的研究方法，如文献研究法、制度分析方法和比较分析方法。文献研究法主要指通过收集、鉴别和整理文献来了解前人已取得的成果、研究的现状等，例如，本书通过对政治学和行政学经典文献进行仔细研读和梳理，说明民主控制行政的必要性与行政的民主之维从未被民主理论家和行政学家们所忽视，他们不仅非常辩证地看待政治民主与公共行政之间的关系，还为民主行政提供了前提假定，奠定了理论基础。制度分析方法考察的是社会生活中人们行为的制度基础，强调制度是重要的变量。例如，本书从西方发达国家政治制度的具体规定及其演变来进行考察，着重分析了行政机关与立法机关、司法机关的关系，特别是重点考察了西方国家在政治生活领域制约行政权力的不同举措，阐述了其对维护民主价值的意义。比较分析方法是把具有可比性的两个或多个客观事物加以比较，以揭示矛盾和差异，从而更好地认识事物本质和规律的一种方法。例如，本书就不同范式下民主价值的贯彻途径、责任问题的解决与弊病、不同政治背景对行政改革的影响、不同民主体制下行政改革的特点等进行比较，试图通过比较来把握不同行政范式下公共行政与政治民主的联系并作出评价。

第一章　公共行政的历史演变

由于本项研究所涉及的主要概念是公共行政，因此明确这一概念的内涵，特别是弄清楚公共行政中的"公共"意指什么，是我们首先要解决的问题。此外，公共行政出现于何时？公共行政在20世纪经历了怎样的演变？公共行政的研究中出现过范式以及范式的转变吗？代议民主对于公共行政而言具有怎样的意义？这些都是本章所要探讨的。

第一节　公共行政与公共性

一　公共行政的界定

公共行政是什么？首先必须建立在对行政（事实上在我国，行政、行政管理、公共行政管理、公共行政这几个概念是被等同看待的①）的理解之上。在日常用语中，"行政"用来指称任何单位——非国家机关和国家机关包括行政机关——的某些执行活动，如办公室管理、机关事务管理、人事管理、后勤事务管理等。这种日常用语与学术用语中的行政并不是一回事，所以，尽管人们在日常用语中把这些活动说成是行政，但我们在这里并不讨论它。"行政"的另一种用法为行政学的大多数教材所采用，认为行政是国家行政机关对社会公共事务（包括自身事务）所进行的一种管理活动。这种看法较为合理，因为它突出了行政的主体、客体及其与一般管理活动的区别。

其次，如果行政可以被理解为上述第二种定义的话，那么公共行政又

---

① 参见《中国大百科全书·政治学》对相关词条的说明，中国大百科全书出版社1992年版。

与之有何区别呢？为什么要在行政之前加上"公共"一词呢？一些学者对此进行了探讨，例如，德怀特·沃尔多在《什么是公共行政学》一文中认为，我们可以用不同的方法探索"公共"的含义。第一，可以根据政府和国家之类的词语来给公共下定义，这将导致对主权、合法性、普通福利之类的法律概念和哲学概念，以及普通政治理论的探究。第二，可以按照在某种社会中人们认为有哪些公共职能或公共活动的认识简单地从经验方面给公共下定义。但由于人们认识不同而很难有统一的规定。第三，可以根据政府所执行的职能或活动的常识性方法来定义，但是有许多政府行为是不稳定的或不确定的。沃尔多指出，由于各国的社会观念和国情不同，对公共一词的理解具有复杂性，因此需要借用结构—功能分析的方法和文化概念的方法来进行分析①。荷兰当代学者尤多·佩斯科同样强调厘清公共行政中公共性含义的重要性，他谈到在公共行政理论中存在着区分公共组织和私人组织的五种方式，并认为它们最终都源于两个视角：经济的视角把公共行政的公共性与公共物品的公共性相连，而政治的视角把公共行政的公共性与公共利益的公共性相连。佩斯科指出，经济的视角与政治的视角事实上应当结合起来，以获得对公共性更为全面的认识，而且什么被看做公共的在不同民族国家也是不一样的②。国内学者彭和平在其编著的《公共行政管理》一书中也对公共行政中的"公共"一词作出了解释，他认为这里的公共主要区别于私人行政，强调执行行政活动的主体主要是公共部门或公共服务机构而不是私人企业或私人机构；它明确了行政活动的目的和性质是为了公众提供服务；它强调行政所负的社会的责任和义务，即其工作绩效不能简单地用利润或效率作标准，而必须用服务数量、质量、满足社会需求的程度等多种尺度作标准；它强调公众的参与性；它强调行政活动的公开性。③

　　笔者以为，学者们对公共性的上述看法都有一定道理，在对公共行政展开研究时，我们需要记住这些解释所告诉我们的如下几点启示：

----

　　① 彭和平、竹立家等编译：《国外公共行政理论精选》，中共中央党校出版社 1997 年版，第 192—194 页。

　　② Udo Pesch, "The Publicness of Public Administration", *Administration and Society*, 2008, Vol. 40, No. 2.

　　③ 彭和平编著：《公共行政管理》，中国人民大学出版社 1995 年版，第 5—6 页。

（1）公共行政中的公共的确会因文化背景不同发生变化，故而只有借鉴比较行政的研究，才能更好地理解公共含义。（2）公共行政中的公共指代的是为公共利益而积极行动的公众，而不是利益集团、理性选择者、被代表者、顾客或者公民。（3）公共行政中的公共暗含其非营利性，涉及运用公共权力的宗旨，区别于私天下的行政。（4）公共行政中的公共意味着政府机构及人员必须具有回应性，公共行政需要公民的积极参与，并强化公众对行政活动的监督。

公共性既然具有如此重要的作用，那么行政与公共行政显然有着本质的不同。换言之，现实中可以有公共行政，也可以有非公共行政或公共性不充分的行政。以往国内学者在谈到行政时，一般都是指公共行政，这是因为社会主义公有制的主体地位确保了我国的行政管理本身具有公共的性质。但是，鉴于并非所有行政活动都可以称为公共行政，更鉴于相比资本主义民主国家而言，社会主义国家所具有的公共性更为真实，突出行政的这种公共性是极为有益的，也是非常必要的，特别是在确立社会主义市场经济体制的这一时期更是如此。本书从政治学的角度来梳理西方公共行政的历史演变，也是为了能够阐明西方公共行政的这种公共性相比之前非公共的行政具有什么积极意义，与社会主义国家的公共行政相比，又存在哪些方面的局限性。

论述完上述两个方面之后，我们再来探讨一下如何界定公共行政更为恰当。公共行政（public administration）这个词在英文中有几种不同的含义，弗莱彻曾经将其归纳为公务员的活动；政府结构即公务员借以履行其活动的机构与关系；以及对前两者所作的研究①。这三种含义中，后两种含义分别对应于中文的公共行政机构和公共行政学，因此这里只探讨前面所谈到的第一种含义。

作为人类社会活动的重要组成部分，学者们对公共行政所下的定义极多。斯蒂尔曼在其《公共行政学》一书中概括了12种有代表性的定义，如把公共行政看做是"旨在满足公民—顾客需要的产品和服务"，看做是"确定和执行公共政策中所涉及的整个活动"，看做是"管理公共项目"，

---

① John R. Greenwood, Robert Pyper and David Wilson, *New Public Administration in Britain*, London: Routledge, 2002, p. 2.

等等①。从这些界定中可以看出，学者们对公共行政的含义是什么并没有
一致看法，以至于某些有影响的行政学权威并不愿意给出任何定义。这种
状况是令人担忧的，因为任何研究的推进有赖于其研究对象的明晰界定，
否则研究就会偏离方向，结论就会背离真理。正如美国学者沙茨谢纳德所
言："如果一门学科没有定义，那么它必然导致缺乏研究重心，因为很难
看清楚未被定义的事情。不能限定研究对象的人不会知道他们所追求的东
西，倘若不知道他们追求什么，他们怎么能够说他们已经发现了它呢?"②
因此，尽管我们也许不能用一两句话来说清楚公共行政是什么，但是对公
共行政的性质、特点、内容是什么，必须有较为共通的认识。当然，这种
认识应该建立在专家学者们的分析基础之上，因为他们对公共行政所下的
不同定义实际上可能体现了理解公共行政的不同视角。

　　在本书中，公共行政与行政之间是有区别的，因为前者是具有公共性
的行政。根据前面对公共性的理解，公共行政可以被界定为国家行政组织
依据公益原则并在公众的积极参与下对社会公共事务所进行的管理活动，
其中公共事务是其基础，公共利益是其宗旨，公民参与是其导向。

二　公共行政与公共管理

　　要想正确把握公共行政的内涵，我们还要将其区别于公共管理。国内
一些学者近些年来对公共管理相关问题进行了较多探讨。那么，公共管理
包容了公共行政吗？或者公共管理已取代了公共行政吗？国内学者所谓
"公共行政"译自英文的 public administration，虽然这个词也可以翻译成
"公共管理"，但学界使用的与"公共管理"相对应的英文词组还有 pub-
lic management。这里笔者不考虑翻译问题，提及此点只是想明确这里要
区分的是 public administration 和 public management。中山大学的王乐夫先
生专门就公共行政与公共管理之间的联系与区别进行过论述，他考察了国
外学者在两者关系上的四种观点，即梅戈特等人将公共管理基本等同于公

---

　　① 〔美〕理查德·J. 斯蒂尔曼二世编著：《公共行政学：概念与案例》，竺乾威、扶松茂等
译，中国人民大学出版社 2004 年版，第 2—5 页。
　　② 〔美〕艾萨克：《政治学：范围与方法》，郑永年等译，浙江人民出版社 1987 年版，第
6—7 页。

共行政的观点、瓦尔达沃斯基等人将公共管理看做某种意义上回归了的公共行政的观点、格雷厄姆等人将公共管理看做公共行政学中一个涉及技术和方法的子领域的观点，以及休斯等人将公共行政和公共管理看做两个相互竞争的模式的观点。王乐夫先生以为，公共行政和公共管理两者在广义上是相等的，都可以理解为公共部门对公共事务所进行的管理活动。但在狭义上，公共行政和公共管理被用来指称公共部门管理的两种不同模式，前者被看成是政府为主体的管理活动，后者主体是国家、政府和社会公共组织；前者体现了权威和层次性，后者的基本内涵是社会性[①]。王惠岩先生则认为，公共行政与公共管理是公共事务管理发展的两个阶段。公共行政阶段从 19 世纪中叶到 20 世纪 80 年代，这一阶段政府是公共事务管理最重要的主体，主要运用行政手段保证公共事务管理的有序规范。公共管理阶段从 20 世纪 80 年代开始至今，这一阶段公共事务的管理主体日趋多元化，现代企业管理中的许多管理方法被引入公共管理之中而使公共管理手段趋于多样化[②]。

综合上述两位先生的观点，笔者以为，公共行政和公共管理既有区别，又有联系，其区别主要表现在：第一，公共行政的主体是国家行政机关及其工作人员，而公共管理的主体像梅戈特女士说的那样，是"所有追求为公共利益服务的人员，无论这些服务是由政府履行还是由非赢利机构执行"[③]。第二，公共行政所运用的手段侧重于行政手段、法律手段，而公共管理借用了私营管理中的一些技术手段，强调其与一般管理所具有的共性。第三，公共行政一词的使用表明政府职能中政治统治职能与社会管理职能并重，而公共管理术语的流行则表明对社会管理职能更为关注。但是，公共管理是否取代了公共行政，以及是否应该取代公共行政，关键还得看我们所要发展的公共管理是怎样的公共管理。

从本质上说，公共管理思潮只是反映了对更高效率以完成公共行政目标的关注。如果我们把公共管理与普通管理活动相混同，那么公共行政没

---

①　王乐夫：《公共行政与公共管理的区别与互动》，载《管理世界》2002 年第 12 期。

②　王惠岩：《公共管理基本问题初探》，载《国家行政学院学报》2002 年第 6 期。

③　张梦中：《美国公共行政历史渊源与重要价值取向》，载《中国行政管理》2000 年第 11 期。

有也不可能被其所取代，因为公共行政的一些目标是不能以效率来衡量的；如果承认公共管理也要考虑传统公共行政的一些价值，那么这两者之间并无取代与被取代关系，公共管理仍然属于公共行政的范畴。尽管两者之间有差别，但将公共管理看做传统公共行政的一种发展、一种模式也许是较为恰当的。"由于目前对公共管理的研究是在一个较短的时期里开展起来的，缺乏必要的基础理论积累，所以极容易出现纯技术化的'管理主义'倾向，即仅仅把公共管理看作是管理学，而切断它与政治学和行政学的内在联系，这种倾向是十分有害的。"① 因此，在公共管理潮流中，笔者以为，尤其需要指出，公共行政最重要的特性在于其政治性，因为其主体主要集中于掌握公共权力的行政机关，公共权力的获得、授权、应用都需要通过政治过程才能进行，深受政治环境的影响，而且公共行政活动会带来一定的社会价值分配，体现着统治阶级的利益。尽管公共行政与政府行政含义不等同以及公共管理术语广为人所接受说明公共行政的主体已日趋多元化，但行政机关无疑是并仍将是其最主要的主体。

第二节　公共行政的历史发展

由于对公共行政的理解各不相同，因此公共行政产生于何时并无一致意见。有的学者认为，"就其作为一种过程而言，公共行政的历史是与政府同样悠久的"；② 另一些人则认为，"公共行政是一种 20 世纪的现象，是世纪之交的城市改革和官僚国家不断膨胀的产物"③。依据上一节所谈到的公共行政与行政的不同，笔者以为，第二种看法较为可取，因为行政活动直到 20 世纪才具有一定的公共性，才可以称得上是公共行政，本书也将以此为基础展开论述。不过，为了较清晰地说明这个问题，我们还是先回过头来看看行政是怎么产生的。

---

① 王惠岩：《公共管理基本问题初探》，载《国家行政学院学报》2002 年第 6 期。

② 德怀特·沃尔多：《公共行政学之研究》，载 R. J. 斯蒂尔曼编著《公共行政学》上册，李方、潘世强等译，中国社会科学出版社 1988 年版，第 10 页。

③ ［美］宾厄姆等：《美国地方政府的管理：实践中的公共行政》，九洲译，北京大学出版社 1997 年版，第 5 页。

一　行政现象的产生

按照马克思主义的看法，行政是一种"国家的组织活动"①。在私有制出现、阶级分化并进而诞生国家之后，政府所承担的管理公共事务的职能与活动就是行政。国家是行政活动出现的前提，只有通过国家这种特殊的公共权力来对社会公共事务进行管理，才可谓行政。需要明确的是，行政是具有政治性的管理活动。只有同时拥有政治与管理二重性，才可以说此时的公共事务管理为行政。尽管公共事务的管理在人类社会诞生之初就已存在，而且是人类社会生存所必需的，但这种管理活动与较低的生产水平相连，内容非常简单，方式也不像阶级社会之后那样多样化。更重要的是，这种管理活动并不具有政治性质，不存在为哪个特定阶级或群体服务的特性。相反，这种管理活动所追求的是氏族社会的公共利益，所凭借的公共权力是"自然形成的共同体的权力"②，尚未与人民大众分离，氏族首领与其他社会成员权利平等并接受监督，社会成员积极参与公共事务的管理并有一定发言权。在这个时候，公共事务的管理是建立于原始社会的生产资料公有制基础之上的，具有真正的公共性，但其并不为政治统治服务，故而不能称为行政活动。

随着生产力的进一步发展，开始出现了剩余产品以及与共同利益相冲突的私人利益。为了维护这种私人利益，占有生产资料的阶级建立起了对被剥夺生产资料阶级的统治，并为了维护这种统治而承担起对公共事务的管理职能。阶级社会出现的这种公共事务管理活动与之前相比，发生了质的变化，因为原先公共事务的管理服务于全社会并依赖社会所共同拥有的公共权力，如今完成这一管理职能所凭借的公共权力已经与社会相脱离并凌驾于社会之上，成为一个阶级压迫另一个阶级的工具，它所维护的利益也不再与社会全体利益同一，而是体现着那个掌握公共权力的阶级的利益。因此，它已"堕落"成为政治性的管理活动。假如原始社会的公共事务管理能够称得上纯粹的公共管理，那么阶级社会的这种与政治统治相伴的管理活动因其所服务的特殊利益而只能被称作行政管理。当然，行政

---

① 《马克思恩格斯全集》第1卷，人民出版社1956年版，第479页。
② 《马克思恩格斯选集》第4卷，人民出版社1995年版，第96页。

管理与政治统治之间的区别是明显的，政治统治直接体现统治阶级意志，主要依靠强制手段，而行政管理在表面上要以公共利益为依归，综合运用行政命令、经济制裁、法律规制、思想教育等手段。不过，由于两者的目的都是维护一个阶级压迫另一个阶级的特定秩序，是"为了使这些对立面，这些经济利益互相冲突的阶级，不致在无谓的斗争中把自己和社会消灭"①，因此两者同是维持国家生存的基本政治行为，有着密切联系。政治统治的确立使行政管理得以依靠特殊的公共权力，行政管理的开展则使政治统治得以维系。对于原始社会来说，私人利益与公共利益之间不存在矛盾，故而公共事务管理由社会自身承担，不需要政治统治的存在，而对于阶级社会来说，政治统治不能够自行维持所需的经济基础，所以行政管理是不可或缺的。这种不可或缺性首先是因为压迫阶级与被压迫阶级所共同生活于其中的社会使他们在一些公共事务上具有共同利益，管理这些公共事务，维护这种共同利益是统治阶级与被统治阶级都需要的。其次，政治统治的建立是为了使阶级冲突得到缓和，使有产者能够在稳定的秩序中获得剥削利益，故而需要行政管理活动的开展来使被统治阶级获得基本的生活、安全保障，使阶级冲突不致过于猛烈而毁灭这种资产者能够获利的秩序。因此，"政治统治到处都是以执行某种社会职能为基础，而且政治统治只有在它执行了它的这种社会职能时才能持续下去"②。

二　"私行政"与"公行政"

在奴隶制与封建制时代，"行政由于只是专制权力的附属品，所以也必然与权力行使的随意性一样，具有很大的随意性"③。此时的行政管理只是"私天下"的政治统治的工具，也就是说，政府职能重心是统治职能，公共事务管理职能不占重要地位。事实上，只是君主个人及其家族的利益被宣布为公共利益，行政管理在根本上是从属于王权和为王权服务的，需要完全服从君主的意志，这种行政毫无公共性可言。进入自由资本主义社会之后，尽管经济上实行了自由的市场经济，但政治上依然是资本

---

① 《马克思恩格斯选集》第 4 卷，人民出版社 1995 年版，第 170 页。
② 《马克思恩格斯选集》第 3 卷，人民出版社 1995 年版，第 523 页。
③ 张康之：《寻找公共行政的伦理视角》，中国人民大学出版社 2002 年版，第 21 页。

家的统治。此时作为政治统治附属行为的行政管理仍"是一种管理与统治一体化条件下的管理，管理行为自身未得到充分自觉，所以管理从不隐瞒为统治服务的职能特征"①。这表现为行政管理所服务的对象是政治斗争的胜利者，在几个主要资本主义国家，官职被当做战利品来瓜分，执政党实行公开的、肆无忌惮的分肥，把反对党及下层民众排除在政府之外，运用政府权力来为自己牟取私利。政党分赃带来政府周期性的动荡，每一次在新的政党赢得选举之后，从高层到低层的大批行政职位都被获胜政党党员及其支持者所占据。此时的行政管理状况非常令人担忧，任人唯亲、贪污腐败、滥用权力、效率低下等现象比比皆是，行政应该具有公共性这一点也被漠视。这种状况不符合资本家的统治利益，因为行政效率太低最终会使他们在政治斗争中获得的利益得不到保障。

有鉴于此，西方各国在19世纪后半期都开始推行行政改革，建立起以功绩制为基础的公务员制度，强调行政管理活动需要特殊技能，应当使其摆脱政治斗争的影响，以专家管理来代替政党分肥。这些改革之所以能顺利开展，首先，因为资本主义进入垄断时期之后，频繁的经济危机带来诸多社会问题，为解决这些问题和维持秩序的稳定性，需要政府对越来越复杂的社会事务进行有效干预。其次，在资本主义市场经济发展过程中，企业管理的一些有益经验开始有人总结，并在20世纪初以科学管理运动的形式被推动，这使行政管理也受到影响，人们要求政府在探寻公益的同时注重效率。最后，日益增多的公共事务与无效率的行政管理之间的矛盾已经导致行政机构和人员臃肿，挥霍浪费严重，官僚习气浓厚，再不改进行政管理将会妨碍资本主义商品经济的发展。

伴随着各国行政改革的推行，行政管理活动越来越引起人们的重视，其管理特性逐渐凸显，并取得了与政治属性同等重要的地位。此时的行政管理尽管仍是政治统治的补充，但已被看做是一个专门的领域，而如何提高管理效率、实现管理手段的现代化、运用科学理论来指导行政实践等都成为需要研究和探讨的问题。此外，在持续不断的斗争中，人民群众的政治权利获得了形式上的承认，"行政管理越来越趋向于采用民主和参与等方式。这不仅使公共管理拥有了更多的公共性，淡化了服务于政治统治的

---

① 张康之：《寻找公共行政的伦理视角》，中国人民大学出版社2002年版，第5页。

终极目的，而且在自身的整个发展行程过程中，追求行政管理相对于政治统治的独立性，把传统的凌驾于整个社会之上的管理模式转化为深入到社会之中的和渗透到社会生活的一切领域的无所不在的相容性管理模式"①。这种管理模式被称为官僚制。在资本主义以前，"行政是以个人关系为基础的——忠诚于某个亲戚、保护人、领导人或政党——而不是忠诚于制度本身。早期的行政有时在政治上是敏感的，行政机关较为明显的是政治官员或统治阶级靠任命形式得到某种利益的工具"②。与这种早期的行政相比，官僚制是一个很大的进步，韦伯总结了官僚制模式遵循的原则，它带有非人格化的特性，强调依法行政，注意在行政管理中排除政治因素不恰当的干扰。由于公共利益随着民主观念的普及再次成为公共事务管理的目标取向，行政也因此具有了一定的公共性，从而使公行政与私行政之间的界分成为可能。

对于官僚制问题，我们将在第三章中再进行详细探讨，这里想要指出的是，西方国家在 20 世纪所建立起来的这种带有一定公共性的行政活动尽管已经可以称为公共行政，但仍然属于行政这个历史范畴，其公共性仍是不彻底的，而其管理特性也并未排挤掉其政治特性。换言之，这种公共行政仍是为资本主义生产资料的私人占有制服务的，其所追寻的公共利益只不过是"采取国家这种与实际的单个利益和全体利益相脱离的独立形式"③，本质上仍然是统治阶级的利益，而且民众对公共事务管理的参与权也只是形式上的，因为如果真是所有的人都参加国家的管理，那么资本主义就不能支持下去——尽管资本主义的发展本身却又为真是"所有的人"能够参加国家管理创造了前提④。就是对于社会主义国家的公共行政来说，其公共性尽管是最广泛的，但也没有达到与全社会同一的地步，囿于生产力发展水平，其管理性仍然服从于政治统治的目的，尽管这里的统治者是作为社会大多数的人民群众。

据此我们可以在前面区分公共行政与公共管理的基础上再补充一点：

---

① 张康之：《寻找公共行政的伦理视角》，中国人民大学出版社 2002 年版，第 5 页。

② ［澳］欧文·E. 休斯：《公共管理导论》第二版，彭和平等译，中国人民大学出版社 2001 年版，第 33 页。

③ 《马克思恩格斯选集》第 1 卷，人民出版社 1995 年版，第 84 页。

④ 《列宁选集》第 3 卷，人民出版社 1995 年版，第 201 页。

在阶级社会中与政治统治相伴的只能是行政管理，公共行政只不过是行政管理发展后期的一种形式，公共管理如果是指真正具有公共性的管理，那么它就不能存在于阶级社会，如果是指具有较强公共性的行政管理，那么它仍属于公共行政。换言之，只有随着管理公共性的真正实现，这种不能真正服务于公益（就其实质含义而言）但又在国家框架内把自己说成以公益（就其形式含义而言）为依归的公共行政才会最终退出历史舞台。只有在政治统治退出历史舞台之后，我们才可能拥有不具政治性的公共管理，这种公共管理是与生产力的高度发展相伴的，因此与原始社会公共管理相比有着本质不同。不过，两者之间也有相同的地方，即在公共利益不再需要采取国家的姿态来与实际利益相脱离时，"公共职能将失去其政治性质，而变为维护真正社会利益的简单的管理职能"①。

第三节　公共行政的范式转变

一　何谓范式

公共行政的范式是否存在？范式转变是否发生过？对上述问题的回答必须建立在"范式"含义的正确理解基础上。在范式概念的提出者库恩看来，"范式是一个成熟的科学共同体在某段时间内所接纳的研究方法、问题领域和解题标准的源头活水"②。没有范式尽管也可以从事科学研究，但只有范式的产生才能够为科学研究提供指导并使其不断深入，因此范式的出现是衡量任何一门学科的发展是否达到成熟的标志。只有在共享这些预设和意会知识的前提下，科学共同体中的成员才不需重建自己的研究领域，才不需再去追问第一原理，才知道什么问题的探讨是有意义的以及要解决此类问题可以通过什么途径来进行。换言之，只有在遵从范式后，常规科学才能取得进展，因为范式不仅提出了需要解开的谜，也指明了解谜

---

① 《马克思恩格斯选集》第 3 卷，人民出版社 1995 年版，第 227 页。

② ［美］T. S. 库恩：《科学革命的结构》，金吾伦、胡新和译，北京大学出版社 2003 年版，第 10 页。

的工具。

在某一门科学的前范式阶段，每一位从事该领域科学研究的学者都必须为这个领域重新建造基础，探讨基本问题，收集所有与该门科学发展可能有关的事实。由于他们要对合理的问题、解答方法及其标准展开频繁而深入的争论，这就使那些更深奥、更费心力的工作成为不可能。之后，一些假定、信念和承诺逐渐为科学家们所认同，并取得了范式的地位。它们能够取得这种地位是因为它们在解决最为重要的一些问题方面比其竞争对手更为成功。当然，范式的采用并不能解释它所面临的所有事实，而且它会桎梏人们的思想，并导致以确定性为基础的常规科学。常规科学的发展是验证范式有效性的过程，在这个过程中既存的思维定式进一步巩固，未知的领域也通过范式的指引而得到更系统地探究，但其所取得的成就是相当有限的且大多不具开创性。如果科学发展只体现为这种常规科学所取得的不断进展，那么流行教科书所隐含的科学是累积性发展的观点就是正确的，后面的科学发现只是之前科学发现的延伸，但事实并非如此。

在库恩看来，更有价值的科学发展体现为某种"突变的"过程——科学的革命，即一种新范式取代旧范式的过程。这种革命的发生源于科学研究中反例的出现及增多，不过反例只意味着原先范式的危机，要使革命能够得以完成，还必须有新的可供候选的范式出现并被接受。这种备选的新范式可能在逻辑上与旧范式不相容，甚至不可通约，所以要使科学家们接受这一候选范式，必须满足两个非常重要的条件。"首先，新范式必须看来能解决一些用其他方式难以解决的著名的和广为人知的问题。其次，新范式必须能保留大部分科学通过旧范式所获取的具体解题能力。"① 也就是说，新的替代范式必须既在解释常规问题方面持续有效，又在解释反例方面有效，否则的话，旧有范式就会被一些"卫道士"所坚持而不会被最终摒弃。库恩以为："一旦发现了据以观察自然界的第一个范式，就再也不会有缺乏任何范式的研究工作了。拒斥一个范式而又不同时用另一个范式去取而代之，也就等于拒斥了科学本身。"② 因此，在旧范式不再

---

① ［美］T. S. 库恩：《科学革命的结构》，金吾伦、胡新和译，北京大学出版社 2003 年版，第 152 页。

② 同上书，第 73 页。

起作用后，只有新范式取代旧范式，新的常规科学的发展才成为可能。在库恩看来，尽管自己借以阐释观点的论据都是自然科学中的一些事实，但是，关于范式的主要观点不仅可以应用于其他领域，甚至这些观点本来就借自其他领域。既然如此，探讨公共行政研究时运用库恩的范式概念显然并不存在障碍。

二　公共行政的两大范式

根据前面所谈到的范式的含义，再结合学者们对这一问题的论述。笔者以为，公共行政研究当中的确存在着范式指导，也发生过范式的转变。具体来说，官僚制是第一个范式而新公共管理是第二个范式。

首先来看官僚制范式。这个范式的构建是与韦伯、威尔逊、古德诺、泰勒等人的名字联系在一起的。其中德国社会学家马克斯·韦伯的贡献最大，因为他详细论述了现代官僚制的前提条件、基本特征及其发展，对此我们将在具体剖析这个范式时再作探讨。这里我们只想概括一下这一范式的基本内容，它们包括：（1）行政组织结构只能采用中央集权的、层级分明的官僚制形式；（2）行政管理应严格遵守规则，实行标准的程序化管理；（3）行政领域与政治领域应区分开来，即政治负责设定政策目标，行政负责执行；（4）官僚制行政实现了知识与理性的管理，是效率最高的行政模式；等等。上述几个方面的内容曾一直被看做是公共行政研究中的共识，但从20世纪80年代开始，这些共识不仅遭到一些学者的质疑，而且也在西方发达国家先后推行的改革实践中受到挑战，从而为新的范式的出现提供了可能。当然，严格来讲学术界对新范式的接受要滞后于改革实践，而且正是改革实践所获得的经济方面的一些积极成果才使新范式最终得以确立。

这一新范式被胡德称为"新公共管理"，波利特称为"管理主义"、蓝志勇和罗森布罗姆称为"市场型的公共行政"，奥斯本和盖布勒称为"企业家的政府"。术语尽管不同，不过所体现的精神实质是一样的，即官僚制已不再能体现其所具有的优势，公共行政需要搬用私营管理的理念和技术。那么，改革中所确立起来的新范式是怎样的呢？胡德在其文章中作了这样的归纳，即：（1）在公共领域，注重让专业管理人员实际操作。（2）应该注重明确的业绩评估标准和测量方法。（3）更重视对结果的控制。（4）将公共领域的各单元分割得更小。（5）向公共管理领域内更强烈的竞争的方向变化。（6）强调在管理实践中使用私营企业的风格和方法。（7）强调在资源使用方面更强的原则性和节约性①。卡罗尔在其著作中则是这样描述的："减少和解除官僚制，运用市场机制并在从事政府行为时模拟市场，向组织下层和外部负责，提高生产率，赋予机构以活力，提高雇员追寻结果、改进质量和让顾客满意的能力。"② 其他学者也作了一些概括，但大多包括如下这些内容：政府服务应采用更具弹性的组织形式，注重管理责任而非政治责任，更多运用私营管理的经验与方法，注重市场作用并引入竞争，以结果为导向，让公民作为消费者来影响服务供给。这个范式在多大程度上可以说取代了先前的官僚制范式，是可以争论的，而这个范式是否应该成为今后公共行政研究依循的范式亦值得探讨。不过，前一个问题是事实问题，后一个问题则是价值问题。仅仅因为对新公共管理范式不以为然就否认范式转变的发生，这是不严肃的；仅仅因为范式转变的确在经验上可证实就对新公共管理范式推崇备至，也是不可取的。

　　在笔者看来，休斯关于范式转变的观点是站得住脚的，即"较早形成的、行政性的、僵化的官僚制模式目前已在理论上和实践上受到怀疑，一种引用经济学和私营管理理论的公共管理的新模式已经取而代之，它将全面改变公共部门的行为方式"③。这不仅体现在一大批有关公共管理的教材应运而生上，更体现在新公共管理术语日益频繁地被使用以及管理效率和服务结果日益受到关注上。然而，承认范式转变发生过并不意味着转变后的这一范式就是合理的。新公共管理范式对公共行政研究而言，实际上起着哥白尼日心说对天文学研究所起的同样的作用，有利于破，不利于立。换言之，新公共管理范式与被其所取代的官僚制范式一样，既不能正确说明现代社会的公共行政现象，也不能应用于指导民主制度下的政府运作。故而在公共行政研究中我们需要揭示其不足，并寻找新的备选范式。

---

　　① ［美］蓝志勇：《行政官僚与现代社会》，中山大学出版社 2003 年版，第 142—143 页。

　　② Laurence E. Lynn Jr. ， "The Myth of the Bureaucratic Paradigm: What Traditional Public Administration Really Stood For"， *Public Administration Review*，2001，Vol. 61，No. 2，p. 155.

　　③ ［澳］欧文·E. 休斯：《公共管理导论》第二版，彭和平等译，中国人民大学出版社 2001 年版，第 24 页。

另外还要附带说一点，根据库恩的看法，范式的存在"并不意味着有任何整套的规则存在"①，因为它作为一种不可言说的意会知识要高于规则。所以，前面所作的概括只能帮助我们认识所要探讨的范式，实际上并不能等同于范式本身。

第四节　公共行政与代议民主

根据马克思主义的看法，民主是一种国家形式，会随着国家的消亡而消亡。不过，民主是自行消亡而非人为取缔的。在生产力高度发达的共产主义社会，民主所体现的一部分人对另一部分人的统治将被对物的管理和对生产的组织所代替。那时公众将结成"自由人的联合体"，实现对公共事务的直接管理——尽管这种管理活动已不再是一种民主。在现阶段，我们仍要争取更民主，完善民主，并且通过政治民主来进一步推动经济发展，为民主消亡创造条件。在一定的历史阶段，民主有其积极价值，因此阶级社会中民主行政比非民主行政更为可取。行政可以脱离民主而存在，但非民主的行政因其缺乏合法性而必然不会长久。那么，与行政相伴的民主政治形式应为直接民主还是代议民主，抑或两者都可行呢？笔者以为，行政是与代议民主相契合的，因为历史经验告诉我们直接民主制与行政的配合存在着缺陷。

一　直接民主下的行政

说起历史经验的借鉴就不能不提及古雅典，因为直接民主制的标签总是与古雅典所实行的民主制形式相连。但是，严格来说，古雅典所实行的直接民主制仍是不彻底的，因为真正的直接民主制下不会有相对独立的行政，由于统治主体与管理主体相重合，政治事务与行政事务将呈现出交迭的态势。根据萨托利的看法，直接民主是没有代表和代表传送带的民主，

---

① ［美］T. S. 库恩：《科学革命的结构》，金吾伦、胡新和译，北京大学出版社 2003 年版，第 41 页。

是人民不间断地直接参与行使权力的民主①。这就是说，在纯粹的直接民主制下，不存在任何权力委托，不存在治者与被治者的区分。可是在古雅典却并非如此，亚里士多德在《雅典政制》当中介绍过许多行政官职——公元前4世纪时每年约任命600名行政官员②，而在《政治学》中他提到公民"应交互做统治者也做被统治者"③，这说明公共权力的所有者与公共权力的行使者并非合二为一。那么，古雅典为什么会被看做是直接民主制的范例呢？这可以归结为以下两点：

第一，作为城邦最高权力机构的公民大会裁决一切政事，而所有年满20岁的公民都可以参与其中行使自己的权利。因此，古雅典的统治权始终掌握在公民全体手中，前面所说的治者与被治者的区分实际上只是管理者与被管理者的区分。

第二，所有官职都从全体公民中选举产生，没有财产门第的限制，而且一些官职由抽签决定，官职任期较短，从而使普通公民有很大可能当选。尽管如此，所有公民都有权参与公共事务的管理并不意味着所有事务都必须由公民全体来直接处理。换言之，行政对雅典民主来说，仍是不可或缺的，尽管其行政事务与政治事务并未清晰分开。那么，在这个最接近直接民主制原型的国家，其行政状况如何呢？

首先，我们应该肯定，古雅典行政之中所贯穿的民主精神是后世许多民主国家无法比拟的，这体现在三个方面：（1）雅典公民所具有的政治参与权非常广泛。他们可以通过不同方式亲身参与公共事务，可以凭借选举或抽签而出任公职，也可以提出各种建议和批评。对雅典公民来说，公共事务是他们生活的重要组成部分，而且也是向他们完全开放的。（2）古雅典行政是与充分的民主控制密切相连的。正如戴和克莱因所说："古雅典的责任是直接的，持续的和广泛的。"④ 官员权力很小，任职较短，而且不存在等级制和官僚机构，所有官员都通过五百人会议向公民大

---

① ［美］乔·萨托利：《民主新论》，冯克利、阎克文译，东方出版社1998年版，第125、315页。

② ［英］约翰·索利：《雅典的民主》，王琼淑译，上海译文出版社2001年版，第42页。

③ ［古希腊］亚里士多德：《政治学》，吴寿彭译，商务印书馆1965年版，第167页。

④ Patricia Day and Rudolf Klein, *Accountabilities：Five Public Services*, London：Tavistock, 1987, p. 6.

会负责，此外官员任职前要受议事会及陪审法庭的审查①，任期结束后也必须接受考核，任何人都有权告发他所要告发的任何官吏的不法行为，有害于城邦的高级行政官员还会被公民用贝壳放逐法的方式逐出国门。（3）古雅典行政是以公民的全体利益为依归的，无论是官员还是普通公民都具有公益心。雅典公民非常热心于公共事务，他们不会因照顾家务而忽视国家，即使是忙于业务的人也都具有极其鲜明的政治观念②，这种公民意识是古雅典民主政治非常宝贵的一笔财富。

其次，不应忽视的是，古雅典行政也存在一系列问题。

第一，奴隶和妇女被排斥在公民之外，他们参与公共事务的权利被剥夺，这样一来妇女的利益只能依靠男性公民的代表，而奴隶们的利益则完全被置之不顾。

第二，忽视了对官员任职条件的关注，即行使公共权力者必须有愿意为公众服务的良好品德及能够为公众服务的必要知识和较高才能，毕竟承认普通公民的参与权并不意味着普通公民也能胜任公职对其品德及知识所提出的要求，否则会造成公共事务处理不当。

第三，过分强调多数人意见的至上性并将其等同于民主，从而导致行政效率过低并使少数人的意见受到排挤。在古雅典，许多关于公共事务的决定都是由公民大会通过投票来做出的，但"民众会并不能通过未经议事会准备和未经主席团事先以书面公布的任何法案"③，致使民主体制的运作缺乏效率。

更需要指出的是，将民主简单等同于多数人意志，在实践中容易出现情感战胜理智的情况，压制少数人的合理意见，为少数阴谋鼓动者打开方便之门。因此，"民主是建立权威的唯一办法，它没有必要成为一个普遍适用的办法。在很多情形下，对专业知识、资历、阅历和特殊才能的需求超越了民主作为建立权威唯一办法的要求"④。

----

① ［古希腊］亚里士多德：《雅典政制》，日知、力野译，商务印书馆1959年版，第58页。

② ［美］乔治·霍兰·萨拜因著，托马斯·兰敦·索尔森修订：《政治学说史》上册，盛葵阳、崔妙因译，商务印书馆1986年版，第34页。

③ ［古希腊］亚里士多德：《雅典政制》，日知、力野译，商务印书馆1959年版，第50页。

④ ［法］克罗齐、［美］亨廷顿、［日］绵贯让治：《民主的危机》，马殿军等译，求实出版社1989年版，第100页。

通过对古雅典行政的上述剖析，我们可以看到，前面所说的古雅典行政的优点并不是与直接民主属性相连的，而只说明了其主权在民的性质。在完善的代议民主制之下，普通民众一样可以拥有参与公共事务管理的广泛权利，行政机关一样可以被置于充分的民主控制之下，公民精神一样可以在公民的积极参与之下得到培育。反过来，前面所说的古雅典行政的缺点却恰恰是因其政治体制接近直接民主而导致的。例如，通过限制公民人数确保直接民主得以贯彻，忽略品德与知识对于行政事务的重要性，置多数人投票表决的意见于法律之上，等等。因此，古雅典行政实践提供给我们的启示就是：民主体制的维持与发展要求在行政中体现民主，但是直接民主并不利于行政活动的良好运转。

二　代议民主与公共行政

既然如此，代议民主是否有利于公共行政呢？答案是肯定的。我们知道，代议民主是指公民通过自己选出的代表来进行统治，它的价值首先体现在能够克服民主理想与现实制约之间的困境，并提供民主精神得以贯彻的有效途径。通过将统治与管理看做相互联系但非同一的两个问题，代议民主既能够有效地维护民主精神，又可以使公共事务得到妥善处理。直接民主只有在人口与地域都较小时才可能应用，当规模扩大到一定程度，公民的平等参与就会受到影响，效能感也随之降低。通过引入代议机制，一方面公民仍然能够通过投票及其他一些方式参与公共生活；另一方面统治权的归属仍然掌握在公民全体手中。由此可见，代议民主是对直接民主的改进，它确保了体制的民主性质，同时使这种民主性质在现代民族国家也能够落到实处。

其次，代议民主重视程序规则，能够有效控制党争，防止多数暴政。通过将代议制安排应用于较大范围，"就可包罗种类更多的党派和利益集团；全体中的多数有侵犯其他公民权利的共同动机可能性也就少了"①。与此相反，直接民主通过公民投票表示赞成与反对来解决重大问题，控制议程者和擅长鼓动者在其中往往起支配作用，一时的情感冲动就会造成决策差错，同时，这种缺乏程序规则的做法容易产生对抗与冲突，也使每次

---

① ［美］汉密尔顿等：《联邦党人文集》，程逢如译，商务印书馆 1980 年版，第 50 页。

投票的少数人实际上被排斥在统治集团之外。这实际上近似于一种零和博弈，即多数胜者得到全部，少数输家一无所有。其结果正如萨托利所言："当把民主等同于单纯的多数统治时，人民的一部分（往往是很大一部分）就会因此而变为非民。"①

最后，代议民主具有很大的包容性。国家体制上的代议民主可以允许在其内部有直接民主因素（如公民表决）的存在，而不会妨碍其在体制上的代议民主的性质②。也就是说，代议民主能够吸纳直接民主的一些优越性，有效促进公民精神的培育。相反，直接民主是较为极端的民主形式，它否认权力的可代表性，不允许代议机制的存在，哪怕是在地方一级。这样一来，公民必须时时在场以维护自身利益，由于需要经常召集公民全体开会以作出决策，直接民主所需成本要高得多。

具体就行政而言，代议民主也有着非常重要的意义：

第一，代议民主能够确保行政主体权力的合法性。作为政治学的重要概念之一，合法性用来指代"被治者认为是正当的或自愿承认的特性，它将政治权力的行使变成了'合法'的权威"③。通过代议民主的程序安排，行政主体的权力最终来源于人民的授予，这意味着行政主体对权力的行使是得到民众同意的，民众认同并自愿服从这种权力，行政权力不需要依靠强制制裁和太多宣传说服就能够有效行使，这大大降低了行政成本。没有合法性，行政得不到民众的配合与支持，就会遭遇各种困境，从而毫无效率可言。

第二，代议民主能够确保行政人员合格胜任。代议民主反对直接民主的基本假设，即主权在民就应在实践中保证公共权力为民众全体所掌握，而是认为只要公共权力受托者向授予其权力的全体民众负责，主权在民就是实实在在的。代议民主认为从事公务活动需要较强的责任心、广博的知识及良好的组织协调能力，对此并非所有民众都能够胜任。由于民众在服务意识、知识水平、管理才能上有差别，选拔行政人员时应该体现这种差别。因此，代议机制实际上是一种择优机制，旨在使优秀人才脱颖而出。

① ［美］乔·萨托利：《民主新论》，冯克利、阎克文译，东方出版社1998年版，第36页。
② 刘军宁：《共和·民主·宪政——自由主义思想研究》，上海三联书店1998年版，第210页。
③ ［美］杰克·普拉诺等：《政治学分析辞典》，胡杰译，中国社会科学出版社1986年版，第82页。

如果摒弃这种择优机制，否认行政是一种需要专门技巧的管理活动，后果将是非常严重的。

第三，代议民主能够确保行政人员获得必要的裁量权。前面谈到过，古雅典时期对行政的民主控制非常充分，公民有多种方式防止官员滥用权力。但是，这种过于严密的控制会损害官员处理公务时所应该拥有的裁量权。在古代社会，这种裁量权并不是太重要，因为那时候公共事务较为简单，行政官员职责范围有限，需要运用裁量权的场合较少。对于现代社会来说，行政事务非常繁复而且常有紧急突发事件出现，如果没有必要裁量权就会延误时机，还会使相当一部分公共事务的处理成为不可能。当然，需要说明的是，代议民主制所允许的这种自由裁量权并不会有失控的危险，因为在完善的代议民主制下民众对行政的监控是始终有效的，何种情况可以运用自由裁量权有明确规定，而且行使不当将伴随着事后的责任追惩。正因代议民主不仅自身有其价值，而且对于行政意义重大，所以有关行政的各种制度安排都应符合代议民主的精神。另一方面，与较完善的代议民主相结合也是确保行政具有公共性的必要条件。这是因为，只有在代议民主之下，才能使不同于个体利益简单相加的公共利益得到更好表达，才能使少数人的合法权益成为行政回应性应该考虑的一个方面而非总是被漠视，才能提供更为健全和理性的制度渠道以推动公民的积极参与，才能确保承担管理公共事务职责的人员是正直且学有专长的优秀人才，同时使其始终置于民主控制之下。

尽管代议民主具有上述优点，很多人仍然认为代议民主不可以也不应该取代直接民主，他们坚持真正的民主应该是人民自己亲自进行统治，而非只局限于挑选谁来统治他们。然而，直接民主论者的理想尽管美好，但受生产力发展水平所限，在行政现象存在的阶级社会里，民主只能采取代议的形式，也就是列宁所说的："没有代表机构，我们不可能想象什么民主，即使是无产阶级民主。"① 接下来本书将阐述公共行政与代议民主相结合的必要性、现实性及需要注意的问题，不过在此之前，笔者将选取几位民主理论家和公共行政学家进行分析，因为他们代表了重视这一结合的传统，而这一传统如今却有被忽视的危险。

① 《列宁选集》第3卷，人民出版社1995年版，第152页。

第二章　行政的民主之维

公共行政必须始终置于民主控制之下，这一方面是因为民主控制有助于降低公共行政出错的概率，确保公共行政所追寻的公共利益不会偏离方向；另一方面则是因为民主作为一种统治形式，本身不仅涉及谁统治，也涉及如何统治。在这一章中，我们将依次介绍政治思想家眼里的行政，行政学家对民主问题的看法，民主行政理论的基石以及实践中民主控制行政的不同途径。

第一节　政治思想家眼里的行政

民主与行政的关系曾是西方政治思想家广为关注的一个主题，在他们眼里，行政从来不是与民主无关甚或与民主相对的。相反，行政本身就是推进民主的工具，民主必须体现在行政之中。

一　联邦党人

《联邦党人文集》（以下简称《文集》）是汉密尔顿、杰伊和麦迪逊三人在 1787 年美国制宪会议后为争取纽约州人民对新宪法的认可而发表于报端的一系列专栏文章，其主要内容是宣传宪法各项条款的合理性，解释其所依据的基本原则，并驳斥反对派的各种责难和攻击。《文集》的贡献是多方面的，特别是它精辟地论述了行政管理有效性对于民主而言所具有的重要作用，以及如何在强化行政权威的同时确保其仍被置于民主的控制之下。具体来说，联邦党人的论述聚焦于如下三个方面：（1）共和国的生存需要一定的行政集权；（2）新宪法中的各项措施有利于行政部门权威的加强；（3）强大的行政部门同共和政体的本质是相符的。

　　先来看第一点，行政集权的必要性已经由实践作了充分说明。独立后北美邦联的各种弊病，如邦联政府财源不足，法律不能得到贯彻执行，各州之间钩心斗角，外国政府的觊觎和虎视眈眈，在很大程度上是源于缺乏一个强有力的行政部门。联邦党人认为："决定行政管理是否完善的首要因素就是行政部门的强而有力。"① 无论是在何种政府形式下，政府的权力都应与其职能相适应，如果不能做到这一点，就会造成政府的软弱无力和管理不善，而这样的政府必然是个坏的政府。联邦党人并非没有考虑民主理念应该如何不打折扣地贯彻于新宪法中，但他们认为，同样需要考虑政府及国家如何能够在外忧内困中生存下去并得到发展。联邦党人知道，新宪法所设计的政体形式必须是共和政体，因为其他政体都不可能为热爱自由的美国人民所接受。他们也同样知道，尽管北美的民主仍存在很多缺陷，但当时北美面临的最大问题不是民主问题而是行政问题。民主需要完善，不过，从总体上看，独立后各州和邦联都已经在一定程度上贯彻了人民主权原则，而行政管理上的问题却是非常不容乐观的。况且制定新宪法的目的就是想通过实行一定的行政集权来救治邦联时期在行政管理上的各种弊病。因此，联邦党人以为，共和国的政府应该首先是个主权属于人民且为人民利益服务的政府，但它同样应该是个管理完善的好政府，为此就必须加强行政部门的权威，联邦党人毫不讳言这一点。

　　当然，还要指出的是，联邦党人所说的共和国是指实行代议民主制的民主共和国，他们并不把贵族共和国视为真正的共和国——尽管他们知道有这种说法，他们也区别了纯粹民主与共和，前者指"由少数公民亲自组织和管理政府的社会"，而在后一政体下，政府"从大部分人民那里直接、间接地得到一切权力，并由某些自愿任职的人在一定时期内或者在其忠实履行职责期间进行管理"②。联邦党人贬低纯粹民主而推崇共和，这显然有其实用的考虑。反联邦党人中的一些人，即所谓州权派正是以这样的民主为武器，要求承认各州主权的不容侵犯性，而新宪法所要成立的联邦政府要限制各州的权力并使联邦政府的权力能够直接作用于各州民众。联邦党人指出，纯粹民主作为直接民主形式只能实行于小型社会，而且纯

① ［美］汉密尔顿等：《联邦党人文集》，程逢如译，商务印书馆1980年版，第356页。
② 同上书，第48、193页。

粹民主更容易受派别政治的不利影响。联邦党人的论述显然表达了他们对多数人情感可能战胜理智的忧虑，但称他们为反民主人士又是不公允的，他们把纯粹民主和共和都称为大众政体，实际上就是今天的民主制①。他们要求的事实上是民主的代议制形式，是一个强大而有生命力的民主共和国，而不是一个软弱的纯粹民主制。有意思的是，联邦党人还从民主的角度来批评行政部门的软弱无力。他们认为："专制往往产生于一个有缺陷的政体根据紧迫情况而要求的僭越权力，很少由于充分行使最大的宪法权力。"② 因此，如果行政部门缺乏权威，则在紧急事件出现——而行政部门无权必将导致管理不善——时，专制的拥护者会借此得到契机。相反，如果宪法中提供的各种制约措施能够有效采用的话，那么行政部门权力大也无损于这个国家的民主性质。这是一个有趣的论证，但历史证明了它的正确性。

再来看第二点。联邦党人认为，宪法中对行政部门权力的规定有利于良好的行政管理，因为这些规定确保了行政部门统一、稳定、拥有充分的法律支持和足够的权力，而这正是行政部门能够强而有力所需要的四个因素③。从《文集》第七十篇到第七十七篇，联邦党人依次对这四个因素进行了阐述：（1）行政部门的统一是通过将权力集中于行政首脑一人而实现的，这种做法可以防止行政首脑一职多人时容易出现的分歧，而分歧会导致行政首脑声望受损、权威削弱，共同执行的计划和工作遭到破坏。（2）行政部门的稳定是通过规定适当的任期来实现的，它不应太短，否则总统所做的就只能是无条件地顺应人民群众与立法机构中的激情、冲动，而无法坚定地行使其宪法规定的权力来促进人民的幸福。此外，准许连选连任也被看做是激发行政首脑创造性发挥、确保行政方面更大独立性的手段——尽管这一看法已被摒弃。（3）行政部门所拥有的充分的法律支持是通过对其薪金的适当规定来实现的，这一点显而易见，因为在联邦党人看来，对一个人薪金的控制往往意味着可以支配该人的意志。不过，

---

① ［美］列奥·施特劳斯、约瑟夫·克罗波西主编：《政治哲学史》下卷，李天然等译，河北人民出版社1993年版，第767页。

② ［美］汉密尔顿等：《联邦党人文集》，程逢如译，商务印书馆1980年版，第99页。

③ 同上书，第356页。

联邦党人并不认为宪法中对行政首脑薪给的规定只是为了保护总统不会因薪金可能减少而屈从于立法机关，它也能够防止立法机关或各州以金钱为饵，诱惑总统，使其不能秉公办事，后一方面的保障对于行政管理的良性运转而言同样是非常重要的。（4）行政首脑拥有足够的权力，包括有限否决权、军权、赦免权、参议院同意下的缔约权和高级官吏人事任免权，等等。这些权力不仅能够确保其顺利完成社会事务管理，也有助于防止其他权力的侵犯。联邦党人认为，"一个政府应该拥有全面完成交给它管理的事情和全面执行它应负责任所需要的各种权力"①，而宪法对行政权力的设计总体上看符合行政活动正常开展的要求。那么，赋予行政部门如此多的职权后，这个政府仍然能够对共和原则提供充分保障吗，这些规定是否符合依靠人民、承担责任的原则呢？②这就涉及《文集》着重探讨的第三个问题了。

对于这个问题，联邦党人肯定地回答道，新宪法所设计的强大的行政部门是符合民主——他们使用共和一词——原则的，因为行政权的强化与对行政权的制约并未分离，行政权不是无限的。他们在谈到新宪法中相关规定有利于行政权威加强的同时，也指出这些规定在防止行政权滥用方面具有积极作用。例如，行政首脑由一人充任固然对于行政的统一来说有好处，但这一措施也有利于人们对责任的追究。此外，"一人单独负责自然会产生更切实的责任感，和对自己声誉的关切，而正由于此，他将更强烈地感到自己有义务、以更大之关注细心考查职务要求的各项条件，更易排除私情，遴选具有最佳条件的人任职"③；总统的四年任期有利于保持其独立性，但也有利于民众及时对其任职内行为表态，以免损害公众自由；总统的职权是充分的，但很多职权的行使需要立法机构的配合，立法机构对其的制约是真实而有效的。同时，行政权威的共和性质还体现在总统未能有效履行其职务或滥用权力时存在各种惩罚手段。如由人民直接选举的选举人团可以每四年对总统任期的所作所为进行评判，决定其去留；总统若犯有罪行可随时遭到弹劾，被依法审判、免职，甚至被剥夺生命财产，

---

① ［美］汉密尔顿等：《联邦党人文集》，程逢如译，商务印书馆 1980 年版，第 151 页。
② 同上书，第 389 页。
③ 同上书，第 383 页。

等等。根据《文集》的论述，行政权所应具有的民主控制可以通过两种途径得到保障：一是通过直接的诉诸民意，二是通过立法机构及司法机构的制约。两者之中，联邦党人更推崇后者，因为他们认为经常求助人民对于达到上述目标来说不仅是不充分的，而且是有害的，会在一定程度上造成政府威信受损。有鉴于此，他们主张根据分权原则来设计出有利于民主的各种制度安排，其结果尽管不太令人满意——因为他们的这一制度安排仍然不能阻止国家权力为资产阶级一个阶级所垄断，但是他们对制度设计的重视及对权力危险性的关注都是贡献极大的。

二　托克维尔

托克维尔是一位杰出的政治思想家，而《论美国的民主》正是为他赢得巨大声誉的不朽宏篇。作为第一部考察现实民主制度的专著，该书以客观的笔调描述了托克维尔所观察到的美国式民主，其中不乏真知灼见，也不乏深刻的预言。然而，托克维尔的目的绝不仅仅是向美国以外的读者介绍美国式民主，他还力图从中抽取民主的基本原理，以构建一门新政治科学。托克维尔没有花费大量篇幅来探讨行政问题，但他在书中的很多地方阐述了美国的民主制度是如何在其行政之中得到体现的，并指出了这种体现对于民主而言意义何在。

托克维尔认为，美国行政工作所根据的原则与当时非民主的欧洲大陆行政工作所根据的原则不同，因为"美国民主制的本质精神反映在主要根据自愿结社原则和自治原则组织起来的民主制行政体制之中"[1]。具体来说，美国公共行政具有几个方面的特点：第一，美国的"行政官员到处都是选举的，或至少是不能随便罢免的，从而各处都不会产生等级制度。""行政权被分散到许多人之手。"[2] 在这样一种行政体制中，责任问题不像在官僚制组织中那样，通过自下而上的层级节制原则得到解决；相反，行政官员的工作是否称职要通过定期的人民投票来直接作出评判——人民主权原则在其中得到贯彻，行政官员的责任更多体现为政治责任。当

---

① ［美］文森特·奥斯特罗姆：《美国公共行政的思想危机》，毛寿龙译，上海三联书店1999年版，第98页。

② ［法］托克维尔：《论美国的民主》上卷，董果良译，商务印书馆1988年版，第91页。

然，由于政治责任的追诉——通过选举——是有时限的，为了确保官员在平时能够服从法律，某种补救和制裁手段是有必要的，由此产生了第二个特点，即将司法手段用于下属的行政部分并在行政官员犯法时责成法院惩治他们。第三，不存在行政集权而是实行地方分权。托克维尔对美国地方分权所带来的政治效果评价甚高，他对比了行政集权和地方分权，认为"行政集权只能使它治下的人民萎靡不振，因为它在不断消磨人民的公民精神"，而在地方分权下，由于每个人都参加社会事务的管理，每个人都扶持、帮助和支援行政机关①，所以公共利益会因此得到增进，公共道德也会因此得以培育。值得注意的是，托克维尔并不只是在具体地谈论美国的行政，这三个特点实际上也是他所认为的民主国家行政所具有的一般特点。正因如此，他才会在提及上述第一个特点时作结论说，"如果行政官不再由人民选举，但他们仍保留着民选的行政官的权限和习惯，那就会导致专制"；在谈到第二个特点时作结论说，所有公民均有权向普通法院的法官控告公职人员和所有法官均有权判处公职人员，这在自由国家是自然的，政府权威并不会因此受到损害；在详细论述第三个特点时作结论说，地方分权是民主社会最为迫切的需要②。

托克维尔的这三个结论在多大程度上正确，值得商榷。对于现代资本主义民主国家来说，尽管司法监督和救济仍是防范行政权滥用所必不可少的手段，但是，它们中的绝大多数都没有采用基层行政官由民选产生且不能随意更换的做法，也没有实行那样彻底的地方分权。相反，常任文官和行政集权早已是各国通行的做法，甚至原先托克维尔借以得出其结论的美国如今也是如此。因此，托克维尔在一百多年前所阐释的民主制行政的一般特点并不能简单地适用于当代，随意将其奉为教条显然是大谬不然。不过，托克维尔所遵奉的民主精神应贯穿于行政之中的信条则是贡献极大的。他在论述美国行政问题时指出，"在推行人民主权原则的国家，每一个人都有一份同等的权力，平等地参与国家的管理"③，为此他鼓励并赞扬民众积极投身于公共事务，这在今天看来仍是非常有意义的。

---

① ［法］托克维尔：《论美国的民主》上卷，董果良译，商务印书馆1988年版，第97、106页。

② 同上书，第235、115、106页。

③ 同上书，第71页。

最后，还需要强调的是，托克维尔对当时美国公共行政状况所作的评论并非全为颂扬之语。尽管他肯定美国公共行政中存在民主的精神，具有良好的政治效果，但对其中存在的弊端也未回避。这些批评性的话同样令人深思。托克维尔对当时美国的公共行政并不是太满意，一方面，他认为美国行政管理人员在指导社会工作时只凭自己积累的经验知识而没有指导该项工作所必备的科学知识，这会使行政呈现不稳定性。托克维尔反对美国将民主过度地推广到行政管理工作中去，认为这会阻碍管理人员的技术进步①。这里我们需要明白托克维尔所说的含义，他并不是要把行政管理与民主相脱离，他只是认为，行政管理作为一门科学，不能够仅仅因为相信人们在涉及自己利益的事情上有发言权就误以为他们也有足够的能力和知识水平去直接参与行政事务，监督与控制权对于确保他们利益不致受损同样是有效的。另一方面，托克维尔认为，美国实行的地方分权过度了，导致全国统一制度的缺乏及行政效率受损。这一点常常被人们所忽略，因为托克维尔是以那样欣喜的口吻在赞颂美国地方分权的政治效果。然而，托克维尔在这个问题上所具有的眼光是辩证的，他热情地称赞美国地方分权下良好的公共道德与公共精神，认为地方自治有助于美国人由自利的人转变为具有公益心的人。但是，他同时也冷静地指出："我相信美国全国的行政被集中于一个人之手时，会把美国治理得更加安全，会使美国的社会资源利用得更为合适和合理。尽管美国人从地方分权制度中获得了政治好处，但我仍然主张采用相反的制度。"② 那么，这是否说明托克维尔的结论存在着矛盾呢？显然不是，托克维尔的确相信地方自由所带来的好处，认为自治能使普通民众的积极性、创造性得以发挥。但是，托克维尔认为，美国过度的地方分权妨碍了协调一致的行动及政府长期规划的实现，他对美国无法达到集权制度下的那种统一感到遗憾。作为一名外来的观察家，托克维尔希望欧洲行政的公益性能更强一些，普通民众能在政府行政管理过程中发挥一定的能动作用；同时，作为一名法国学者，他也期盼美国能在行政的专业化方面借鉴欧洲的经验。

总的看来，托克维尔并未像一些学者所断章取义的那样，认为民主国

① ［法］托克维尔：《论美国的民主》上卷，董果良译，商务印书馆1988年版，第236页。
② 同上书，第103页。

家的行政体制只能实行地方分权。他赋予地方自治的重要意义常被过分夸大了，而且托克维尔还提示道："一个国家越复杂，越文明，它就越不大可能确立地方自由，或容忍一个社区不遵循自由传统的拙笨努力。"① 因此，倘若民众素质较高并且有较强公益心的话，一定的行政集权显然也会得到托克维尔的赞同。不过，假若在民主国家真的实行行政集权的话，那就必须尽可能避免代议机构对行政的过多干预，否则就有可能演变为法国大革命期间的"暴政"。托克维尔与后来受其影响很深的密尔一样，都认为代议机构对行政的干预是民主国家的一大威胁。然而，到现代行政集权程度越来越高的时候，我们实际上缺少的正是代议机构的这种有效监督。当然，这对他来说是过于苛求了。托尔维尔讴歌和接受了民主，并视之为文明进步和社会发展的必然，正是这份信念照亮了我们前进的方向。

三　密尔

约翰·斯图亚特·密尔被称为西方古典政治学的集大成者和现代政治学的开创者，他的《代议制政府》一书发表于 1861 年，至今仍被许多大学列为政治学专业本科生、研究生的必读书。《代议制政府》是一本非常重要的理论著作，不仅对密尔来说是如此，对他那个时代来说也是如此。这本书论述了有关代议制的各种问题，其中很多问题都是当时政治上争论的焦点，尤其值得我们注意的是，密尔在强调民主价值的同时论述了代议制政府中的行政问题并作了专章介绍。接下来我们将以该书为基础，看看密尔是怎样进行分析的。

首先，密尔明确指出，"一个完善政府的理想类型一定是代议制政府"，其理由在于代议制政府可以吸收完全平民政府的优点并保留它的实质性内容，即每个公民对最终的主权行使有发言权，同时又克服完全平民政府在现实生活中所面临的困难，即"在面积和人口超过一个小市镇的社会里除公共事务的某些极次要的部分外所有的人亲自参加公共事务是不可能的"②。密尔认为，民主是可欲的，而代议制正是使民主由可欲成为

---

① ［美］列奥·施特劳斯、约瑟夫·克罗波西主编：《政治哲学史》下卷，李天然等译，河北人民出版社 1993 年版，第 894 页。

② ［英］约翰·斯图亚特·密尔：《代议制政府》，汪瑄译，商务印书馆 1982 年版，第 55 页。

可能的桥梁。民主之所以可欲，是因为是在民主制下，每个人都有权利捍卫自己的利益并在参与公共事务的过程中使自己的公德心得到增强，智力水平得以提高。作为管理社会公共事务的一套组织安排，民主制下的政府与专制下的政府可能差别不大，但是只有民主制才能够使人民本身得到训练，把自己提高到更高的水平。这正是民主政府一个必不可少的优点。密尔强调，民主显然具有专制无可比拟的优越性，因为专制制度使人们成为奴隶，而民主制度下人民本身的改进及美德的提高是政府的重要职能。站在这样的立场上，密尔赞颂民主，支持普通民众尽可能多地参与公共事务。然而，若因此而将其划入参与民主甚至直接民主阵营内，将是一个错误。密尔不仅考虑理想，也关注现实条件；他不仅指出，在大国中所有人参与所有公共事务的管理是不可能的，也承认在某些时期无代表制的君主制政府可能是最适合的政体形式。就现实而论，密尔的结论是理想上最好的政府形式是代议制政府。他还进一步指出，"个人最高度的发展也有赖于一种发达的文明，这只有在一个大国才是可能的"，而"在大国中可行的最近似的民治政府是代议制政府，即代议民主制"①。这种逻辑论证令人信服，但需澄清的是，密尔并不像一些人所认为的那样低估效率在政府管理过程中的重要性，只不过他认为民主价值是更高层次的，更何况要想提高政府管理效率，被治者的好品质也是最为重要的，而这只有通过民主才能得以保障。

　　如果密尔只是作了这样的论证，那么他的理论贡献仍是有限的，毕竟民主的优越性及其趋势的不可阻遏在他那个时代已有不少学者清醒地指出过，至少在他之前并对他影响甚大的托克维尔就曾详加论述，而民主只能借用代议制的形式亦为历史和实践所证明。密尔较为独特的一点在于他试图改革当时现有的代议制政府，以建立一种技术民主制②，而这正是密尔之前的理论家所不能、不愿或不敢设想的。密尔指出，民主制应该采用专家治国的方式，"除非民主制愿意让需要技术的工作由有技术的人去做，要迈向熟练的民主制是办不到的"③。这样的洞察力非常令人钦佩。密尔

---

　　① ［美］列奥·施特劳斯、约瑟夫·克罗波西主编：《政治哲学史》下卷，李天然等译，河北人民出版社 1993 年版，第 915 页。

　　② 同上书，第 917 页。

　　③ ［英］约翰·斯图亚特·密尔：《代议制政府》，汪瑄译，商务印书馆 1982 年版，第 91 页。

并未因其称颂民主就认为民众能够亲身参与一切公共事务的管理，也并未因行政事务需要专家就放弃民主的价值关怀。他希望成功的代议制政府能够实现民主控制政府与政府高效管理公共事务之间的结合。密尔认为，行政管理需要受过专门训练的熟练人员，不仅民众智力水平参差不齐因而不能直接进行管理，就是人民议会也不适于管理行政，或者事无巨细地对负责行政管理的人发号施令①。代议制政府只能实行官僚政治，即管理工作掌握在职业官员的手中，否则就会因缺乏高度政治技巧和能力而造成公共事务管理不善。有鉴于此，密尔强调："人民政体中的好政府的一个最主要的原则是，任何行政官员都不应根据人民的选举来任命，即既不根据人民的投票也不根据他们的代表的投票来任命。政府的全部工作都是专门技术的职务；完成这种职务需要具备特殊的专业性的条件，只有多少具备这些条件或者具有这方面的经验的人才能对这种条件作出适当的评价。"②那么，这样的代议制政府仍然具有民主的特征吗？密尔的回答是肯定的，因为最后的控制权仍在人民手中。在密尔看来，民主不是民众直接管理各种社会公共事务，而是通过民众的代表来监督、控制和批评直接进行管理的行政官僚。"他试图通过平衡参与和能力来保护和促进代议制政府，创建好政府，而公共行政在他的框架中扮演着重要角色。"③ 当然，密尔并未在强调技术的同时放弃对民主的诉求，他曾明确表明自己会在代议制政府和官僚制的二选一问题上选择前者。不过，密尔对这个问题的认识又是辩证的，他知道代议制要生存下去并取得一系列成果，就必须依赖于经过培养的职业官员的有效管理，故此在肯定广泛参与的需要的同时也应当看到熟练行政的需要。同时，密尔也谈到了纯粹官僚政治所具有的弊端——"腐儒政治"、"过于保守"。他认识到，"代议制政府中官僚制最大的难题就是控制、责任、职责"④。有鉴于此密尔以为，代议制与官僚政治之间的结合是非常必要的，这种结合的必要性既源于代议制政府对有效管理的

---

① ［英］约翰·斯图亚特·密尔：《代议制政府》，汪瑄译，商务印书馆 1982 年版，第 71—72 页。

② 同上书，第 195 页。

③ Beth E. Warner, John Stuart Mill's Theory of Bureaucracy Within Representative Government: Balancing Competence and Participation, *Public Administration Review*, July/August 2001, Vol. 61, No. 4, p. 405.

④ Ibid. , p. 409.

要求，也源于官僚政治在创新精神方面的不足。

密尔对民主控制行政的可能性和必要性作了充分的论证，他也预见到在代议制下行政事务将日益走向专业化。不过，如果说密尔在这个问题上的认识也有局限的话，那就是他只看到了民主控制过多会妨碍行政的一面，却对行政专业化发展侵蚀民主特征的可能性估计不足。密尔以为，人民议会监督和控制政府的职权是较完备的，它可以"把政府的行为公开出来，迫使其对人们认为有问题的一切行为作出充分的说明和辩解；谴责那些该受责备的行为，并且，如果组成政府的人员滥用职权，或者履行责任的方式同国民的明显舆论相冲突，就将他们撤职，并明白地或事实上任命其后继人"①。所以，代议制政府将来要面临的实际危险之一是立法机关可能越来越多地干预具体的行政事务，而非相反。这个结论已为历史的发展所否定掉，因为 20 世纪代议制的发展并没有见证行政对议会的臣属，却见证了行政日益凭借专业化优势使议会逐渐成为"橡皮图章"。当然，仅此一点不会削弱密尔作为经典民主理论家的地位，他对代议民主与专业化行政之间关系的论述至今读来仍是很有启发意义的。

根据前面对联邦党人、托克维尔、密尔思想的述评，我们可以看到，经典民主理论家们在探讨民主实现问题时从来没有忽略对行政问题的考察。他们指出，民主精神应体现在行政之中，行政权力应受到民主控制，一个好政府既是管理良好的政府，也是追寻公共利益的政府。如果不能够遵循民主与行政相结合的原则，就不能做到治国有道，不能体现民治、民享和民有的性质。

第二节　行政学家论民主

尽管现如今有不少公共行政的研究者会忽略掉公共行政与更广泛的民主政治背景之间的内在联系，但值得注意的是，早期行政学家往往很强调这种联系。他们没有忘记民主在公共行政的重要地位，或许他们身兼的政

---

① ［英］约翰·斯图亚特·密尔：《代议制政府》，汪瑄译，商务印书馆 1982 年版，第 80 页。

治学家和行政学家这双重身份有助于他们更清晰地认识这种关系。

一　威尔逊

伍德罗·威尔逊被称为行政学的鼻祖，他的行政思想中有很多创见。他第一个论述了开展行政科学研究的必要性问题，提出了行政科学的目标，介绍了当时行政研究的概况，并突出了比较研究方法在行政学研究中的重要作用。

这里，我们将首先考察威尔逊对政治与行政关系的看法，它是威尔逊行政思想中影响最深远的部分，并被后来的学者称作政治与行政二分法。不过，威尔逊对政治与行政关系的看法与后来学者们对其思想的解读之间有差距，对此有必要作一些澄清。威尔逊的确谈到了政治与行政在性质上、内容上的不同，但这种区分的意义不能不适当地夸大，因为这样的区分事实上不是自他开始的。在《行政学研究》中，威尔逊谈到政治与行政的不同已被德国学者视为理所当然，他也引用了布隆赤里的话来加以说明。如果说威尔逊只是提到了政治与行政的区别，那么这并未说明他在这方面有多大贡献，更何况威尔逊尽管谈到了政治与行政的不同，但他也强调了两者之间的联系不可割断，这一点同样不应被忽视。威尔逊指出，行政管理大大高出于纯粹技术细节的那种单调内容之上，其事实根据就在于通过它的较高原则，它与政治智慧所派生的经久不衰的原理以及政治进步所具有的永恒真理是直接相关联的①。因此，威尔逊所提出的政治与行政之间的区别并不是绝对的，把政治与行政之间的严格界分看做是威尔逊行政理论的核心要素多少有一些简单化。威尔逊不仅意识到行政当中应该贯彻宪政原则，也清楚地知道政治过程制定的政策需要行政管理来贯彻实施。威尔逊并没有认为政治与行政可以，或者应该截然分离。相反，他把国会与行政机关的完全分离看做是美国制度的一个比较大的弊端，并且强调国会应加强对行政机关的监督，而总统和行政机关则有责任绝对服从国会②。

那么，威尔逊为什么要如此强调政治与行政之间的差别呢？这显然与

---

① 彭和平、竹立家编译：《国外公共行政理论精选》，中共中央党校出版社1997年版，第14页。
② 参见［美］威尔逊《国会政体》，熊希龄、吕德本译，商务印书馆1986年版，第82、150页。

他对当时美国政治现状的基本认识有关。威尔逊以为，美国公共行政效率受损，其原因在于政治生活的变动不居过度干扰了行政活动。威尔逊强调，行政管理主要是种事务性的工作，它需要具备一定的稳定性，因为大型计划的落实、重大政策的贯彻，都需要延续性，政治领域的角逐不应影响到这种稳定性。所以，威尔逊强调的是政治对行政的控制不应过度，以免妨碍行政相对的独立性，这才是他的本意。对此有学者评论说："行政和政策之间的严格的二分法是虚构的，威尔逊知道其必定如此。他的目标是引起人们对有效的行政管理的注意，并且使行政管理置身于党派政治的范围之外。"①

至于威尔逊如何区分政治与行政，就涉及他对政治与行政各自含义的看法了。在威尔逊看来，政治是制定公法、设计公共政策的活动，公共行政则是遵从公法和实施政策的执行性活动。从一定意义上讲，这实际上是目的与手段的划分，即由政治活动确定目的，行政选用适当手段以完成目的，前者提供原则指导，后者则在此基础上发挥能动性。立基于此，威尔逊认为："只要把研究行政学作为使我们的政治易于付诸实践的一种手段，作为使针对所有人的民主政治在行政管理方面实施到每一个人的一种手段——那么我们就会立足于完全安全的基础之上，并且我们就能够学习外国制度必然教给我们的东西而不犯错误。"② 威尔逊如此理解政治与行政的关系，其良好意图值得肯定，因为对于 19 世纪末 20 世纪初的美国来说，处理好两者关系的关键就在于保护行政所具有的一定的独立性，使政治生活腐败、非理性的一面尽可能少地干扰行政。毕竟行政从根本上说仍是一种管理活动，需要追寻效率，而且行政效率的提高也有助于民主的政府更好地服务于公益。不过，这种目的和手段的划分不仅不恰当，危害也很大，因为手段选用是否适宜对于目的能否顺利达到关系甚大，而在手段确定的过程中目的也时时要被置于考虑之中。威尔逊自己也承认："行政官员在为了完成其任务而选择手段时，应该有而且也的确有他自己的意

---

① ［美］菲利克斯·A. 尼格罗、劳埃德·G. 尼格罗：《公共行政学简明教程》，郭晓来等译，中共中央党校出版社 1997 年版，第 6—7 页。

② 彭和平、竹立家编译：《国外公共行政理论精选》，中共中央党校出版社 1997 年版，第 25 页。

志，他不是而且也不应该是一种纯粹被动的工具。"① 所以，政治与行政无论在何种意义上说都是不可分的，采取目的和手段的划分方法更是在试图强行割断两者之间的有机联系，对此后文还将详加探讨。

其次，我们还要注意威尔逊行政思想中体现了其对民主价值的认同。在谈到行政学的目标时，威尔逊指出，研究"政府能够适当和成功地进行什么工作"与研究"政府怎样才能以尽可能高的效率或能源方面用尽可能少的成本完成这些适当的工作"是同样重要的，前一个目标正与民主过程密不可分。威尔逊从未认为效率就是行政最重要的价值取向，相反，他肯定了作为民主政府行政活动的原则，应该"在实质上有包含民主政策的原则"②。尽管威尔逊否认民主国家的行政管理建立在与非民主国家根本不同的基础之上的，但他却在肯定学习非民主国家行政方面经验的同时，不忘强调要让其在思想、原则和目标方面从根本上加以美国化，把官僚主义的热病从血管中加以排除，并多多吸入美国的自由空气③。因此，民主在威尔逊看来具有高于效率的价值，行政管理应该与民主的宪法相适应，应该忠实执行民主过程所制定出的政策，这也符合前述目的与手段的划分。当然，由于人民主权的制约，民主国家与君主国家相比也更需要研究执行宪法和法律的学问，这一点同样耐人寻味。

事实上，威尔逊对行政与民主关系的看法可以概括为如下期望：行政应当是民主控制下的行政。为确保这种民主控制，威尔逊提供了两种渠道：一是通过民意代表机关；二是通过公众舆论。对于前者，威尔逊的态度是明确的，他强调行政机关有责任毫无疑问地服从国会，主张国会发挥更大作用，指出，"一个有效率的、被赋予统治权力的代议机构，应该不只是像国会那样，仅限于表达全国民众的意志，而且还应该领导民众最终实现其目的，做民众意见的代言人，并且做民众的眼睛，对政府的所作所为进行监督"④。对于后者，威尔逊则出言谨慎。一方面，他支持公共舆论在行政管理活动当中起权威性评判家的作用，要求行政管理必须在一切

---

① 彭和平、竹立家编译：《国外公共行政理论精选》，中共中央党校出版社 1997 年版，第 17 页。

② 同上书，第 25 页。

③ 同上书，第 6 页。

④ ［美］威尔逊：《国会政体》，熊希龄、吕德本译，商务印书馆 1986 年版，第 164 页。

方面都对公众舆论有敏锐的反应，肯定公众批评对于行政机关的有效运作来说是有益的和不可缺少的。另一方面，他也对公众舆论干扰行政的可能性感到忧虑，他强调："应该让行政学之研究去发现一些最佳方法，这些方法能够给予公众评论这种控制监督的权力，同时使之与一切其他的干扰活动分离。"① 威尔逊在这个问题上态度摇摆，是由于威尔逊知道，作为一个整体的公众舆论有助于确定民主行政的目标，增强其合法性，但他又害怕有自身利益的个人、团体对行政的经常性批评会有损于行政对目标的高效达成。因此，这种矛盾心理在一定程度上根源于前述目的与手段的划分。

总体上来看，作为行政学创立者的威尔逊在强调必须开展行政科学研究的同时，也未忽略民主价值的重要性，不过，他处理行政和民主关系的做法并不恰当。正如一位学者所指出的那样："威尔逊设想的是民主政府的理论，而不是一种民主制行政理论。"② 也就是说，威尔逊所理解的民主只是指行政管理过程中的责任归属明确以及政府权力受到有效监控，而不是指每个人对行政管理事务都有发言权。这与民主理论家托克维尔、密尔相比，是一个倒退。尽管威尔逊也有贡献，即看到责任问题对于确保民主价值实现而言极为关键，但他并没有很好阐述民主精神应如何贯彻于行政之中。这是威尔逊行政思想中的局限，因为民主价值不只是要通过人民控制行政来实现，也同样要通过人民参与行政活动来得以实现。

二　古德诺

弗兰克·J. 古德诺是行政学初创期间的重要代表，他的代表作《政治与行政》出版于1900年，是一部极具理论价值的著作。立足于前人分析的基础上，古德诺深化了我们对政治、行政的认识，澄清了在两者关系上的一些误解，并对中央与地方政治关系，行政体制在政治与行政关系上的作用，行政体制与政党关系等问题进行了深入思考。在《政治与行政》

---

① 彭和平、竹立家编译：《国外公共行政理论精选》，中共中央党校出版社1997年版，第19—20页。
② [美]文森特·奥斯特罗姆：《美国公共行政的思想危机》，毛寿龙译，上海三联书店1999年版，第35页。

中，古德诺积极为当时美国的政治、行政改革提供建设性意见，从而使该书的实践意义亦显得极为突出。

古德诺与前述的威尔逊一起，都被看做是政治与行政二分法的支持者，但正如斯瓦拉所指出的那样："是否威尔逊、古德诺和其他早期思想家应该对这件事完全负责还是有争议的，能够确定的是他们没有兴趣把政治与行政分离，而是澄清了它们互补的角色，以便当选的政治官员和公共行政人员作为领导人更能有效地一起工作。"① 所以，现实中流传的政治与行政二分法观念与早先行政学家们对此的理论设想并不一致。要说明这一点，我们可以从《政治与行政》中寻找相关论据。古德诺认为，政治思想家们——如孟德斯鸠——把政府功能划分为立法、司法、行政三种是不正确的，严格来说，国家功能只有两种，即政治功能与行政功能，前者与国家意志的表达有关，后者与国家意志的执行有关。在古德诺看来，政治功能与行政功能分离的想法由于"实际政治的需要""不可能实现"。这种不可分离首先体现在国家意志表达后需要国家意志的执行才能得以贯彻，而国家意志的执行也需要以预先表达的国家意志为前提。古德诺谈道："一种行为准则，即一种国家意志的表达，如果得不到执行，实际上就什么也不是，只是一纸空文。另一方面，执行一种并非国家意志所表达的行为准则，倒真是执行机构在行使表达国家意志的权利。"② 因此，脱离了国家意志执行的国家意志，即使表达出来也不会具有国家意志的效力，而执行机构如若自行表达国家意志的话，那种意志也非真正的国家意志。其次，政治功能与行政功能的密切相连还体现在实践中功能与机构并非一一对应的关系上。换言之，尽管政治功能主要由立法机构行使，行政功能主要由行政机关行使，但是其中任何一个机构都不可能完全垄断某一功能，也不会只以行使某一功能为限。古德诺指出，在政治生活中行政机关常常拥有立法方面的实际权力，而立法机关通常也在很大程度上行使着对行政行为的监督权。

既然这样，要确保国家的政治与行政功能得以顺利履行，所需的就是

---

① ［美］尼古拉斯·亨利：《公共行政与公共事务》，张昕等译，中国人民大学出版社2002年版，第49页。

② ［美］F.J.古德诺：《政治与行政》，王元译，华夏出版社1987年版，第14页。

解决如何协调国家意志表达与执行这一问题了。古德诺在这个问题上比威尔逊前进了一步，他不是一般地谈政治与行政的关系及行政与民主的关系，而是在民主制的背景下考察政治与行政关系的良性建构。古德诺指出，政治与行政两种功能的分化是民主制的特征，非民主的纯粹君主制尽管形式上也有政治功能与行政功能，但政府的各种权力都集中在同一个权力机关中，国家意志的表达不需要复杂的过程，君主个人的意志即成为国家意志，在这种情况下，国家意志往往是通过行政机关的执行而直接表达出来的。故此，民治程度越低，政府也就越无必要去协调政治与行政功能，因为这两者在事实上融合在一起了。民主制下的情况完全不同，因为以民众利益为依归的国家意志需要通过利益综合过程来得以明确表达，也需要行政机关在民众以及向民众负责的立法机关监督下得到执行。因此，国家意志的表达与执行之间必须做到协调一致，那么如何做到这一点呢？

　　首先，古德诺指出，政治与行政协调的方法在于适度的政治控制行政，而且要以执行机构服从表达机构的方式来做到这一点，因为民选的表达机构显然比执行机构能够更好地代表人民。控制的途径有两种：英国式的法内途径和美国式的法外途径。英国式的法内途径是通过人民对议会的控制以及议会被委以国家意志执行机构的控制权来实现的，美国式的法外途径则是通过政党对行政体制的控制，特别是对中央与地方行政官员的推选来实现的。古德诺认为，美国的法外控制方法存在缺陷：一是控制的程度过大，二是控制的范围过大。从第一点来看，政党对行政过多的政治控制"导致了行政体制被利用来影响国家意志的表达，有时就造就国家意志形式上的表达与真正的国家意志不一致"①。古德诺对这一点非常重视，他认为，政治对行政控制的程度过大会损害一个政府的民主性质，并警醒人们要防止政治对行政施加过多的压力。就第二点来看，古德诺认为，行政中与政治无联系的很大一部分由于受到政治的控制而导致行政效率低下。值得注意的是，古德诺在书中同时使用了"广义"与"狭义"的行政概念，当他指国家意志执行时他使用"广义"的行政概念，当他说到"政治对行政功能的控制最终容易产生无效率的行政，因为它会使行政官员感到，要求他们做的并非是努力改进他们部门的工作，而是唯政党之命

---

① ［美］F. J. 古德诺：《政治与行政》，王元译，华夏出版社1987年版，第24页。

是从"① 时，他使用"狭义"的行政概念，指行政功能中具体的事务性管理。只有懂得古德诺强调的是"狭义"行政不应受政治控制，以及他谈"狭义"行政应从政治控制下脱离开来是由于政治对行政的控制已过度，古德诺在书中前半部分谈到的政治对行政控制的必要性与后半部分所谈到的行政不应受政治影响这两方面才不至于自相矛盾。当然，古德诺这样同时使用"广义"与"狭义"行政概念也是不应该的，这会使人们对行政含义的理解更加混乱。身为政治学家的古德诺显然知道，行政之所以与各种日常事务性管理有别，正在于其政治属性，但古德诺却为了实用目的淡化其政治属性。当他只是在说"狭义"行政应当脱离政治控制时，由于事实上并不存在古德诺这种意义上的"狭义"行政，所以很多人把它理解为"广义"行政应与政治分家，这种误解应予澄清。

其次，古德诺强调政治与行政功能之间必要的协调需要一定程度的行政集权。这样做有两方面的好处：一是在行政体制中实现上级官员对下级官员的严密控制，并进而通过对上级官员的政治控制而确保国家意志的贯彻；二是剥夺下级官员的自决权，使其摆脱政治的过度干涉、专注于事务性管理，从而提高行政效率。当然，古德诺并不认为集权程度越大越好，因为集权过度和过分强大的政府会构成对民主制度延续的威胁。同时，他还强调行政集权应伴随以下三项措施：一是政治上强大而负责的政党；二是地方立法分权；三是执行意志的高级官员民选且任期应较短。就第一点来看，古德诺认为，行政集权若与薄弱政党配合，则行政组织可能凭借其对选举的控制权力来影响国家意志表达。行政集权若与强大而不负责的政党配合，则政党容易利用行政组织来谋求自己的利益，而牺牲民众意志的表达。因此，行政集权必须接受强大政党的政治控制，而政党也必须是负责的，"整体意义上的人民所不信任的政党必须退出对政府的实际控制；而同样丧失了党的信任的政党领袖，也应退出对党的实际控制"②。就第二点来看，古德诺认为，地方立法分权是保障地方意志表达以及正确处理行政集权下国家与地方政治关系所必不可少的。古德诺认为："负有解决重大的全国和州的问题的全国政党和州政党，为了它们所认为的国家和州

---

① ［美］F. J. 古德诺：《政治与行政》，王元译，华夏出版社 1987 年版，第 46 页。
② 同上书，第 81 页。

的利益，会无所顾忌地牺牲地方政治共同体的利益。"① 因此，既然政党控制下的行政集权已在一定程度上保障了国家整体利益，那么尊重地方政治共同体权利和利益的方式就是给予它们这种地方立法权。就第三点来看，古德诺认为，高级行政官员及执行性的官员应当由民选且任期较短，这是体现主权在民原则及民治政府性质的关键一环。它突出了选举手段在确保公众制约政府上的重要作用，但对其他制度化手段的制约作用看得不重。古德诺指出美国没有采用英式的法内控制途径，并强调宪法对行政机关独立性的保障，但人们显然不应忽略掉，美国国会对总统及行政部门的制约手段仍有很多，古德诺淡化体制内的这种控制只是为了突出法外控制的必要性。

最后，古德诺强调政党作为政治控制行政手段的原因还在于他对国家立法机关的不信任，他认为主要行使国家意志表达功能的立法机关总是趋向于扩大其对执行机关的控制，并借此不正当地影响国家意志的表达。然而，这种警惕尽管是必要的，但古德诺显然应该同时指出国家意志执行机关可能歪曲国家意志的相反趋向，毕竟在整个 20 世纪令人注目的并非立法专权，而是行政权的上升。另外，古德诺提出的作为替代方案的政党控制行政亦有其危险性，在如何防范这种危险性上他是语焉不详的。

三　沃尔多

德怀特·沃尔多是一位受人尊敬、见解独到的学者，从 20 世纪 40 年代开始从事学术研究到 2000 年去世，沃尔多一直活跃在行政学舞台上，他对公共行政的论述极为丰富，著作等身。沃尔多非常关心行政学的发展，在长达半个多世纪的学术生涯里，他不断地就公共行政研究方面的不足作出批评。他鼓励年轻学者发表创新性观点，并组织和倡导了新公共行政运动。这里我们主要探讨沃尔多在行政学研究方面提出的两个观点。

首先，沃尔多一再提请学者们注意，公共行政与政治理论之间是密切关联的。这一认识的得出和他的学术经历有关。沃尔多是由政治理论研究转向公共行政研究的，他最初想写作的博士论文题为《民主传统中的专

---

① ［美］F. J. 古德诺：《政治与行政》，王元译，华夏出版社 1987 年版，第 36 页。

长理论》，探讨民主在多大程度上应该服从专家意见这一论题①。后来，
沃尔多的研究主旨发生了变化，他发现公共行政具有潜在的理论基础，与
政治理论之间有着密切联系，这点常为学者们所忽略。为此，沃尔多认
为，需要将公共行政与政治理论之间的联系阐明，并论证政治理论对公共
行政的有用性。他将自己博士论文《行政国家》的副标题定为"美国公
共行政的政治理论研究"，并指出："从政治理论的眼光仔细考察公共行
政的研究，在我看来很清楚的一点是，它的基石是政治理论。"② 有趣的
是，沃尔多最初在强调这种联系时，是带着一种对公共行政的"恶意乃
至蔑视态度"开始自己研究的。当耶鲁大学的弗朗西斯·考克教授建议
他从美国政治理论的角度来考察公共行政文献，沃尔多承认他最初不喜欢
这些材料，甚至把它们看做"胡说八道"③。他认为，公共行政只是一种
专门处理世俗事务的"低层次"工作领域，政治理论既高于它又指导它，
而且"诸如效率和经济之类的行政价值在本质上都是政治的价值"④。随
着沃尔多在行政学领域的研究日益深入，对行政的这种态度也发生了改
变，因为他已认识到："如果行政的确是'现代政府的中心'，那么在 20
世纪的一种民主理论就必须包含行政。"⑤ 在他眼中，公共行政已逐渐成
为一门真正的事业而不只是政治学的子学科，公共行政研究具有重要意
义。但是，沃尔多仍然强调公共行政研究中政治理论的内容不应被抛弃，
主张行政学研究者或行政管理者认真地研究政治理论，并且直到 90 年代
他仍然在管理主义思潮盛行的时候大声疾呼"当代公共行政理论亦即政
治理论"。鉴于公共行政与政治理论之间的这种相关性，沃尔多对传统行
政学所信奉的政治与行政二分法不以为然，他以为，行政必然涉及政治，
这种二分法既不符合公共行政的现实描述，也不能作为其应然规定。他还

---

①　丁煌：《西方行政学说史》，武汉大学出版社 1999 年版，第 215 页。

②　[美] 罗伯特·丹哈特：《公共组织理论教程》，项龙、刘俊生译，华夏出版社 2002 年
版，第 33 页。

③　James D. Carroll and H. George Frederickson, "Dwight Waldo", *Public Administration Review*,
Vol. 61, No. 1, 2001, p. 2.

④　[美] 乔治·弗雷德里克森：《公共行政的精神》，张成福等译，中国人民大学出版社
2003 年版，第 53 页。

⑤　Dwight Waldo, "Development of Theory of Democratic administration", *The American Political
Science Review*, Vol. 46, No. 1, March 1952, p. 81.

诙谐地说，即便政治—行政公式是需要的，公共行政自身也必须构建一种政治形式①。沃尔多认为，政治家与行政人员之间应开展合作，而非采用确定目标与执行目标这样的机械分工。沃尔多还认为，行政人员应积极主动地运用其权力去处理复杂多变的社会问题。在《革命时代的公共行政》中，沃尔多强调："公务员——通过对革命现实机智的、富有想象力的回应——不能只是服务于自己的'即时'利益，而且还要帮助社会按照'善'的潜力最大化、'恶'的潜力最小化的方式进行变革和调整。"② 这种看法影响了很多人，特别是新公共行政学派的年轻学者们。总体上看，沃尔多强调公共行政与政治理论之间的这种密切联系是有积极作用的，特别是就行政学的学科发展而言，毕竟行政活动不只是琐碎的事务性管理，它涉及更为宽广的领域，在该领域内政治活动不可或缺。

其次，沃尔多强调行政学研究同样要考虑民主精神如何贯彻这一问题。沃尔多得出这一结论既是立足于对公共行政学术史的考察，也是源于自身所持有的民主应统摄行政的信念。沃尔多指出："作为一个具有理论与技巧的整体来看待，公共行政学的目的在于保持美国的根本共和民主传统，这种传统相对来说是在比较简单的农村条件下孕育和发展起来的，它经历了在一个大的工业国家所遇到的极端复杂的局面，而这个国家本身又面临着一个日益错综复杂的国际环境。"[3] 沃尔多认为，民主从未被公共行政研究和实践所忽视，但是，对民主理想而言，公共行政在一个很重要和深远的意义上是错误的，之所以错误，是因为它坚持认为民主不管有多美好、多可欲，都仍然是属于行政之外的东西④。例如，传统行政学接受政治与行政二分法正是为了解决官僚制行政与民主制之间的冲突，传统行政学认同于民主对效率所具有的价值优先性，强调官僚制行政的必要性，

---

① James D. Carroll and H. George Frederickson, "Dwight Waldo", *Public Administration Review*, Vol. 61, No. 1, 2001, p. 2.

② Dwight Waldo, "Public Administration in a Time of Revolution", 载竺乾威、马国泉编《公共行政学经典文选》（英文版），复旦大学出版社 2000 年版。

③ ［美］德怀特·沃尔多：《公共行政学之研究》，载 ［美］ R. J. 斯蒂尔曼编著《公共行政学》上册，李方、潘世强等译，中国社会科学出版社 1988 年版，第 14 页。

④ Dwight Waldo, "Development of Theory of Democratic Administration", *The American Political Science Review*, Vol. 46, No. 1, March 1952, p. 87.

肯定两者有冲突之处而又主张两者相结合的可能性，这对行政学的发展来说都是极为有益的。不过，传统行政学所提供的解决官僚制行政与民主制之间冲突的方法有很大局限性，故此需要寻找行政过程中民主价值的新支撑点。在传统行政学中，对民主价值的关怀是通过使选举产生的官员负责制定政策而行政人员只负责执行政策来体现的。在这种模式下，民主只被看做是公共利益的有效达成，而公共利益是什么由代表民众且向民众负责的政治家来界定，这是对民主的实用性解释，并不真正符合民主精神。与此相比，新公共行政学强调参与，主张顾客介入，以顾客为中心，增加公民对政府事务的参与，这与民主精神是相契合的，但新公共行政运动所倡导的高度分权的组织系统在协调方面容易出现问题，是一种过于理想的思维方式。沃尔多指出了存在于新公共行政运动中的矛盾，即一方面希望拥有民主，另一方面却又拒斥多数主义和多元论并且实际上支持少数人的统治①。因此，新公共行政在民主的现实制度安排或者说程序民主方面思虑不周。当然，新公共行政学派与沃尔多又有共通之处，他们都认为官僚制组织不应该因为对民主价值的诉求而被摒弃，相反官僚制组织仍应作为推动社会变革、实现民主价值的有效工具。沃尔多自己相信可以处理好调和希腊小城邦政治观念与罗马帝国大规模行政管理这个难题②，他相信官僚制组织可以与参与、平等价值相容，也相信官僚制行政对民主价值而言可以起到积极作用。在《民主行政理论的发展》一文中，他虽然谈到了限制民主行政发展的诸多障碍，如把效率看做价值中立概念甚至民主对立面的这样一种偏见及组织思想中"威权主义观念"的力量等，但仍对一种不同于此的民主方式寄予希望。沃尔多以为不加批判地接受作为具体技术运用的行政观是对民主理论的否定，他希望后官僚社会能放弃权威—服从、上级—下属的思路，实现所有人依据游戏规则参与其中，既是领导者也是追随者。沃尔多的这种希望能否实现，关键要看行政学的研究者能否像他所做的那样，立志于协调好对民主的欲求和对权威的需要，毕竟

---

① 丁煌：《西方行政学说史》，武汉大学出版社 1999 年版，第 230 页。

② ［美］詹姆斯・W. 费斯勒・唐纳德・F. 凯特尔：《行政过程的政治——公共行政学新论》，陈振明等译，中国人民大学出版社 2002 年版，第 16 页。

"在民主社会里，能使权威合法的唯一东西就是民主自身"①。只有当公共行政与政治理论之间的这种相关性永远不被遗忘，行政应该具有民主之维才会是一个不言自明的规范陈述；只有一个社会的民主理想为所有人包括公共行政研究者与实践者所遵奉，这个社会的官僚制行政才不会作为民主的对立面而存在。

四　弗雷德里克森

乔治·弗雷德里克森曾任美国公共行政学会会长，他的一系列著述如《走向新公共行政》、《新公共行政》、《公共行政的精神》等均影响深远。作为新公共行政运动的主要干将，弗雷德里克森强调：公共行政的目标不应该仅仅是经济、效率，还必须包括社会公平；公共行政必须适应不断变革的社会环境，并建立取代传统官僚组织的新型组织形态，实行分权化；公共管理者应勇于承担责任，增强其对公民的回应；公共事务与政策制定都应该鼓励公民的积极参与，锻造公共行政的精神。

弗雷德里克森在很多方面都受到了沃尔多的影响，他在著述中经常引用沃尔多的《行政国家》，特别是在政治与行政的不可分离上，他和沃尔多见解一致。建立在沃尔多先前分析的基础上，弗雷德里克森从不同侧面展开了他对政治与行政二分法的批评。

第一，弗雷德里克森认为，这种二分法是作为反腐败的一个便利工具提出的，它能防止政党政治过多干预日常行政事务，也防止行政人员介入政党政治，确保行政人员运用理性来有效处理行政事务。就此而言，弗雷德里克森认为威尔逊提出政治—行政二分法的目的只是为了改革当时美国极度腐败的吏治和推行公务员新政策所做的必要的理论或舆论准备，是策略的需要②，故而只具有实用性，不能因此将其奉为普遍适用的信条。

第二，弗雷德里克森认为，政治—行政二分法是一种"理想的模式"，是一种虚构，它试图把政治性的政府过程与行政性的政府过程加以区分。然而，这种区分是不可能的，因为政治与行政是相互渗透的。把政

---

① Dwight Waldo, "Development of Theory of Democratic Administration", *The American Political Science Review*, Vol. 46, No. 1, March 1952, p.104.

② 丁煌：《西方行政学说史》，武汉大学出版社1999年版，第346页。

治活动看做行政活动之前的内容，只为行政确定目标，把行政活动看做政治活动之后的内容，只为政治所确定的目标提供手段，这种认识是非常片面的。

第三，政治与行政二分法缺乏一种经验证明，因为行政管理者在行政过程中事实上不仅执行政策，也制定政策。弗雷德里克森认为，国会与民选政治家通常只是确定政策问题的原则性目标，具体的政策方案则由官僚来规划和落实。在此过程中，官僚们实际上是在进行利益和价值的分配，因此官僚们的确在有效地参与政策制定，他们不可避免地卷入了政治过程。

第四，上述二分法贬低了行政管理者应起的作用。根据政治与行政二分法，行政管理者只是中立的管理人员。然而，行政管理者不应该是中性的。在《论新公共行政学》一文中，弗雷德里克森认为，应责成行政管理者承担起责任，"把出色的管理和社会公平作为社会准则、需要完成的事情或者基本原理"[1]。因此，公共行政既然是政治的一种表现形式，我们所真正要考虑的，是用什么样的理论与信仰指导公共管理者的行动[2]，答案毫无疑问是社会公平。

第五，弗雷德里克森指责政治与行政二分法会妨碍我们更好地理解公共行政的政治背景。在其新著中，弗雷德里克森教授对公共行政的政治背景作了专章论述，他认为行政活动是在政治的背景下发生的，政治对行政有很强的影响，对此公共管理者要有清醒的认识，否则就不能有效提高政府管理水平，因为"公共行政的有效性取决于对政治和政治过程了解的程度，以及在政治背景下管理公共部门的能力"[3]。

弗雷德里克森的行政思想中也体现了对民主价值的重视，在《公共行政的精神》一书中，他着重探讨了公共管理领域的若干重大问题：公共行政中公共的内涵是什么；民主政治背景下应如何推进有效的治理；经济、效率和公平这些价值之间该怎样平衡；公共管理者为什么要具有乐善

---

① 彭和平、竹立家编译：《国外公共行政理论精选》，中共中央党校出版社1997年版，第301页。

② ［美］乔治·弗雷德里克森：《公共行政的精神》，张成福等译，中国人民大学出版社2003年版，第120页。

③ 同上书，第50页。

好施的精神且要成为代表性公民……弗雷德里克森相信政治的好坏体现在政府管理的科学和艺术上，民主政治既然是善，就必须同时有善治，这一认识非常深刻。弗雷德里克森不满地指出："代议制民主政体过程在某种程度上说，其现在的运转完全没有纠正在制度上歧视社会低下的少数人的现象，或者只是逐渐在试图这样做。"[①]　为了改变这种状况，弗雷德里克森提出了几个方面的要求：

第一，公共管理者应该勇于承担责任，为实现社会公平发挥更大作用。弗雷德里克森对公共管理者所扮演的角色估价甚高，他认为公共管理者不只是中立的政策执行者，为了促进社会公平他们应代表弱势群体，维护其利益。

第二，公共管理者应更具有回应性，树立服务观念，特别是建立乐善好施的精神。弗雷德里克森认为，传统官僚体系的最大弊病就在于官僚体系过分信赖自己在推进公共利益和解决公共问题上的能力，缺乏回应性，特别是对处于不利地位的少数群体而言。这一弊病需要治疗，以"发展和维持这样一种制度和程序，它能够听到集体的和非集体的公共的利益要求，并能够对他们的要求做出回应"[②]。

第三，公共管理者有必要运用更多的自由裁量权，弗雷德里克森认为这在理论上正确，在实践上也适当。为了论证这一观点的正确性，弗雷德里克森探讨了柏拉图与亚里士多德在这个问题上的争论，指出官僚没有自由裁量权不能确保法律精神得以贯彻。此外，弗雷德里克森还强调，现代社会立法机关所制定的法律大都为原则性规定，需要官僚根据具体情况加以运用，因此剥夺官僚的自由裁量权是不切实际的做法，而且在民主政治中不赋予官僚一定的自由裁量权就无法让他们真正承担责任。

第四，公共管理者应该允许并鼓励公民积极参与公共事务与行政活动。值得注意的是，为了表示与新公共管理的不同，弗雷德里克森已很少使用原先所提出的顾客概念，因为公共行政回应的对象在他看来最终是公

① 彭和平、竹立家编译：《国外公共行政理论精选》，中共中央党校出版社1997年版，第300页。
② ［美］乔治·弗雷德里克森：《公共行政的精神》，张成福等译，中国人民大学出版社2003年版，第41页。

民而不只是顾客。弗雷德里克森指出，公共行政不同于政府行政就在于前者体现了对人民参与公共事务必要性的认同，对人民参与公共事务的能力有足够的信心，对人民参与公共事务的后果所作的评价是乐观的。弗雷德里克森还进一步谈道，有效的公共行政应该与充满活力的公民相辅相成，见多识广的公民是有效的政府管理的基础所在。这些论断充分体现了弗雷德里克森对行政活动应贯彻民主价值的信奉。

与沃尔多不同的是，弗雷德里克森并不强调政治理论对公共行政研究的指导作用，他强调的是政治学研究同样要探讨行政问题。这种差别与他们所处的不同学术环境有关，沃尔多时代的行政学研究者普遍忽视对政治理论的探究，而弗雷德里克森时代的不少政治学家却通过治理理论的研究表明他们对行政问题的关注。弗雷德里克森引用唐纳德·凯特尔的话说，"没有行政理论的政治理论是不完整的"，这在政治话语日益缺失的今天尤为值得我们深思。当然，弗雷德里克森的很多理论构想是充满矛盾的，他并未给行政过程中民主价值的贯彻提供切实可行的制度安排。例如，他所确立的公共管理者的责任是抽象的，弗雷德里克森认为："在民主政治环境下，公共管理者最终应向公民负责。"①　然而，应该向哪些公民负责呢？这是含糊不清的，弗雷德里克森自己也承认这一点。又如，弗雷德里克森为支持官僚拥有自由裁量权而强调对官僚的民主控制已经足够充分，再增加会减弱行政裁量权，进而导致政府事务有效管理被削弱。暂且不论这一判断是否恰当，它显然会与另一判断相抵触，即认为官僚体系在回应性方面一直做得不够。最后，在公民参与这一民主行政的重要特征问题上，弗雷德里克森的态度是矛盾的，他一方面支持公民更多参与，相信公民参与是民主行政的基本特征，代表着行政发展未来的方向，也有助于提升公民的道德意识；另一方面他又认为："一些行政决定充满着如此技术性和复杂性的问题，受到影响的公民需要克服很大的困难和花费许多时间才能理解作出决定的过程，更不用说参与决定作出的过程了。"②　弗雷德里克森自己也意识到了其中的矛盾，在书中他指出，有效行政需要专业性

①　[美]乔治·弗雷德里克森：《公共行政的精神》，张成福等译，中国人民大学出版社2003年版，第203页。

②　同上书，第98页。

的指导，并剖析道，公民精神的途径"缺陷在于，它没能认识到公共问题的复杂性，没有认识到专业知识和领导的关键作用，没有认识到激励公众参与的问题"①。如何解决这其中的矛盾，显然需要更加现实的思考，而弗雷德里克森的努力将指引着我们前进。

第三节　民主行政的理论基石

在导论中我们已经谈到，公共行政必须以公共事务为基础，以公共利益为宗旨，以公民参与为导向。因此，民主是公共行政所追求的重要价值。那么，公共行政的民主之维为什么是不可或缺的呢？笔者将从三个方面展开论述。

一　托克维尔—密尔原理

经典民主理论家托克维尔和密尔都认为，每个人是自己利益的最好看护者，因此，对于涉及某些人利益的事务，应当允许和鼓励这些人参与，同时这些人的利益也只有在他们的广泛参与下才能得以有效增进，这可以称之为托克维尔—密尔原理（以下简称托—密原理）。"托—密原理"既可以适用于私人生活，也可以适用于公共生活。私人生活的托—密原理为政府行为设立了合理的界限，公共生活的托—密原理则奠定了民主行政的基础。对于私人生活来说，这一原理意味着每个人都有足够的理性和能力去推进自己的利益，意味着每个人在只涉及自己的私人事务上都应有绝对的自主权，政府只有在个人行为侵犯了他人合法权益或者个人需要救助时才可以介入。对于公共生活来说，这一原理意味着社会成员的公共利益只有在公民的普遍参与下才能得以确定，少数派在涉及自身利益问题上也应有发言权。托克维尔非常看重这一点，因为他认为"在民主国家，不断关心自己的事业和重视自己的权利的人民，可防止他们的代表偏离他们根

---

① ［美］乔治·弗雷德里克森：《公共行政的精神》，张成福等译，中国人民大学出版社2003年版，第38页。

据自己的利益为代表规定的总路线"①。密尔也指出："每个人或任何一个人的权利和利益，只有当有关的人本人能够并习惯于捍卫它们时，才可免于被忽略。"② 根据托—密原理，个人的合理利益要在追寻公共利益的过程中得到推进，就必须强调每个人参与公共生活，并对自己在其中所享有的利益的内容、份额发表意见。为了不使每位公民的利益被忽略，政府应该允许他们以各种方式参与公共生活，这就需要相应的政治民主安排。尽管在实践中民主不可能是真正的人民自己统治自己，但是，统治他们的人必须由人民选出并向他们负责，而且最后的控制权必须掌握在作为全体的人民手中，只有这样每个人才的确构成主权所有者的一部分。选举是人民行使自己权力的重要途径，托克维尔曾经指出"人们以挑选立法人员的办法参与立法工作，以挑选行政人员的办法参与执法工作"，这可以说是人民自己治理自己③。公共生活的托—密原理还意味着，涉及每个人利益的公共利益只有在每个人都为其贡献才智和汗水的时候才能更好地推进。其中的原理在于，当公民不仅关心自身的利益而且惯于思考自身的利益时，公民的集体力量永远会比政府的权力创造出更大的社会福利④。托克维尔和密尔都对公民的广泛参与给予了充分的肯定，他们认为民主政治应提供各种制度化的途径来鼓励和推动所有人参与公共事务，并使其在此过程中接受教训和锻炼，培育公心和自我管理的习性。在托克维尔和密尔看来，民主制度中的普通民众并非只扮演挑选代议士的角色，他们也通过其他方式参与公共事务。换言之，民众除了选择其代表来进行统治，也以各种方式监督其代表在如何进行统治。但是，不管民众以何种方式参与，他们对什么符合他们利益的判断都应该受到尊重。因为良善统治的最终目的应该是实现民众的利益，而什么是民众利益民众最有发言权，民众对自己利益的判断权不应被剥夺。否则的话，即使不存在官僚集团的压迫，即使政府会代人民去管理他们的一切集体利益，即使政府会替人民去作集体利

---

① ［法］托克维尔：《论美国的民主》上卷，董果良译，商务印书馆 1988 年版，第 265 页。

② ［英］约翰·斯图亚特·密尔：《代议制政府》，汪瑄译，商务印书馆 1982 年版，第 44 页。

③ ［法］托克维尔：《论美国的民主》上卷，董果良译，商务印书馆 1988 年版，第 64 页。

④ 同上书，第 100 页。

益的一切考虑，这样的政府也只是好的专制政府而不是民主的政府①。

托克维尔和密尔在推出上述原理时都强调个人利益的正当性，他们所指称的个人利益不是自私自利，而是"正确理解的利益"。他们都认为，公共利益不同于个人利益的总和，因此公共生活中每个人所能追寻的合理利益都从属于公共利益，每个人只能在此基础上来看护它。此外，在公共生活中，由于每个人的利益总是与他人的利益相连的，因此尽管每个人对其公共生活中将要得以实现或可能受到损害的利益都有权发表意见，但他的意见是与别人的意见共同起作用的，这就要求每个人在对公共利益发表自己的看法时都应克服过度的私心，认识到在推进公共利益的过程中自己只能享有合理的利益。据此托克维尔赞扬了美国人的公益心，因为他们"关心国家的每一项利益就像自己的利益一样"②。密尔也强调公德，他还从反面论述道："每当人民普遍倾向于只注意个人的私利而不考虑或关心他在总的利益中的一份时，在这样的事态下好的政府是不可能的。"③ 值得注意的是，托克维尔和密尔都认为公益心与公德需要通过公民普遍的政治参与来培养，公共精神需要每个人对公共事务的热爱来锻造。由于托克维尔和密尔都对公民积极参与公共事务评价极高，因此一些现代参与民主论者也把他们看做是理论先驱，但是需要澄清的是，托克维尔和密尔始终是在代议民主的框架内论述公民参政问题的，他们仍然强调行政管理技术性的一面，公民不可能也不需要参与他们不适合的一些事务。此外，密尔在肯定公民参与意义的同时反对参与的平等权，他认为不会读写算及没缴税的公民不具备为照顾自己所必要的条件，因此不应拥有选举权，他也认为教育程度高的人对公共事务所发表的意见应受到更多的尊重，并为此辩解道："完全排除对共同事务的发言权是一回事，根据其对共同利益的管理的较大能力让别人有较大分量的发言权则是另一回事。"④ 这种观点与托克维尔相比，显然是一种退步，它反映出了密尔思想中为新兴资产阶级

----

①　[英] 约翰·斯图亚特·密尔：《代议制政府》，汪瑄译，商务印书馆1982年版，第40页。

②　[法] 托克维尔：《论美国的民主》下卷，董果良译，商务印书馆1988年版，第105页。

③　[英] 约翰·斯图亚特·密尔：《代议制政府》，汪瑄译，商务印书馆1982年版，第26页。

④　同上书，第134页。

利益服务的局限性。从马克思主义的角度来看，托—密原理也存在问题，因为利益本身是在既定经济结构中获得与追寻的，每个人是自己利益的最好看护者并不能改变这种既定经济结构的剥削本质。当然，上述局限并未掩盖托克维尔与密尔对民主行政所作出的重要贡献，他们对公民政治参与权的认同，对公共精神的弘扬始终有其不可磨灭的价值。

　　建立在托—密原理及前述分析的基础上，我们可以得出如下结论：以公共利益为依归的公共行政必须强调公民参与，鼓励民众对公共事务发表意见，因为政府政策的制定必须有赖于公民所提供的资讯、要求和建议，而政府政策的执行需要公民的有效配合，并愿意为此贡献心力。没有公民对政府的输入和反馈，政府的运作就会违背托—密原理，政府所追寻的利益将不是公民所认同的公共利益，政府在追寻公共利益的过程中也将困难重重。所以，代议民主制下的行政不是与民主无关的，而应体现着民主。不管人民选出的代表多么愿意为人民的利益而努力，他们始终不能代替人民对于自己利益的看护。也就是说，没有民众积极参与的精英民主并非健康的民主。

二　休谟的无赖假定

　　大卫·休谟是英国 18 世纪著名的哲学家、经济学家、历史学家，他的经验主义、怀疑论及道德观影响深远，以至于边沁称读了休谟的著作眼睛更明亮，康德说休谟把他从独断论中解救了出来。然而，我们不应该忘记的是，休谟也是一位非常有创见的政治思想家，国内许多关于西方政治思想史的著作都没有对他进行介绍，这是令人遗憾的。在一篇题为《休谟与宪政》的文章中，美国学者韦德·罗比森给予休谟极高评价，他认为，休谟对人性的经验分析，特别是休谟对社会契约论的批判铸就了制宪者们对政府与公民之间应有之理想关系的看法："在很大程度上由大卫·休谟所促成的规模空前的观念革命处于美国革命的核心地带，这是一场政治思想史上的哥白尼革命。"① 在另一篇文章中，柯克说到了休谟对汉密尔顿和麦迪逊的影响，说到了"通过麦迪逊，休谟的一些思想直接进入

---

① ［美］罗比森：《休谟与宪政》，载［美］阿兰·S.罗森鲍姆编《宪政的哲学之维》，郑戈、刘茂林译，生活·读书·新知三联书店 2001 年版，第 43 页。

了宪法"，说到了制宪者们在辩论中引证休谟，而不是引证洛克①，这都充分表明休谟作为宪政主义理论先驱的重要地位。下面我们将要探讨的是休谟对权力拥有者所作的一个假定，因为它奠定了民主行政的宪政基础。

这一假定被称为"无赖假定"，是休谟在《论议会的独立性》中提出来的。在该文中，休谟谈道："在设计任何政府体制和确定该体制中的若干制约、监控机制时，必须把每个成员都设想为无赖之徒，并设想他的一切作为都是为了谋求私利，别无其他目标。我们必须利用这种个人利害来控制他，并使他与公益合作，尽管他本来贪得无厌，野心很大。"② 根据这一假定，我们在进行制度设计时，必须把所有拥有权力的人都想象成是无赖，并以此为基础来防范其所可能的作恶。

要理解无赖假定，我们就必须先考察休谟对人性的看法，因为他的政治思想体系是从人性分析展开的，而且在实际上，"一切政治法律制度的设计、一切政治法律传统都是以对人的基本思考和基本认识为思想元点的"③。那么，人性是什么呢？休谟认为，人并不会自然地追求公益，因为他们在本性上爱好追求私利而且在方式上喜欢急功近利。那么，这样一种以利私为重的倾向如何导致人们建立并服从于政府呢？休谟认为原因在于人们在政治社会中所享受的安全和保障是人们在完全自由和独立的时候永远得不到的。这种安全和保障是每个人都能享有的，所以政治生活并不只是保障公共利益，它也能带来个人利益，而且个人利益的实现不能脱离政治生活中公共利益的推进。休谟批评契约论的解释脱离实际，指责洛克没有在政治理论中贯彻经验主义立场，他虽然赞同契约论者关于政府是人类创造物的看法，但他认为政府的基础是人的自我利益，而不是任何契约。与洛克不同的是："洛克的理论要求建立这样一种因果关系：政府没有提供它们已经承诺要提供的安全，承诺已经被破坏，那么我也不必再恪守自己的承诺，因此我不再有义务服从政府。休谟的理论去掉了中间的环节：政府没有提供安全保障，因此我不再有义务服从政府。按照休谟的观

---

① ［美］柯克：《保守主义传统》，载［美］肯尼斯·W.汤普森编《宪法的政治理论》，张志铭译，生活·读书·新知三联书店1997年版，第46—47页。
② ［英］休谟：《休谟政治论文选》，张若衡译，商务印书馆1993年版，第27页。
③ 张星久：《从人的观念看中西政治法律传统的差异》，载《法商研究》1999年第1期，第103页。

点，人们无需回答承诺是否已被破坏，义务是否因此而改变等实在问题。人们可以直接诉诸于安全的丧失。"①

　　通过上述论证，休谟回答了政府的起源问题，但是，这一论证带来了新的问题：如果人们服从政府最终是为了个人利益的话，他们在政治生活中是否会为追逐更大的个人利益而损害公共利益呢？被授予权力的人在本性上如果和一般人相同的话，他对权力的运用是否会使他有同样的损害公共利益以追逐人利益的倾向呢？休谟的回答是：人们的确有这种逐利倾向，"因为人是不断地被他的难以控制的情感，被他的当前的和直接的利益所驱使，而破坏一切社会法律的"②。但是，良好的制度可以引导人们的这种自利倾向，使人们的私利只能在追寻公益的过程中才能得到实现。也就是说，"我们既然不能改变我们天性中任何重要的性质，所以我们所能做到的最大限度只是改变我们的外在条件和状况，使遵守正义法则成为我们的最切近的利益，而破坏正义法则成为我们的最辽远的利益"③。休谟承认，权力拥有者的确不会因为有了较高的权力和权威而在本性方面立刻变得高出于其余的人，但是由于地位改变了，制度就使维护社会秩序及正义成了他们的利益所系。因此，在良好的制度安排下，执政长官不仅不会损害公益以肥私利，而且还会强制人们遵守法度，执行公道的命令，因为公益与私利事实上已经统一起来了。当然，由于权力拥有者的本性并未改变，他们仍然热爱追逐私利，因此必须对他们的这种逐利本性作最不乐观的估计，对他们破坏法律的可能性作最坏的打算，无赖假定就起了这样的作用。在《道德、政治和哲学论文集》中，休谟指出，在自由的政府中，人们必须"对行政官员予以密切的监督，必须根除所有的自由裁量权，而且还必须根据一般且不变的法律来保障每个人的生命和财产"④。

　　立足于无赖假定的制度设计能够避免最坏情形的发生，以使最坏情况下的制度运转仍能在一定程度上维护社会安全、秩序和公益。根据无赖假

　　① ［美］罗比森：《休谟与宪政》，载［美］阿兰·S.罗森鲍姆编《宪政的哲学之维》，郑戈、刘茂林译，生活·读书·新知三联书店2001年版，第58页。
　　② ［英］休谟：《人性论》下册，关文运译，商务印书馆1980年版，第592页。
　　③ 同上书，第577页。
　　④ ［英］哈耶克：《大卫·休谟的法律哲学和政治哲学》，载王焱编《宪政主义与现代国家》，生活·读书·新知三联书店2003年版，第366页。

定，直接作用于民众的权力必须时时受到监控，只有首先把权力拥有者假想成是无赖，才能使权力监控机制真正做到全面、彻底、有效。无赖假定所依循的人性恶观念是自古希腊以来的西方文化传统中的重要组成，而且与后来美国制宪者们所提出的"野心对抗野心"的思路是一以贯之的，因此我们不能割裂休谟这一假定与西方政治思想之间的联系。尽管如此，休谟这一假定所具有的重大意义仍是不能低估的，因为休谟较早地将无赖假定与政治制度设计结合起来，从而使这一假定逐渐成为宪政主义背后的文化支撑，而宪政主义是民主必不可少的组成部分。西方学者经常指出无宪政的民主可能导致多数人暴虐，这是值得我们深思的。另外，宪政对于民主的重要意义还在于现代民主都是代议民主，国家权力尽管最终源于人民，属于人民，但是现实政治中权力的运用与行使总是掌握在有限的人手中，没有宪政的话，这种民主将最终有沦为专制独裁的危险。

当然，无赖假定显然不等同于现实，休谟没有说政府官员们就是无赖。但是，休谟认为既然权力拥有者有作恶可能，就必须针对这种可能设计补救措施，否则的话恶的可能就终有一天变为现实。尽管权力拥有者可能有高尚的品德及一心为公的价值观，但是无赖假定反对过于信任他们的良好意图，因为这取决于机遇。休谟强调一套良好制度安排的重要性，他曾提到过："立法者不应将一个国家未来的政体完全寄托于机会，而应提供一种控制公共事务管理机构的法律体系，传之子孙万代。"① 休谟认为，制度设计应以对人性的认识为基础，而人的自利本性并非必然有损于公益，只要引导得当，个人利益与公共利益是能够相契合的。正是在这种相契合的前提下，休谟强调政府产生是为了公益，权力监控是为了实现公益。尽管对权力运用的公益目的其他学者也谈了很多，但休谟的独创之处在于他试图通过制度这一看得见的手使人的私利之心在政治生活中被引至公益方向。休谟的无赖假定告诫我们对拥有权力的人应在制度上先防止其有作恶的可能，这一假定奠定了民主行政的宪政基础，而没有宪政就会导致权力滥用，并导致私利排挤公益。

最后，休谟是以资产阶级的抽象人性论作为假设推导出其政治思想的，这不符合唯物主义历史观。对此马克思曾批判道：人的本质并不是单

---

① ［英］休谟：《休谟政治论文选》，张若衡译，商务印书馆 1993 年版，第 13 页。

个人所固有的抽象物。在其现实性上，它是一切社会关系的总和。但是，休谟所提出的对权力拥有者应像防范无赖一样进行防范，以及所阐述的制度设计的重要性都给人们以启迪。休谟认为："好的政体将不依赖伟大的私人美德存在；它们将确保人们的私人利益受到控制和指导以便服务于公众利益并为公众带来好处。"① 这一观点对于我们避免狂热和狭隘，破除迷信和幻想都将有所助益。

三　公共行政的合法性

合法性（legitimacy）的概念最初是由德国学者马克斯·韦伯进行阐释的，第二次世界大战以来，这一领域的研究成果卓著，而且在其含义上形成了以李普塞、阿尔蒙德等人为代表的经验式观点和以哈贝马斯等人为代表的规范式观点②。根据经验式观点，"如果某一社会中的公民都愿意遵守当权者制订和实施的法规，而且还不仅仅是因为若不遵守就会受到惩处，而是因为他们确信遵守是应该的，那么，这个政治权威就是合法的"③。经验式观点强调统治的有效性、稳定性和持久性，强调被统治者服从统治者这一结果，强调人们对权力的心理认同，对权力本身的性质则不予考察。与此相比，规范式观点反对把合法性看做与价值无涉的经验现象，它认为经验式观点似乎赋予了大多数统治以合法性，而且无法解释像极权主义统治这样一些现象，是不可取的。根据哈贝马斯的看法，"合法性意味着某种政治秩序被认可的价值"④。规范式观点强调权力性质在价值判断上的正当性，强调政治统治应符合普遍的正义原则和公道观念；它不仅关注权力得到认同的事实，也强调对此权力是否应当予以认同。然而，规范式观点同样存在问题，即权力是否正当应该根据什么标准，按照

---

① ［美］列奥·斯特劳斯、约瑟夫·克罗波西主编：《政治哲学史》下卷，李天然等译，河北人民出版社 1993 年版，第 638 页。

② 胡伟：《在经验与规范之间：合法性理论的二元取向及意义》，载《学术月刊》1999 年第 12 期，第 77—88 页。

③ ［美］加布里埃尔·A. 阿尔蒙德、小 G. 宾厄姆·鲍威尔：《比较政治学：体系、过程和政策》，曹沛霖等译，上海译文出版社 1987 年版，第 35—36 页。

④ 胡伟：《合法性问题研究：政治学研究的新视角》，载《政治学研究》1996 年第 1 期，第 14 页。

谁的价值观来判定，这种操作性的难题在持有经验式观点的学者那里是不会出现的。

　　当然，无论这一概念的合理界定应采用经验式观点还是规范式观点，以臣民义务感为基础的合法性都是政治体系长期存在与稳定发展的前提条件，它对于政治统治的支撑作用是不容忽视的。合法性实际上指出了"政治统治中普遍存在的一个事实，即：政治统治中客观存在着的非强制性因素，或者说一定限度的自愿服从（同意）问题"①。既然任何政治统治都不是天然合法的，也不可能只依靠武力维持下去，那么取得民众心理认同就成为一种必要。拥有合法性的政府能够使统治的成本降低，也使其在绩效不佳时仍然能够得到民众的支持。合法性一般用来指称政治统治的合法性，即政治统治或国家权力所具有的一种使治下民众自愿服从的属性，然而事实上公共行政的合法性也是值得关注的一个问题。公共行政与政治统治是密切相连的。公共行政需要运用国家权力，这依赖于政治统治所具有的一定合法性，同时公共行政履行社会管理职能，使普通民众的利益在形式上得到尊重，这将带来政治统治的合法性。

　　对于 20 世纪的发达资本主义国家来说，公共行政合法性的重要性增强了，这是因为，垄断时期经济危机的频繁出现使晚期资本主义国家对经济社会生活的行政干预越来越多，相应地增加了对合法性的需求。与此同时，传统所能提供的公共行政合法性的资源逐渐丧失，"行政手段无法维持或确立必要的合法性规范结构"而导致合法性欠缺②。这两个方面是无法相容的，即一方面经济生活的不能自足需要政府更多地干预，需要公共行政部门发挥更大的作用；另一方面传统带有迷信色彩的意识形态已经衰落，而以代议民主和分权学说为核心的资产阶级意识形态无法为行政权的膨胀提供太多合理性论证。为了克服公共行政的合法性危机，首先有必要强化传统的程序民主制，以明确政府权力的来源是公民的授予，增强对政府的民主控制，确保政府按照宪法及法律的约束来行事，并促使其对人民

---

　　① 张星久：《论合法性研究的依据、学术价值及其存在的问题》，载《法学评论》2000 年第 3 期，第 28 页。
　　② ［德］尤尔根·哈贝马斯：《合法化危机》，刘北成、曹卫东译，上海人民出版社 2000 年版，第 66 页。

及民选代表负责。形式民主对于公共行政的合法性来说，是最为重要的来源，借此公共行政可以树立较高的权威，而且由于有了民主制度所提供的权力和平交接途径，公共行政的权威也是持久的。不过，"获取合法性的形式民主手段也的确是十分有限的"①，为了克服这一局限性，需要在行政工作中增大民众参与的比例，扩展民众参与的范围，因为只有在民众觉得自己通过某种方式融入公共行政之中时，他们才会对其更为认同。最近一些西方学者极力颂扬公民直接参与的积极意义，然而也有学者指出，这种创造性参与尽管是一种弥补合法化欠缺的极端手段，对于行政机构来说也是一种冒险手段②，当直接参与所提意见与民众代表所做决策有冲突时，行政部门将面临两难处境。此外，公共行政合法性的取得还有赖于其所遵循的公益为依归原则，这要求政府的一切行为都应该以公益为导向。"众所周知，政治哲学的整个传统都认为权力之所以合法，是因为它具有协调共同体成员的各种社会活动，关心和实现共同利益、公众利益或亚里士多德所说的'最大利益'的能力。"③ 所以，只有在民众认为政府职能满足其需要时，政府才被看做是合法的。当然，政府合法性的增强将使其更经常地被视为公共利益的代言人，这对于政府更好地开展工作来说将是极为有助益的，因为实践中公共利益的确定总是困难重重，各种力量的干扰每每使政府陷于瘫痪。最后，公共行政的合法性还需建立在民众拥有监督和批评政府的权利基础上。这要求在宪法和相关法律中明确公民的基本政治权利，并对政务公开作出明确规定，因为公民监督和批评政府的权利只有在他们能充分获取政府行为的相关资讯时才能够实现。同时，政府的所作所为必须始终处于人民的监控之下，什么时候政府不被人民所议论，就意味着它已脱离了人民，公共行政的合法性就岌岌可危了。

总的来看，公共行政的合法性要求是与其公共性相吻合的。如果说古代社会私天下的行政可以借天与神之名来为自己谋求一定的合法性，那么现代社会没有公共性的行政绝对不会具有合法性，而真正具有公共性的行

---

① ［德］尤尔根·哈贝马斯：《合法化危机》，刘北成、曹卫东译，上海人民出版社 2000 年版，第 78 页。

② 同上书，第 96 页。

③ ［罗］特勒斯尼亚：《政治合法性与政治义务原则》，载《国外社会科学动态》1987 年第 4 期，第 13 页。

政必然是合法的。对于进入垄断时期的发达资本主义国家来说，行政事务及行政活动的增多意味着公共行政的合法性需要建立在更为坚实的基础上。事实上，公共行政的合法性问题取决于民众对官僚制在民主社会中应扮演什么角色的认识。如果官僚制在这个自由民主观念深入人心的民主社会中仍被证明是不可或缺的，那么公共行政就不会丧失其合法的地位。不过，对于强调命令服从、严格等级、效率取向、封闭流程的官僚制来说，它是否能与追求平等、自治、回应、公开等价值的民主相容，关键要看官僚制能否随时代变化进行调整，以做到始终适应民主的要求。有鉴于此，可以说民主是并仍将是公共行政不可脱离的一维。

第四节　民主控制行政的实践

　　行政机关及其活动应始终受到民主控制，这样才能体现政府的民主属性，这一点不仅政治思想家们看得很清楚，而且实践中西方国家也设计了确保这种控制有效的各种途径，特别是立法机关和司法机关对行政的监督与制约，这体现出了西方民主制度的重要特点，即三权之间的相互制约与平衡。当然，政治家、政党与公众在这方面的作用也是非常突出的。

一　立法机关

　　立法机关是制约行政并促使其依法行政的第一道防线。尽管各国议会在权力大小上有差异，但是它们都拥有一些共同的权力以对抗行政侵权及滥用权力。

　　财政权是议会的传统权力，主要体现在对政府预算和决算的批准上。在西方国家，政府每年的收入和支出都要得到议会事先的同意，政府不得擅自更改其收入与支出，更不得随意挪用。如果政府制定的预算或决算得不到议会通过，其政策主张的推行就会因缺乏经费而陷于停滞，有时甚至政府自身也难以维持正常运转，出现"关门"的戏剧性场面。财政权是议会最重要的权力，它体现着资产阶级革命早期"不出代议士不纳税"的精神。时至今日，议会财政权实际上意味着民众通过其代表来决定政府如何使用从他们那里征收来的钱，这从民主的角度来看是非常必要的。

　　质询权是议会制国家议会所拥有的一种监督政府的手段，指议员以口头或书面形式向政府首脑和政府部长提出有关政府当局施政纲领、工作情况等方面的问题。议员们运用质询权通常是为了达到三个目的：第一，试图获得有关信息，了解自己关心的某方面工作的进展情况；第二，表达对政府部门某方面工作的不满，敦促其采取措施予以纠正；第三，通过质询让隶属执政党的大臣或部长感到难堪，削弱其权威。质询权对于推进政务公开、改进政府工作来说具有一定作用。当然，质询权的不受限制会使政府行政活动效率受损，也会阻碍议会各项职权的行使，因此发达资本主义国家对于议员质询权的运用都作了一些规定，如在英国"提问时间被限制在一小时之内，每一个问题至少要提前两天通知，而且每个议员可以提问的数量是有限的"①。

　　调查权即议会对政府行为进行调查并要求得到证言和有关记录的权利。当行政部门有违法或失职行为，或者侵犯公民权利时，议会就可以运用这一权力来揭露政府的错误行为，掌握有关错误行为的证据，并将其前因后果公之于众。调查权的行使通常委托给议会中与所调查问题有关的常任委员会或一个专门为此而成立的特别委员会，如美国调查"水门事件"的参议院水门委员会和调查"伊朗门事件"的两院联合委员会。不过，议会的调查权是在政府行为出错之后才行使的，因此平时只起警醒作用，而且行政部门及其领导人经常以国家机密、行政特权等为借口抵制议会委员会或监察专员的调查，掩盖自己的错误行为，这使其有效性受到一定影响。尽管如此，对于行政过错的责任追惩及强化行政监督来说，议会调查权仍是具有积极意义的。

　　倒阁权与前面的质询权一样，主要是议会制国家议会所拥有的一种职权。倒阁权是以不信任投票的方式来行使的，而不信任投票有几种情况：第一种情况是政府提出信任投票表决但未获通过；第二种情况是议会提出不信任案并获得通过；第三种情况是政府的主要政策议案或预算未获得议会通过。在这三种情况下，政府都必须要么辞职，要么提请国家元首解散议会，重新进行选举，由新的议会决定政府去留。倒阁权意味着政府必须始终取得议会中多数议员的支持才能开展工作，意味着政府要向议会负政

---

①　P. M. Punnett, *British Government & Politics*, Chicago: The Dorsey Press, 1988, p. 266.

治责任，说到底是要向民意负责。这是西方发达国家主权在民原则的体现，同时也体现了权力制衡的精神。

弹劾是"有关免除不称职者公职的法律程序"①，它既可针对高级行政官员，也可针对法官。弹劾与前述倒阁不同，弹劾起因于高级行政官员的违法、犯罪和严重失职行为，倒阁则是由于议会不同意政府施政纲领；弹劾追究高级官员的法律责任，倒阁追究政府的政治责任；弹劾针对个别政府官员，倒阁针对政府内阁全体；弹劾遵循司法程序，倒阁采用立法程序；弹劾结果是官员被罢免或判罪，倒阁结果是政府下台。但是，这两种权力都是议会监督政府的有效手段，起着威慑作用。

除上述权力之外，一些国家的议会还拥有对高级行政官员的提名的批准同意权、拥有对政府所缔结条约的批准权，这些权力都反映了作为代议机关的议会在制约政府方面扮演着至关重要的角色。不过，它们并未说明立法机关对行政机关的监督已经非常有效，因为制度规定与政治实践往往相差很大。例如，一些研究美国国会文献的人就认为，那个机构的成员更关心的是使自己选区人民满意，而不是监督官僚机构②。因此，考虑到行政权力在各国都呈上升趋势，立法机关在这方面还需要不断完善，以发挥自己应有作用。

二　司法机关

民主与法治不可分，因为主权在民意味着人民及其代表制定的法律高于统治者，而法治从根本上说也就是依照人民之法来治。民主意味着法律面前人人平等，同时也只有尊重法律才能保证民主不是空头支票。司法机关公正审理案件，保障法律效力则是法治的重要基础。随着资本主义国家经济发展和各种社会矛盾加剧，政府对社会生活各个领域的干预和控制日益增多。为了防止行政专权，维护法治，发达国家相继建立并完善了司法制度，特别是行政诉讼制度和违宪审查制度。

---

① ［英］戴维·米勒、韦农·波格丹诺编：《布莱克维尔政治学百科全书》，中国问题研究所等组织翻译，中国政法大学出版社 1992 年版，第 118 页。

② Todd T. Kunioka and Gary M. Woller, "Bank Supervision and The Limits of Political Influence Over Bureaucracy", *Public Administration Review*, 1999, Vol. 59, No. 4, p. 303.

行政诉讼就是指公民合法权益受到国家行政机关违法或不当行为侵害时向人民法院提起的诉讼。"这种诉讼常常涉及由行政部门所代表的公众利益和受某项政策影响的个人私利之间的冲突，因而与个人之间的私人诉讼相比具有不同特点。"① 西方各国在行政诉讼的范围上差别很大，根据受理主体的不同一般划分为法国式的行政法院及英美式的行政裁判所。不过，这两种类型的行政裁判制度所反映的实质是一样的，结果也相同，即通过司法机关来撤销损害公民权益的违法或不当的行政行为，有些国家甚至规定司法机关可以以其认为是正确的决定代替原来的行政决定，并给予受侵害者赔偿或补偿。尽管实践中行政诉讼案件的审理很难完全避免来自政府的影响，普通公民在这种民告官的案件中也总是处于不利地位，但是这一制度仍对保证行政机关及其工作人员遵守法律并按照正当法律程序来行事具有积极作用。同时这一制度对于落实责任机制也有助益，正如戴和克莱因所说："个人冤情的救济是责任概念的一个重要组成部分。"②

违宪审查又称司法审查，通常指"法院对公共权威在公法领域的行为实施监督权的这样一个过程"③。由于违宪审查制度的目的在于维护宪法的最高法律效力，是为了体现宪法作为国家根本大法的地位，因此司法机关在审查立法和行政时只能以宪法为依据。通过案件审理，司法机关有权宣布政府的某些行为违宪越权或侵权，以此防范行政权的滥用，并切实维护了宪法所保障的公民的基本权利。由于行政机关必须依法行政，因而这些判决将间接地改变行政机关的行为方式，使其更加尊重公民权利。当然，考虑到司法机关本身不直接对人民负责，而行政机关首脑和立法机关议员都须在政治上向人民负责，因此司法机关控制立法、行政行为合宪性的权力有时会引发人们对合法性问题的思考④，这使司法机关在行使违宪审查权时总是非常慎重。

---

① 〔英〕戴维·米勒、韦农·波格丹诺编：《布莱克维尔政治学百科全书》，中国问题研究所等组织翻译，中国政法大学出版社 1992 年版，第 9 页。

② Patricia Day and Rudolf Klein, *Accountabilities*: *Five Public Services*, London: Tavistock, p. 22.

③ Ian Mcleod, *Judicial Review*, Chichester: Barry Rose Law Publishers Ltd. , 1978, p. 1.

④ A. R. Brewer – Carias, *Judicial Review in Comparative Law*, Cambridge: Cambridge University Press, 1989, p. 16.

　　一般而言，发达国家的法院具有较高权威，法官具有较强独立性，审案严格按照公正程序进行，其裁决受人尊重并具有强制性，任何机关和个人必须遵守，行政机关也不例外。虽然法院本身无权使其判决得以执行而只能求助于政府，但是行政机关拒不执行法院裁决或抵制执行的做法是要冒很大风险的，因为行政机关需要取得民意支持，而民意不会默许行政机关的此类行为。还要说明的一点是，由于审案遵循不告不理原则，因此，司法机关只有在诉讼提出后才能发挥功用，而且有时审案结果可能只有利于极少数公民或公司，这与立法机关不同。不过，这恰恰说明了司法机关在维护公民权利及促进行政的民主控制方面具有积极的作用。原因在于，司法审案所体现的是对每个公民合法权益的重视，而这是经典民主理论所要求的。民主的含义不仅包括多数人统治，也包括对少数人权利的保护，这种保护体现在宪法与法律之中，因而通过法院适用宪法与法律，政府损害少数人合法利益以利于大多数人的这种行为就将被纠正，并将判定这种损害是不正当的、非正义的，不符合民主精神。由于规定了普通公民有权向司法机关寻求帮助，以阻止行政机关对其权益的侵犯或取得赔偿，公共行政所追寻的公益就不再只是体现在所制定政策符合大多数人利益上，也体现在大多数人利益的获得并不以少数人合法权益作为代价上。此外，通过一个个案件的审理，司法机关可以配合立法机关对行政机关是否依法行政进行监控，可以帮助行政机关纠正错误和改进工作，确立其服务于民的意识，这些都是非常有益的。对此有学者评论道："司法救助的前景不能够使每一个利益受到政府行为不利影响的人都得到支持，然而，司法审查制定了一般原则，以规定民主国家所有权力实施的公平性、合法性、合理性。而且即使质疑官方决定的行为相对较少，那些在重要案例中确立起来的原则仍将在不同方面对决策者产生重要影响。"[①]

三 政治家

　　按照韦伯的看法，政治家是为政治而生存、将政治作为生命的人。政治家与官僚不同，政治家必须全身心地为自己所支持的信念而斗争，他必

---

　　① De Smith, Woole and Jowell's, *Principles of Judicial Review*, London: Sweet & Maxwell Limited, 1999, p. 4.

须具有激情、责任感和恰如其分的判断力①，官僚的适当工作则是从事无党派的行政管理，他需要的品质是忠诚、服从和廉洁。韦伯对政治家的描述代表了他所认为的理想政治家，但是政治家应该如何做与实际生活中的政治家究竟在做什么，这是有区别的。同时，哪些人可以算得上是真正的政治家，持有不同标准的人会有不同结论。根据西方国家政治生活的基本特点，除议会议员之外，行政权归属的政府高级官员也被称为政治家，包括政府首脑、政府各部部长和大臣等，他们可能是民选的，可能是被任命的，但不管怎样，他们的政治之途因选举开始，也因选举而改变。

政治家能够确保行政的民主控制，这首先因为民众的利益诉求是由政治家们来负责将其转化为政策的。行政机关必须贯彻执行政治家所制定的政策，因此通过制定切实符合人们利益、具有合法性的政策，行政的公益性能够得到更好的保障。当然，说到这一点，政党的作用是不容忽视的，因为民众的利益诉求需要通过各政党先把它综合成可供选择的不同政策主张，再由选民来作出抉择。政治家们往往属于某个政党，他们的政治生命依系于该政党，所制定的政策来源于该党的党纲。尽管选举可能只反映选民对候选人的喜好而不一定完全反映其对政策的态度，但一般来说，政治家能够当选并获得较高支持，意味着他们所属政党的政策主张比其他政党的政策主张更受民众欢迎。同时，如果他们在任期间制定的政策能够为人们带来实惠，将为其再次当选增加很大筹码。有鉴于此，追寻政治角斗场荣誉的政治家们必须热衷于倾听民众的声音，制定良善的政策来满足民众的要求，推进全体的利益，及时对行政过程中的不当行为进行纠偏。否则，民众将放弃对这些政治家的支持并以此来表达他们的不满，反对党将会借机侵蚀政府的民意基础并谋求上台执政。在政党竞争的政治中，胜者必须证明其与败者相比更能代表全体民众。换言之，政治家制定政策的说法决不意味着政策反映政治家的偏好；相反，政治家制定政策是民众选择的结果，政治家需要为民众利益来制定政策。这种公益性的要求制约着以政治为事业的政治家，也通过其依此而制定的政策制约着行政。

其次，行政活动所要求的集权确保了民选政治家对官僚的控制，从而实现官僚间接向民众负责。根据所谓的政治与行政二分法，行政官僚负责

---

① ［德］韦伯：《学术与政治》，冯克利译，外文出版社 1998 年版，第 94 页。

执行政治家制定的政策，他们需要无条件遵从政治家的指令，只要做到这点，他们就不必为其行为负任何责任。这种说法是不正确的。政治生活中的任何行为不当都要求造成这一行为的人负责，无论是行为的决策者还是执行者，因为政治生活影响到每个人的利益。但是如果让一个政府部门的所有官员都为某一错误行为负责，这是不合理的。鉴于行政管理工作所需要的专业技能与经验，责任追惩范围不能过大。因此，在行政集权体制下，假如有官僚不遵从政治家指令，那么不遵从指令者会因此而被追究责任；假如官僚遵从政治家指令而导致行为出错，那么政治家将被追究责任。行政集权体制对于政治家责任的追惩来说是一个必要的前提，因为"大臣们如果没有办法控制自己主管的部门的活动，就不能为之负责"①。尽管政治家通常需要承担更多的责任，需要代替官僚承担责任以避免因政治气候变化影响其理性判断，但这并不意味着官僚自身的责任已被转嫁或放弃，这一点后文还将提及。此外，还需要说明的是，官僚必须服从政治家不仅因为政治家处于权力等级制的高层，也是因为他们代表着民众。官僚把政治家的意愿看做是民众的意愿，政治家的命令看做是民众的命令，并因此而服从政治家。从主权在民的精神来看，民选政治家对官僚的有效控制是非常必要的，因为作用于民的政治权力是由官僚来直接行使的。当然，政治家自身受到民众控制也非常必要。在议会制下，政府首脑、各部部长及大臣向民选的议会负责；在总统制下，各部部长及大臣向民选的总统负责。因此，在这两种政府体制下，选举都是重要的制约措施。当然，上述立法途径与司法途径同样有效。最后，政治家虽然可以制定有关官僚正当行为的规章制度，并依此惩戒违反规则的官僚，但是，他们对官僚的控制能否成功，还要看他们是否拥有足够的专业知识和信息，而且这种控制只是一种内部控制，需要外部控制手段与之相配套。否则的话，内部控制会软弱无力，官僚腐败、滥用权力、政治家对官僚的庇护这样一些情况就得不到及时曝光。

四　政党

政党不是正式的国家机关，但西方国家的大多数政党都依附于其政治

---

①　[英]约翰·格林伍德、戴维·威尔逊：《英国行政管理》，汪淑钧译，商务印书馆1991年版，第13页。

体制。不论政党的地位和作用是否在宪法和法律中作出规定，它们在实际政治生活中都是得到承认的。政党通过其所属政治家的活动而使政治与行政之间获得了必要的协调，这对于在行政之中贯彻民主来说意义重大。同时，政党还承担着集中选民意志以传达给政府的作用。在高度发达的民主国家里，利益分散的选民需要有一定组织把各种利益综合起来，政党通常所从事的就是这些活动①。正是因为有了政党来组织选民参加选举，提供备选政策，才使得政治生活井然有序。正是由于政党的存在，千差万别的利益才能被整合成全体利益，政府行政才有可以依循的指南。当然，政党制度之所以对西方民主具有重要作用，是因为西方发达国家所实行的都是竞争性政党制度，这种制度有助于"保护其国家不受公民不满引起的破坏；抱怨和攻击针对的是那批仍在其位、仍谋在政的官员，而不是整个制度"。② 正因存在着为控制政府而竞争的政党，"选民的行动在很大程度上取决于政党制度所能提供给他们的各种选择"③，这些选择都代表了政党整合后的全体利益，选民只能在其中进行挑选，这意味着他们的个人利益只能在促进全体利益的过程中才能得到增进。同时，政党之间的竞争使选民受到了政治教育和训练，政党对政策的解读与宣扬使选民能够更好的认识政府政策的意义，并思考自己利益与可供选择的政党纲领之间的相关性。各大政党则依靠受欢迎的政策纲领轮流上台，掌握行政权的政党为执政党，其他政党为在野党或反对党。

　　就执政党而言，它们控制着行政权力，领导政府行政，而这种控制和领导的基础在于他们赢得了选举中的胜利，是选举使执政党的政府变成多数人支持的政府。为了继续执政，执政党必须兑现其竞选时的承诺，制定有利于其所代表选民利益的政策，而这类政策的合法化及实施需要通过有效的政府行动来落实，因此执政党对行政活动的监控是必要的。另一方面，政府要巩固自己的地位，获得更广泛的支持，也必须依赖执政党的活

---

　　① ［美］加布里埃尔·A. 阿尔蒙德、小宾厄姆·鲍威尔：《比较政治学：体系、过程和政策》，曹沛霖等译，上海译文出版社 1987 年版，第 237 页。

　　② ［美］西摩·马丁·李普塞特：《一致与冲突》，张华青等译，上海人民出版社 1995 年版，第 138 页。

　　③ ［美］加布里埃尔·A. 阿尔蒙德、小宾厄姆·鲍威尔：《比较政治学：体系、过程和政策》，曹沛霖等译，上海译文出版社 1987 年版，第 248 页。

动——特别是其在议会中的作用，并且配合隶属于执政党的政治家改进行政工作。

反对党也为代表和保护一定利益而努力，但由于它们在选举中落败，意味着它们的政策主张不被多数人赞同，所以它们的职责就是反对，它们所做的只能是抨击执政党的政策，限制政府的极端倾向，揭露政府的错误行为。在西方民主制度的框架内，反对党的反对是和平的、负责任的，它们通过卓有成效的反对来换取民众在未来的支持，以期能取代执政党上台。作为潜在执政党的反对党能够通过对政府的监督和制约使其面临着持续的压力，面对此种压力执政党领导的政府只有切实维护公共利益，少犯错误才能够继续维持自己的地位。需要指出的是，反对党的权利大都来自惯例而非法律条文，它们所行使的权力建立在执政党给予一定容忍和尊重的基础上。这种容忍和尊重是必要的，因为执政党在未来的某个时候可能变成反对党。当然，反对党的批评也是注意分寸的，其"效果在于使政府的政策和社会舆论之间维持紧密的联系"①。在立法过程中，反对党可以使政府的一些有损其所代表的正当利益的法案无法通过，可以迫使政府修改其法案内容。还在控制政府财政方面起着一定的积极作用。此外，反对党议员还通过质询等方式向政府施压，要求改进工作。有了对反对党作用的肯定，政党竞争就不会有胜者王败者寇的景象，少数派意见的表达就不会是毫无作用的。故此英国的反对党制度被人称作是"19 世纪对政府艺术的最大贡献"②。不过，在资本主义国家，允许反对党开展活动主要是为了协调资产阶级不同派别之间的利益冲突，以维持资产阶级的整体利益，就其根本性质而言，执政党与反对党都是资产阶级的代言人。

五　公众

选举是公众制约行政的较为常见的方式，也是极为有效的一种方式。只要选举权是普遍的、真实的，那么政府就不是人民的宰制者，而是人民选出为其福祉工作的仆人。通过选举，公众可以表达他们对政府所作所为的赞许或愤恨，并将不受欢迎的政府首脑赶下台。通过选举，公众可以拥

---

① ［英］埃弗尔·詹宁斯：《英国议会》，蓬勃译，商务印书馆 1959 年版，第 194 页。
② 杨祖功、顾俊礼：《西方政治制度比较》，世界知识出版社 1992 年版，第 234 页。

有更能代表他们意愿的代表，并依靠他们对政策的调整来改变行政。自由的选举反映着民心向背，反映着大多数的意愿，因此选举获胜者实际上是根据他们在选举中获得的公众同意来管理公共事务，而民众则相信获胜者的确能够更好地推进他们的共同利益。由于选举的存在，行政就不可能完全抛开民主控制。换句话说，只要公众的选举活动是自由并且定期举行，那么政府就不可能脱离民众而成为高高在上的支配者，腐败无能的政治家们就不能够避免被剥夺权力的惩罚。正因为如此，自由选举常被看做是判断一个国家政治制度是否民主的重要指标，正如萨托利所言，"检验民主就是用选举检验，因为只有选举才能显示'普遍的共识'"。[①] 当然，选举对于行政活动的正常运转来说还具有另一层意义，即为和平、有序转让权力提供制度保障。正因有这定期选举，行政活动所处的政治环境才是较为稳定的，行政活动才能顺利开展，反映在行政活动之中的公民利益才能得到有效推进。

除选举外，公众还有其他一些参与行政活动的方式，如复决。不过，选择复决方式通常是在代议机制不起作用时，特别是涉及公民情感问题的一些重大政策。复决与选举不同，在选举中公众通过对某位候选人的支持来间接表示对其政策的信任，在复决中公众直接对公共事务表达自己的看法。英国、法国、瑞士等国都实行过公民复决，美国在州一级也经常采用这一方式。复决结果是决定重大政策的依据，对此政府必须绝对服从，因为它反映了主权在民原则。当然，复决的采用也有助于增强政府政策的合法性，使这项政策的贯彻执行更加顺利。普通公民还通过参与政府组织的听证会及其他形式的意见征求会来提出自己的看法和建议，他们也通过诉诸公共舆论来对行政施加压力。与选举和复决不同，公共舆论是持续的，是民众意志的经常性表达。按照美国政论家李普曼的看法，"'舆论'应该是民主政体中的原动力"[②]，如果说民众不只是依赖代表在参与统治的话，那么其他方式中舆论绝对是最重要的，布赖斯曾经说过，"人民乃真是常常统治的；因为人民的意见只须表示出来，即被认为是最高无上的；

---

① ［美］乔·萨托利：《民主新论》，冯克利、阎克文译，东方出版社 1998 年版，第 100 页。

② ［美］李普曼：《舆论学》，林珊译，华夏出版社 1989 年版，第 167 页。

并且在形式上及法律上，虽必经投票的手续才能表现，而在实际上却时时刻刻可表现的"①。舆论对行政的影响是多方面的，它传达民众对公共事务的态度，行政机关依此进行管理，获得必不可少的信任与支持；它公开行政机关的所作所为，民众据此对行政进行评判，利用上述选举手段来使评判生效；它揭露不法行政行为，提供事实与证据，引起有关机关的充分重视，展开调查并作出处理。相比行政的其他制约途径，公共舆论具有广泛性特点，因为在一个真正民主的国家，民众可以对他们感兴趣的一切事项发表意见——只要不构成对国家安全或他人的侵犯。当然，舆论监督的真实有效依赖于舆论自身的真实有效，舆论必须服务于公众而非满足政府宣传的需要，舆论不应该是制造出来的，它应该真实反映民众的要求和情感。要做到这一点，各级行政机关就应该积极主动地配合而非操纵新闻媒体，尊重公众的知情权。政务公开是舆论监督的前提基础，正如腐败问题研究专家苏珊·艾克曼所言："公众能够对政府专权构成重要的制约，但是，只有当政府向公众提供关于其行为的信息的时候，这种制约才能够发挥作用。"② 为了帮助民众获得有关公共事务的各种资讯，西方发达国家大都制定了关于信息自由的法案。此外，各级行政机关还应该容忍舆论对自己的曝光，并认识到舆论监督和批评是自己改进工作的基础，而作为公共舆论窗口的新闻媒体也必须是独立的。新闻自由不容政府随意干涉，新闻审查制度不应妨碍正当的舆论表达，因为新闻自由是行政的民主控制的最后一道防线。

最后，还必须指出的是，前面所介绍的这些制约途径都过于简化，现实政治生活要比上述文字说明复杂得多，而且尽管存在众多制约行政的手段，但在西方国家这些手段大都作用有限，制约的目的也主要是为了维护资本家集团的统治利益而非广大民众的利益。不过，由于强调了民主控制行政的必要性，西方国家在第二次世界大战以来阶级冲突与对立得到了缓和，民众的一些权利得到了肯定，行政的公共性更加明显，这都说明上述手段所构成的行政的民主控制之网是意义极大的。

---

① ［英］詹姆斯·布赖斯：《现代民治政体》，张慰慈等译，吉林人民出版社2001年版，第154页。

② ［美］艾克曼：《腐败与政府》，王江、程文浩译，新华出版社2000年版，第213页。

第三章 官僚制范式

在第一章，我们论述了 20 世纪之前公共行政的历史演变，谈到了代议民主与公共行政相结合的必要性；第二章我们论述了政治思想家和行政学家对民主与行政关系问题的看法，讨论了西方国家在实践中确保行政的民主控制的途径。在接下来的两章里，我们将回答这样的问题：从民主层面来看，20 世纪西方公共行政的两大范式，即官僚制范式和新公共管理范式有何积极意义，又有什么样的局限性？为了更好地探讨官僚制范式，我们有必要先回到韦伯，看看他所阐释的官僚制是怎样的。

第一节 韦伯对官僚制的论述

众所周知，马克斯·韦伯是当代最负盛名的学者，他的著述涉及经济学、政治学、社会学、哲学等各个学科，影响深远，而对官僚制问题的论述是其重要贡献之一。需要指出的是，韦伯勾画出来的官僚制是一个理想类型，尽管这一阐释立足于普鲁士官僚行政的实践，但现实生活中的行政管理不会完全符合韦伯所抽象出来的官僚制理想类型。既然如此，理想类型的概括有意义吗？韦伯作出了肯定的回答，韦伯说："为了廓清现实的经验内容的某些重要的成分，人们借助这一概念对现实作出衡量，把它与现实作出对比。这样的概念是思想的产物，我们借助它们，通过运用客观可能性的范畴，来构思各种联系，我们依据现实定向的、受过训练的想象力对它们作出判断，认为它们是适当的。"① 因此，韦伯对官僚制的这种

---

① ［德］马克斯·韦伯：《社会科学方法论》，李秋零、田薇译，中国人民大学出版社 1999年版，第 29 页。

阐释有助于人们更好地理解历史变迁和自己所处的现代社会，而为了区别建立在法理权威基础上的官僚制统治与其他类型如魅力型和传统型的统治，韦伯首先探讨了统治的合法性问题。

一　官僚权威的法理基础

前面已经提到，韦伯是对合法性概念持经验式观点的学者。他认为，合法性就是促进人们服从命令的动机，而这里，"服从应该意味着，服从者的行为基本上是这样进行的，即仿佛他为了执行命令，把命令的内容变为他的举止的准则，而且仅仅是由于形式上的服从关系，而不考虑自己对命令本身的价值或无价值有什么看法"①。韦伯对合法性概念的界定符合他在社会科学研究中所奉行的价值中立原则。尽管韦伯认识到任何统治都不可能脱离民众某种程度的道德支持，但是，"韦伯并未在产生于自发性赞成的规范性服从和建立在一种谋求生存的长期策略的服从之间作出区分"②。事实上，在韦伯看来，任何政治统治总是会努力去谋求合法地位，故而合法性的问题对于有效的政治统治来说并不是太大的问题。统治与合法性是二而一的问题，统治与合法统治近乎同义词。当然，统治者们谋求合法性的方式可能会有差异，亦即统治合法性的基础不同。根据不同的合法性基础，政治统治可以被划分为若干类型，因此合法性概念的论述对于政治统治类型学的梳理具有重大意义。

韦伯认为，政治统治的合法性主要有三种来源：一是传统；二是魅力；三是法理。当被统治者相信源远流长的传统之神圣不可侵犯性，相信拥有权威的人按照传统进行统治是合法的时候，这种统治就是传统型统治，部落社会的酋长和古代君主可以被看做是享有传统型权威的代表。当克里斯玛（charisma）式领袖因人们确信其有启示能力、个人魅力、超凡品质而受到信徒们衷心拥护时，这种统治就是魅力型统治，圣雄甘地和戴高乐等可以被看做是享有魅力型权威的代表。当政治统治建立在对符合正式制定的规则的正当行为的要求基础上，而且人们服从依照法规占据某个

---

① 〔德〕马克斯·韦伯：《经济与社会》上卷，林荣远译，商务印书馆1997年版，第240页。

② 〔英〕弗兰克·帕金：《马克斯·韦伯》，刘东、谢维和译，四川人民出版社1987年版，第110页。

职位并行使权力的统治者时，这种统治就是法理型统治，现代官僚的权威大都建立在法理权威基础上。当然，传统型、魅力型、法理型统治又各有一些子类型。韦伯承认，任何政治统治都不会只依赖前述的某一种合法性来源，而是依赖这三种来源的混合，因此纯粹的传统型、魅力型、法理型统治并不存在。尽管如此，每个社会还是有一种为公众认可的、占据主导的合法性基础，因此，上述理想类型的概括对于历史研究来说仍是有必要的，它可以揭示出政治统治的性质更符合哪一种统治类型，并为比较不同类型的政治统治提供可能。韦伯指出，在现代社会统治合法性的传统来源较少，因为文化世俗化进程使传统文化资源作为合法性基础受到侵蚀。魅力型的合法统治稳定性不够，特别体现在权力交接的困难上，因而往往向其他两种统治类型转化。相比之下，现代社会的法理型统治更为稳定、有效和持久，它的最纯粹类型是借助官僚制组织所进行的统治。在这种统治形式下，人们服从官僚不是因为传统以来一直如此，也不是因为官僚拥有超凡魅力，而是因为官僚根据合法授命进行统治，他们按照事先制定的法律与规则来行使权力。现代官僚制统治不仅具有合法性，而且从形式上——技术上看也是最合理的，因为"官僚体制的行政管理意味着根据知识进行统治：这是它所固有的特别合理的基本性质"①。最后，强调官僚权威建立在法理基础之上，这一点非常重要，它说明官僚制的集权与民众对官僚权力的承认密不可分，而承认来源于民众及其代表所制定的法律，不依系于人格化的官僚。没有民众的承认，没有先于官僚统治的规则，官僚统治就是不合法的。作为金字塔形的权力结构，官僚制强调严密控制与严格服从，如果没有对权力合法性的要求，权力就会具有暴虐的性质。

二　官僚制的基本特征

　　为了阐明官僚制与其他组织形式的不同，韦伯在他的一些著作中介绍了官僚制的基本特征，我们可以简要地概括如下②：

---

　　①　[德] 马克斯·韦伯：《经济与社会》上卷，林荣远译，商务印书馆1997年版，第250页。

　　②　[德] 马克斯·韦伯：《经济与社会》，林荣远译，商务印书馆1997年版，上卷，第242—246页；下卷，第278—286页。

（一）法定权责

韦伯强调，官僚的权威是建立在法理基础之上的，社会成员服从官僚不是服从他个人，而是服从那些非个人的法律制度，这些法律制度要么具有目的理性，要么具有价值理性，要么两者兼而有之。官僚依照法律规定获得权力，并且只能按照法律行使赋予他的权力，同时他所从事的行政管理活动的范围及内容也是由法律或行政法规作为官方任务来进行规定的，官僚以这种固定的任务分配方式来履行其职责。这就是说，官僚自身也必须服从于法，因为他们只有自身遵从法律，才能保证人们也遵从他们，他们的权威来源于法律。

（二）等级制度

韦伯以为，官僚的权力大小依系于其职务高低。法律规定了每一个职务应有的权力，处于较低职务的官员受到其上一级官员的控制。因此，官僚制结构是金字塔形的集权体制，该体制遵循着层级节制原则，存在着牢固而有秩序的等级制度，存在着上级对下级的监督关系。尽管上级机关无需包办下级机关的事务，但下级机关在作决定时必须考虑上级的意见。当上级所发出的指令不正确时，官僚制结构允许下级机关向它的上级机关发出呼吁，提出异议。不过，在呼吁与异议不成功时，服从是必须的，如此才能确保官僚制的有效运转。

（三）常规工作

韦伯指出，官僚制的运作必须依循常规，尊重长期行政管理工作所积累起来的经验及获得的一般原则。行政管理是事务性的活动，官僚懂得了处理这些事务的规则，就拥有了可预见性，有利于排除非理性因素的影响，使行政管理工作更为精确。为了把握行政管理的常规特性，行政管理各项工作的开展必须做好记录，以为将来的行政决策、执行提供经验借鉴与参考。正是在这个意义上，韦伯特别强调文件档案的重要性，认为它是现代专业化行政的基础。

（四）专业技能

韦伯认为，官僚制是建立在官员的专业技能基础之上的，这一点与非官僚制的组织结构形成鲜明对比。为了确保行政管理工作的专业性，官僚制首先规定采用一般性的和专门性的考试，使之成为任职的先决条件。其次规定举办深入的专业培训，以使官员在长期的工作中具有完备的工作能力。最后规定按照纯粹业务的观点，实行具体工作的分工。通过考试、培训与分工这三个环节，从事行政管理工作的官员们将拥有法学、行政管理理论、商务科学等多方面的知识，学会在解决事务时"不看人办事"，并逐渐被培养成专家，这对于行政管理的高效率来说是极为有益的。

（五）职业保障

韦伯提出，官僚制的有效运转要求官员们拥有自身发展和生活安定的一些保障，这首先体现在官僚制下，官员与社会成员相比，享有一种特别高贵的社会评价。官员受到普遍尊重，出任官职则被看做一种荣誉。其次，官员的职位一般是终身的，纵然形式上存在被解聘可能，但是法律保障他们不被随意罢免或调动。再次，官员定期拿到货币报酬，年老时领取退休金，这使其解决了私人生活上的后顾之忧，能够将更多精力投入公共事务。最后，官僚制中的官员升迁一般根据"资历"来进行，但在专业考试制度发达时，考试成绩被放在突出位置。前者有利于形成官员的如下预期，即努力工作将在不久的将来得到晋升的回报，后者则有利于提高行政管理的专业性。

需要注意的是，尽管官僚制范式的基本特征大致相当于官僚制的基本特征，不过，在这一范式建构过程中，韦伯的著作并不是其理论的全部源泉。法国管理学家法约尔、美国管理学家泰罗以及威尔逊、古德诺等人都作出了一定的贡献。法约尔提出了管理五要素，即计划、组织、指挥、协调和控制，并论述了管理的 14 条原则，这在当时是难能可贵的；泰勒倡导科学管理，强调制定标准操作方法以提高生产率，运用科学方法来替代经验方法，其推动的科学管理运动对行政管理的示范效应巨大；威尔逊指出，"如果各种政府想成为同样有用和有效率的政府，他们就必须在'结构'上有高度相似之处"[1]，这种看法促成了后来官僚制范式的形成；古德诺强调"政治对所谓的政府行政的控制不应超过必需的限度"[2]，要求行政排除来自政治的不适当干扰，以高效达成目标，这同样是非常有意义的。

---

[1]　彭和平、竹立家编译：《国外公共行政理论精选》，中共中央党校出版社 1997 年版，第 19 页。

[2]　[美] F. J. 古德诺：《政治与行政》，王元译，华夏出版社 1987 年版，第 25 页。

三　官僚制与民主

韦伯认为，官僚体制的行政管理对实施统治来说是最合理的形式。然而，官僚制在所有领域里被采用又可能带来恶果。首先，官僚制的普遍采用会加深人的异化。它犹如一个巨大的铁笼，将人固定在其中，压抑了人的积极性和创造精神，使人成为一种附属品，只会机械地例行公事，成为没有精神的专家，没有情感的享乐人，整个社会将会变得毫无生气①。过分强调遵从和非人格化所带来的此种弊病曾被社会学家默顿称为官僚主义人格，韦伯悲观地以为这将是社会发展的必然结局。其次，作为官僚体制合理性基础的专业知识孕育着专制的危险。对于这一点，韦伯并非没有预见，为使官僚制的合理因素得以发挥，同时又避免其失控，韦伯提出了几种救治的办法。总体来看，韦伯并不像有些人所认为的那样，只注重分析作为一种技术工具的官僚制；相反，他分析官僚制是为了探讨在未来资本主义民主制度下采取何种管理形式才是最有效率的。他在许多地方都论述了官僚制应如何与民主价值相协调的问题——尽管不完善之处甚多，因此，他的价值关切应视为他全部理论的不可分割而非多余的一部分②。

韦伯曾多次指出，官僚体制要求实施统治的抽象的规则性，要求在人和物的意义上的"法律平等"，这只有民主化发展到一定程度才能做到，因此官僚制组织事实上是现代大众民主的伴生物。官僚制的发展对于民主而言具有积极的意义，它有助于社会等级拉平化，而经济与社会差异的拉平有助于阻止形成一个封闭的官员等级。要理解这一点较为容易，我们只要回想一下韦伯提出官僚制理想类型时所处的时代背景就行了。在那样一个专制依然盛行的年代，韦伯提出官僚制是理想的政府组织形式，强调官僚管理应做到非人格化以排除非理性的影响，强调官僚应具有一定的独立性，强调官僚的选拔应注重知识而非门第之见，有利于冲破封建色彩依然非常浓厚的容克家族对统治大权的垄断，支持资产阶级参与统治。因此，韦伯对集权化官僚制组织形式的设计并不能说明他只崇尚效率而不关心民

---

① 丁煌：《西方行政学说史》，武汉大学出版社 1999 年版，第 87 页。

② ［英］戴维·比瑟姆：《马克斯·韦伯与现代政治理论》，徐鸿宾等译，浙江人民出版社 1989 年版，第 18 页。

主，而且他自己也积极投身于推动民主进程的运动中去。

当然，对韦伯反民主的批评的确存在而且有一定影响。其中一种批评认为，韦伯所推崇的官僚制是一种封闭的、金字塔形的权力结构，强调严密控制与严格服从，因此民众对官僚的滥用职权缺乏直接监督和有效的制约手段。另一种批评认为，韦伯强调官僚的移情能力而非倾听民众的意见与要求，蔑视人民能够真正"统治"的思想，这会使人民日益依赖官僚机构的管理，从而与"每个人是自己利益唯一的、最高的裁判者"的民主原则相违背。第三种批评认为，官僚制作为效率最高的工具，只具有形式合理性，它并不将公众同意纳入视野，而是视为一个既定的存在，它也并不考虑如何对公众的需要作出回应，因此面临着合法性危机[①]。

上述批评大都成立，不过若说韦伯因此就是反民主的，那又有点言过其实。拿第一种批评来说，民众对官僚缺乏直接监控措施并不能说明韦伯就反对把官僚置于民众监控之下，只不过他选择了民选的政治家来代替民众进行专门的监控。当然，由于这种监控只是单线的，每个环节的出错都会造成事实上的监控不力，故而多渠道方式和更有效的制度手段应予发展。

至于第二种批评，韦伯的确认为普通民众在管理社会公共事务上能力不够，他要求的是知识的理性统治——这只有掌握知识的官僚能够做到，而且他认为，"在一个多人执政的大会里，责任十分容易推诿，这恰恰表现在真正的民主里"[②]。韦伯想要用官僚制手段来阻止人们直接参与公共事务管理，同时通过官僚对社会成员的同等对待来体现民主，这无疑具有局限性，因为发展官僚制的过程中官僚自身有可能成为特权阶层来压迫人民，官僚"不仅是一个技术工具；而且是一支挟带利益和价值的社会力量，它本身造成的社会后果越过了其工具成就"[③]。不过，韦伯仍然强调官僚行政应服务于大众，主张实行普选，承认普通民众的利益和他们作为

---

① 李承、王运生：《当代公共行政的民主范式》，载《政治学研究》2000 年第 4 期，第 51 页。

② ［德］马克斯·韦伯：《经济与社会》下卷，林荣远译，商务印书馆 1997 年版，第 786 页。

③ ［英］戴维·比瑟姆：《马克斯·韦伯与现代政治理论》，徐鸿宾等译，浙江人民出版社 1989 年版，第 65 页。

"民族"成员的尊严，要求提高"公众舆论"的影响力①，这些都是与现代民主精神的要求相契合的。

第三种批评更为严厉一些，它涉及官僚制形式合理性与目的合理性脱节的可能性问题。也就是说，韦伯虽然强调官僚制应建立在法理型权威的基础上，人民服从官僚权力是因为官僚权力所依循的法律得到他们的认同，然而官僚法理型权威的确立并未说明目的合理性本身，因为官僚制只不过是技术手段，本身并不体现任何价值，它可以服务于任何目的。这个矛盾难以克服，它是韦伯著述中所固有的，而且它表明官僚制的进一步发展对于民主而言具有消极影响。总体上来看，韦伯对民主政治体制保持控制国家官僚机构的能力也是很悲观的②，他知道官僚制的充分发展将构成对政治民主的挑战。但是，韦伯并没有就此止步，他探讨了如何采取有效措施以制约官僚权力，使官僚不至于成为民众的主子，而是时时处于民主的监控之下。韦伯明白，官僚制与民主虽然在有些方面是对立的，但是现代民主政治同样需要官僚制来处理国家各项事务。尽管官僚制对个体性和民主构成挑战，但它同样可以用来保护个体性和保证民主治道③。他"在考察了取代官僚制的其他各种可能的选择，如社团的原则、非专业的行政、分权以及直接民主制等之后，得出了自己的结论：自由议会和由选举产生的责任领导才是现代条件下可以期待的最佳制衡方式"④。

为此，韦伯强调民选政治家对官僚进行控制的必要性，并将其看做唯一可能贯彻民主精神的制度化途径。韦伯指出，政治家和官僚是非常不同的两种人。第一，两者所从事的活动内容不同。政治家置身于政治的角斗场中并为自己的主张争取支持者，官僚则循规蹈矩并严格执行政治家的指令。第二，两者所应承担的责任性质不同。"文官的荣誉所在，是他对于

---

① 〔英〕莱斯诺夫：《二十世纪的政治哲学家》，冯克利译，商务印书馆 2001 年版，第 38 页。

② 〔美〕菲利克斯·A. 尼格罗、劳埃德·G. 尼格罗：《公共行政学简明教程》，郭晓来等译，中共中央党校出版社 1997 年版，第 104 页。

③ 〔美〕彼德·布劳、马歇尔·梅耶：《现代社会中的科层制》，马戎等译，学林出版社 2001 年版，第 194 页。

④ 〔英〕戴维·米勒、韦农·波格丹诺编：《布莱克维尔政治学百科全书》，中国问题研究所等组织翻译，中国政法大学出版社 1992 年版，第 79 页。

上司的命令，就像完全符合他本人的信念那样，能够踏实地加以执行。即使这命令在他看来有误，而在他履行了文官的申辩权后上司依然坚持命令时，他仍应忠实执行。""而政治领袖，即处在领导地位的政治家，他的荣誉恰恰在于，他对自己的所作所为，要完全承担起个人责任，他无法、也不可以拒绝或转嫁这一责任。"① 政治家与官僚的这种分工有三个方面的好处：一是有利于官僚将行政从政治中分离出来，以便摆脱政治纷争，更好专注于管理事务，发挥知识专长，使管理成为纯技术的事情而更具理性、效率更高。二是有利于民众通过对政治家表示支持和反对而间接控制官僚，使自己的利益不致被忽视。三是有利于政治家通过政治角逐赢得荣誉，实现自己的理想和抱负。这样的分工尽管有积极的一面，但却开了一个坏头，因为后来的政治与行政二分法正是肇端于此。

　　不过，韦伯所开创的政治家制定政策、官僚负责执行的传统却有其理论上的内在逻辑。例如，韦伯反对官僚对政治家承担的任务越界，是因为设定政治目标的做法有损官僚的客观性，也不符合官僚的职业训练；韦伯反对民众对官僚的直接监控，是因为他以为直接监控会使行政管理中各种非理性因素增加，影响效率的获得，而且他也认为政治家比"无知"的民众更能完成监控官僚的任务；韦伯强调官僚应严格服从政治家，是因为官僚权力来源于法律，而法律是民选政治家根据选民的意志制定出来的，因此官僚应作为政治家的仆人行事，政治纷争交由政治家去参与和解决。韦伯将官僚置于政治家的控制之下，低估民众在行政管理过程中的作用，因此常为后人所诟病。然而需要指出的是，韦伯所提出的官僚制是以德国当时已经形成的官僚制管理实践为模板的，当时官僚制在实践中缺乏的恰恰是这种必要的政治控制。官僚权力的扩张与制约手段不足是被证明的一个事实，韦伯突出政治家的作用，正是力图在一定程度上为官僚制套上民主的外壳。另外还要看到的是，控制官僚的政治家不是脱离群众的，他们需要通过广泛地动员来建立民众对自己的支持，需要向民众宣传政策主张及观点。因此，"政治的领导人不再能够根据在一个绅士阶层的圈子里承认他经受住考验就被提为候选人，然后倚仗他在议会里的出现就成为领袖，而是他要赢得群众对自己的信赖和相信，即采取群众性蛊惑煽动的手

---

① ［德］韦伯：《学术与政治》，冯克利译，外文出版社 1998 年版，第 66 页。

段来选择领袖"①。从这方面来看，领袖民主制具有积极的意义。

除此之外，韦伯指出，强化议会职权是资本主义民主制度下制衡官僚集权倾向的最有效手段。"在《新秩序下德国的议会与政府》一书中，韦伯证明了，一个强大的议会是个人权力和自由的保护者。"②他强调议会所扮演的角色不应该仅仅是对政府支出予以批准，通过议案，代表选民提出他们的要求，而且应该在执行和批准政策方面监督官僚，对行政领导人进行信任问题投票，成为培育领袖的基地。由于"官僚体制的行政管理按其倾向总是一种排斥公众的行政管理"③，因此议会需要在一定程度上承担监督官僚行政的职责。不过，议会的存在并不意味着民主，也不意味着对官僚的有效监督。为了说明他所支持的议会的基本特征，韦伯还区别了以俄国和德国为代表的象征性立宪制和以英国为代表的强议会制，并对前者进行批判，对后者大加褒奖。不过，可惜的是，韦伯的强议会类型尽管包含显著的民主特征，例如公众监督政府活动的权力，但他强调的议会政府的突出特征，并不在于有更多的民主，而是由议会中发展出有能力控制当代官僚制的领袖人物④。因此，韦伯的强议会思想更注重政治家作用的发挥以及政治家对官僚进行政治控制这一面，从代议民主的视角来说，选民与政治家的联系强调得不够充分。

韦伯尽管强调政治家应有责任意识，强调民众可以通过选举来表达他们对政治家是否支持，不过，毫无疑问主动权仍在政治家手中。在韦伯看来，只有政治家才有坚定的信仰，他们对未来生活的设计有良好规划，而民众则缺乏教育、智力平庸，所以政治家应该积极引导民众自愿做他的追随者，是他们塑造着民众的意愿，民众则对其表示赞同或反对。如此理解的民主仅具有实用的价值：重要的不是人民自己管理自己，而是通过民主使被选举的政治家确保管理符合民众的利益——何者符合他们的利益也由政治家来决定。这样一来，民主的价值被严重贬低了，民众被认为缺乏自

---

① ［德］马克斯·韦伯：《经济与社会》下卷，林荣远译，商务印书馆1997年版，第800页。
② ［英］戴维·比瑟姆：《马克斯·韦伯与现代政治理论》，徐鸿宾等译，浙江人民出版社1989年版，第51页。
③ ［德］马克斯·韦伯：《经济与社会》下卷，林荣远译，商务印书馆1997年版，第314页。
④ ［英］戴维·比瑟姆：《马克斯·韦伯与现代政治理论》，徐鸿宾等译，浙江人民出版社1989年版，第105页。

治能力，他们体验不到参与行政管理过程的效能感，甚至被剥夺了犯错误的权利，而这些都是肯定民主价值所必需的。当然，韦伯这样看待民主也是有原因的，他不只是认为普通民众在行政管理方面缺乏必要的知识技能，他也以为在那种真正民主的社会中责任问题是不容易得到解决的。另一方面，"韦伯所寄意于政治民主的并不在于它能唯一地扩大民众的影响力，而是在于群众参政应该有规则有秩序，切忌抽风或'非理性'"①。因此，他要求一定程度上的民主自制，强调程序民主对实体民主的保障作用，这是非常有意义的。

第二节　官僚制范式的困境

在相当长的一个时期里，官僚制被看做是公共行政的同义词，官僚制范式也是风光无限。根据这一范式，官僚制是最有效的组织形式，而民主问题可以通过官僚对民选政治家负责来得到解决。然而，随着官僚制的进一步发展，人们发现，官僚制范式已逐渐陷入困境，其所持有的基本假设似乎已被否定，其所具有的优越性也呈现不出来，因此有必要进行更多的反思。

一　官僚制的低效悖论

首先引起人们注意的是，官僚制并不总是高效的。默顿曾指出，官僚制会鼓励官员的行为僵化、不愿意做出有风险的决策；塞尔兹尼克谈到，官僚制实行控制所需要的授权可能会使组织中的下属单位产生狭隘的（自我服务的）观点；古尔德纳表明，监督所需要的非人格化规定确立了最低限度的绩效标准，这会抑制官员的进取心，并促使严密监督的实行，从而上下级之间造成了个人间的压力和冲突；克罗泽、多尔顿、唐斯和许多其他人认为，一些积极寻求控制性规章的制定和运用的相互竞争的势力在进行活动时是为了实现自己与组织目标相反的目标②。因此，有些时候

---

① ［英］戴维·比瑟姆：《马克斯·韦伯与现代政治理论》，徐鸿宾等译，浙江人民出版社1989年版，第109页。

② ［美］菲利克斯·A. 尼格罗、劳埃德·G. 尼格罗：《公共行政学简明教程》，郭晓来等译，中共中央党校出版社1997年版，第105—106页。

官僚制所要求的层级节制、指挥统一可能会因协调问题而带来低效；有些时候官僚制的高效本身会带来伦理、价值方面的问题；有些时候官僚制所要求的遵循规则、严格服从会被看做是目标本身而导致行政管理活动的真正目标被替换掉；有些时候官僚制的僵化结构可能会阻碍其适应变动不居的环境。

在众多的批评中，帕金森、劳伦斯·彼得和本尼斯的观点最为引人注目。帕金森根据自己对英国海军官兵数量增长所进行的调查，提出了著名的帕金森定律，并将其概括为两句话："（1）'一名官员想要增加的是下属而不是对手'；（2）'官员们相互之间制造工作'。"① 帕金森的观点被看做是对官场病的形象说明。根据帕金森定律，官僚制组织人数的增多与行政管理任务的增多之间并无任何联系，受帕金森定律影响，官员人数将持续增加，不论行政管理任务是增多、维持不变还是减少。原因在于，每一位官员为满足自己的权力欲，减少竞争对手，都热衷于增加自己的下级，这将促使机构膨胀和臃肿，最终导致人浮于事。帕金森指出，尽管官员们看上去可能非常忙碌，但这种忙碌并未服务于行政管理的真正目标。事实上，官员们之所以会更忙碌，是由于官员人数和层级数增多后的合作共事所要求的。也就是说，尽管任务的复杂性和重要性并未提高，尽管工作还是同样的工作，但是因为官员人数和层级数增多，使得工作流程和繁文缛节增多，从而在相互之间制造了许多工作。

劳伦斯·彼得关注的是官僚制组织员工在能力上的欠缺问题，在分析了数百件工作不胜任的案例后，他得出了被称为"彼得原理"的公式，即当层级组织里有足够的阶层可供提升和成员有足够时间去完成晋升时，"在层级组织里，每位员工都将晋升到自己不能胜任的阶层"，以及该原理的推论"每个职位终将由不能尽责的不胜任员工所占据"②。这是一个带有讽刺意味的结论，它说明官僚制组织不断提升努力进取的员工未必是好事，因为员工并不一定适应被提升后职位的要求，被提升后的工作可能是他们力所不能及的。彼得认为，由于下属害怕报复，他们不会指明领导

---

① 彭和平、竹立家编译：《国外公共行政理论精选》，中共中央党校出版社1997年版，第200页。

② ［美］劳伦斯·彼得：《彼得原理》，中国文联出版公司1996年版，第7—8页。

的不胜任，这使不胜任的领导可以在一段时间内维持自己的地位，直到上一级领导发现并将其替换。随着层级增多，员工被提升的空间越大，官僚制组织中不胜任员工的比例也越大，这都将导致低效率。对于仍能正常运转的官僚制组织来说，它们的工作任务多半是由那些尚未到达不胜任阶层的员工来完成的，一旦这些员工获得提升，到达不胜任阶层，官僚制组织的工作任务将难以有效达成。彼得原理是值得人们深思的，它告诫行政领导要知人善任，根据下属所长来安排职位，使每一位员工都处于胜任状态。同时，高级职务不能作为员工勤恳工作的奖赏，人与事之间只有协调一致才能保证组织目标的得到实现。当然，彼得对官僚制组织的一些看法过于极端了，他认为每位员工都将成为不胜任的人，这实际上否定了员工经培训等方式发展自身的可能性，而且即使员工成为某一职位的不胜任者，罪责也不应完全由员工来承担，因为员工与其所在职位的正确搭配需要靠健全的行政领导与制度。

本尼斯同样认为官僚制弊病重重，他曾撰文指出官僚制存在十项明显的缺陷①。他认为，官僚制"是一种在观念上适应维多利亚帝国的价值和要求的组织"，随着时代发展，这一组织形式已不适应需要，而且新的组织已在实践中产生，这些未来的组织形式具有不同于官僚制的一些特点。比如，从环境来看，面对的是相互依赖而非相互竞争，混乱与不确定性而非安宁与确定性；从人口特征来看，教育普及要求组织有效利用脑力，工作的机动性增强；从工作价值来看，未来组织需要员工更多的投入、参与和自治；从任务和目标来看，更为技术化、复杂化和非程序化；从组织来看，呈现适应性强、可快速变动、能够解决问题、有机构成、临时性等特征；从动机来看，受教育的员工将追求有意义的、满意的、有创造性的工作②。根据上述剖析，本尼斯认为官僚制已经衰落，并提出了官僚制即将终结的口号。

应该承认，这些学者对官僚制的批评都有一定道理，但是，官僚制不

① 唐钧：《官僚制的挑战——兼论对我国行政管理的启示》，载《云南行政学院学报》2001 年第 3 期，第 24 页。

② Warren Bennis, "Organizations of the Future", in Jay M. Shafritz & Albert C. Hyde (eds.), *Classics of public administration*, Chicago: The Dorsey Press, 1987, pp. 325 – 333.

适应行政管理需要这样的论断则是值得商榷的，官僚制已从高效率工具变为低效代名词的判断也未必是事实。官僚制与官僚主义并不能等同，前者并不必然导致后者。尽管非官僚制的一些组织形式也取得了高效率，但就国家治理来说，特别是在避免重复性生产、服务于弱势的社会成员方面，官僚制形式仍具有无可比拟的优越性，实践中官僚制的欠缺只是说明行政改革的紧迫性，在没有充足理由之前官僚制不会退出历史舞台。况且，官僚制组织本来就不只是高效率的工具，也并不见得越高效越好，效率并不是公共行政的唯一甚至最高的价值。甚至韦伯本人强调的也主要是官僚制的理性因素而非其效率，"批评者们都以'效率'代替了韦伯官僚制分析中'理性'这个中心概念，把经验观察得来的低效率或功能失调现象作为官僚制的弊病而加以抨击，忽略了韦伯官僚制组织是一种理想建构的纯粹类型，它本身要尽可能充分地兼容现象所有层面的意义以达到逻辑上的内在一致性，然而正因为如此，现实中的现象几乎不可能以这种理想建构的形态出现"①。就批评者们所提出的官僚制的替代品来看，如分权、直接民主、合同制、各种临时安排、项目管理矩阵结构，等等，也都存在这样或那样的问题，因此完全替代是不可能的，并存才是恰当的选择。另外，官僚制的问题究竟在于官僚制本身，还是在于官僚制的不完善，抑或在于官僚制的过度发展，这是需要实证调查和研究的。不过，批评者们所断言的行政官僚制在效率方面的局限性，这与马克斯·韦伯的观点显然不相吻合。在韦伯看来，纯粹的官僚体制的行政管理具有精确、稳定、有纪律、严肃紧张和可靠的特点，纯粹从技术上看可以达到最高的完善程度，在所有这些意义上是实施统治形式上最合理的形式②，而批评者们则指责其过于刻板，不适应环境变化，束缚人的积极性，容易墨守成规。立足于此，他们提出要摒弃官僚制、打破官僚制，主张"非官僚化"，以解决官僚制的低效问题，这使得官僚制范式的根基开始动摇。

---

① 黄小勇：《韦伯理性官僚制范畴的再认识》，载《清华大学学报》（哲学会科学版）2002年第2期，第53页。

② ［德］马克斯·韦伯：《经济与社会》上卷，林荣远译，商务印书馆1997年版，第248页。

二　虚幻的政治与行政二分法

政治与行政二分法被形容为"美国公共行政的至理名言"①，并被许多学者看做是公共行政官僚制范式的核心内容。根据这个二分法，政治领域被看做与政策制定有关，涉及民意的表达、聚合，涉及权力斗争及其运作；而行政领域则被看做是与政策执行有关，只专注于事务性工作，遵循常规与可预见性。政治领域是政治家活动场所，他们在其中参与争斗与角逐；行政领域是官僚的自留地，他们在其中只是机械地执行政治家的指令。政治与行政二分法带有很浓厚的理想色彩，而且我们已经谈到，行政学先驱们对政治与行政关系的看法是非常辩证的，他们的观点与被奉为范式核心的二分法有一定距离。

从政治与行政二分法的提出来看，是为了防止行政管理活动受到党派斗争的不恰当干扰，以提高行政效率，因而其初衷是好的。甚至在今天，避免政治上的动荡损及行政管理工作的正常进行仍然具有积极意义，文官的政治中立原则也是资本主义国家政治与社会生活的稳定所必需的。但是，政治与行政无论从理论上还是从实践上看都是紧密相连的。有鉴于此，一些学者以为政治与行政二分法能受到这样广泛的认同殊为奇怪，而以古利克为代表的另一些学者则认为，在政党分肥制时期政治与行政二分法将行政从政治的腐败和低效率中分离出来的做法是正确的②，只不过它在当代已不适用。

在第二章中，我们介绍了德怀特·沃尔多和弗雷德里克森对政治与行政二分法的批评，实际上，这个名单还可以列得更长。笔者赞同批评家们对政治与行政二分法的看法，二分法想把政治领域与行政领域截然划分开来，这是不现实的。尽管政治与行政的确有着不同，但是两者之间的区别并不能等同于两者之间的割裂，在看到政治与行政之间区别的同时关注两者的联系也是非常有必要的。为了系统地说明政治与行政的不可分割性，如下几个方面的探讨将给我们以启迪。

---

　　① 　［美］罗伯特·丹哈特：《公共组织理论教程》，项龙、刘俊生译，华夏出版社 2002 年版，第 36 页。

　　② 　同上书，第 37 页。

（一）政治与行政之间并无明确的分界线

正如一些学者所指出的，政治活动何时结束，行政活动何时开始，我们不可能作出精确判断。彼得斯曾说道："在谈论政治过程时不考虑行政是无意义的，反之亦然。政治与行政是两个分立、可解析的构成，但它们在相当大程度上被整合进同一个政治过程。"① 因此，谈论政治与行政的区别只具有语言学的意义，行政活动总是涉及政治权力的运作，而政治斗争也会波及行政管理，现实生活存在的总是政治过程中的行政与行政过程中的政治。

假如行政管理的确需要政治意志指导的话，那么这个政治意志不只存在于选举之中，它也形成于行政机关及其工作人员与公众的交流之中。此外，要辨别出哪些机构和官员主要参与政治活动，哪些机构和官员主要参与行政活动，这是非常困难的事情。对于大多数机构和官员来说，同时卷入政治活动与行政活动是常态，所以，古德诺很早就谈到过："尽管人们能够区分开政府的两种主要功能，但却无法严格地规定这些功能委托给哪些政府机关去行使。"②

（二）公共行政的运作始终受到政治环境影响

以霍哲为代表的一些当代行政学家把公共行政看做是"政治＋管理"③，这说明政治是公共行政的属性之一，而其显著表现就是政治环境对公共行政的制约。弗雷德里克森曾经指出："影响公共行政的首要要素，也是最重要的要素，乃是政治。欲理解和培养公共行政之精神，便必须懂得政治，理解政治，并了解政治的局限性。"④ 一位拥有行政管理专业技能和掌握行政活动各种规律的官僚并不一定能够很好地服务于民，除非他也懂得如何更好地倾听民众及其代表的意见。不过，当民主制度不能使民众的真正声音传达给官僚时，官僚可能就会在被"误认"的民意指

---

① Kasper M. Hansen and Niels Ejersbo, "The Relationship between Politicians and Administrators - A Logic of Disharmony", *Public Administration*, Vol. 80, No. 4, 2002, p. 738.

② ［美］F. J. 古德诺：《政治与行政》，王元译，华夏出版社 1987 年版，第 9 页。

③ 张梦中：《论公共行政（学）的起源与范式转变（上）》，《中国行政管理》2001 年第 6 期，第 24 页。

④ ［美］乔治·弗雷德里克森：《公共行政的精神》，张成福等译，中国人民大学出版社 2003 年版，第 48 页。

引下行事。特别是对于当今的发达资本主义国家来说："像政党和压力集团这类私人组织都与行政管理有密切的关系，它们会参与国家政策的制定，决定其特点与'政治议程'。"① 与此同时，普通民众对行政活动的影响微乎其微，他们对行政的政治环境所能有的贡献主要体现在选举之中，平时民意的表达非常有限，也常常是不真实的。

此外，还要注意的一点是，行政活动不只是被动地适应政治环境，它也会以各种方式改变自身所处的政治环境，例如行政绩效的提高有利于强化政府合法性，而行政管理方面的重大差错往往会使执政党或政府丧失民意支持。

（三）作为政策执行的行政活动归根结底是要实现政治活动所涉及的利益分配

戴维·伊斯顿曾经给政治下过一个定义：政治即为一个社会进行权威性的价值分配②。这个定义存在不完善的地方，不过，政治活动所围绕的的确是在全局性的利益之争中谁获胜的问题，或者如拉斯韦尔所说的"谁得到什么？何时和如何得到？"的问题，故而恩格斯也曾经指出：政治权力不过是用来实现经济利益的手段。

为了在利益争斗中获得更大份额，相关群体必然要关注政策的制定，因为利益分配是通过政策来实现的。同时，为了确保政策制定时被许诺的东西能够最终获得，关注行政活动就是不可或缺的，政治活动所达成的利益分配没有行政活动的开展是无法想象的。

政策出台只是一种官方声明，执行的好坏才决定政策目标能否实现及实现程度，才决定利益分配的最终格局。由于政治活动必然延续到行政活动之中，因此只有积极介入并完善行政管理才能使政治过程更加完整。

（四）政治决策需要预先考虑行政可行性

前面我们已经谈到，制定政策时，不仅要考虑经济、技术可行性，也要考虑备选方案在政治上能获得多大的支持。同样，在作出政治决策前也

---

① ［英］约翰·格林伍德、戴维·威尔逊：《英国行政管理》，汪淑钧译，商务印书馆1991年版，第7页。

② ［美］伊斯顿：《政治体系：政治学状况研究》，马清槐译，商务印书馆1993年版，第122—123页。

不能只考虑所要达到的政治目标，因为政治目标是否能在执行中实现需要取决于其执行的可能性，也就是说，人力、物力、财力、技术上的相关条件是否充分。尽管执行的可能性不等于必然性，但是假如不预先估计执行过程中的各种问题并设计相关对策的话，政策制定很难取得成功，许多政策执行后所出现的非预期性后果就能够说明一切。因此，政治先于行政的说法很不恰当，一是政策制定先于政策执行只在一定意义上正确；二是政治并不等同于政策制定，行政也并不等同于政策执行。

如果说政策体现的是民意的话，那么在民意转化为政策之时肯定要以某种方式将执行的成分加入其中，没有行政的政治终究是不可能的。在冷战时期，大量政策制定出错，仅仅因为受"铁幕"影响政策制定常常没有充分考虑如何执行，而有时在宗教、意识形态等非理性因素作用下所制定的政策也在事后被证明是完全错误的。尽管这并不意味着所有这类非理性的政策都不应制定，但是，如果纯粹基于政治考量的政策制定先于纯粹的政策执行，那么其后果将是灾难性的——虽然这种两阶段的划分更加符合政治与行政二分法。当然，前述论证还说明一点：即使政策制定由政治家所垄断，他们也离不开官僚来提供给他们有关执行及其后果方面的相关信息；即使官僚完全被隔绝在政策制定之外，掌握政策制定权的政治家也需要自己预先考虑执行中的有利及不利因素。格林伍德和威尔逊曾这样说道："任何政策性的决定在某种程度上都要考虑如何执行的问题。例如，任何政府在知道如何实施以前，实际上都不可能作出这样的政策性决定：把某个人送上月球。"① 从这一点来看，前面的观点需要作一些补充，政治环境的确是影响公共行政的首要要素，而有关行政的方方面面也是政治活动需要把握的。

（五）官僚在事实上参与政治决策

由于行政权与官僚自由裁量权的增长，这一点已被广泛承认和接受。在当代行政学家看来，政治家负责决策、官僚负责执行的假设早已站不住脚，事实上，不仅政治家深深介入各类政策的执行和实施之中，行政官僚

---

① ［英］约翰·格林伍德、戴维·威尔逊：《英国行政管理》，汪淑钧译，商务印书馆1991年版，第6页。

也在相当大程度上介入政治层面观点与目标的形成①。因此，尽管这些官僚从事的主要是日常行政管理活动，但他们的决定的确影响了许多人，完全否认其有决策权显然是不可取的，而且官僚的日常决定尽管看上去毫不起眼，但对民众来说却意义重大。有鉴于此，以诺顿·朗为代表的一些学者认为："官僚机构就在政策之中，就在重大的政策之中。实际上……官僚机构每天都可能是我们的政策发起的源头。"② 当然，承认官僚参与决策只是一种经验上的判断，在价值判断上官僚决策仍可能被看做一种不正常的现象，是对政治与行政二分法的背弃，是不可取的。一旦这种批评成立，回归到政治家主管政策制定，官僚只负责实施的轨道上就是理所当然的了。然而关键在于，一些学者不仅认为官僚在事实上参与政治决策，而且主张应当鼓励他们作出决策。保罗·阿普尔比很早就认为行政人员参与决策在民主社会中是完全正确的③，而新公共行政学派的许多成员也持同一立场。考虑到现代社会行政事务的日益繁复，官僚决策不仅是必要的，也是不可避免的。

里德利曾说过，行政管理不可避免地是政治系统的一个分系统，不仅和前者起作用的全过程有关，而且是由它的一些基本组织决定的，并要受它的准则影响。如果说不联系政治环境，就不能了解行政系统……那么，不研究行政活动，就不能了解政治系统④。基于以上分析，我们可以得出这样一个结论：政治与行政从来没有，也不会有分离的可能。尽管政治不同于行政，但无论是要理解政治还是要理解行政，都需要先明白两者事实上结合成了一个整体。在这之后，我们才能去区别行政以把握政治，区别政治以把握行政，并从联系的观点来看待各自的不同特点。

---

　① Kasper M. Hansen and Niels Ejersbo, "The Relationship between Politicians and Administrators – a Logic of Disharmony", *Public Administration*, Vol. 80, No. 4, 2002, p. 734.

　② ［美］罗伯特·丹哈特：《公共组织理论教程》，项龙、刘俊生译，华夏出版社 2002 年版，第 92 页。

　③ 同上书，第 38 页。

　④ ［英］约翰·格林伍德、戴维·威尔逊：《英国行政管理》，汪淑钧译，商务印书馆 1991 年版，第 11 页。

三　环式民主的缺陷

需要指出的一点是，作为官僚制范式核心内容的政治与行政二分法并不只是想从政治腐败中拯救行政，代议民主也被认为能够通过这种相对简化的两阶段划分而得以实现。在官僚制范式下，民主体现为一系列环环相扣的链条，"它开始于个人倾向，然后集中于大众意愿，由立法机构编纂成法典，再由各级官僚机构来实施，最后由专门的选民进行评估"。这可称作民主代表负责制的反馈循环民主模式，有人称之为"环式民主"①。从逻辑上说，环式民主无懈可击，只要各环节正常运转，民意的表达必然导致其实现，民众所拥有的主权就得到了尊重。问题是，环式民主所依赖的假设太多，这些假设很难完全成立，从而使每一环都有出错的可能。这里我们将探讨其中三个假设。

（一）选举结果是否体现了可以表达出来的大众意愿

对此很多学者持否定态度，其中熊彼特等人甚至拒绝承认大众意愿的存在。倘若事实的确如此的话，民主就与人民意志毫无关系，环式民主链也就根本无法启动。不过，更多的人还是赞同人民意志的确存在，而且人民意志受到尊重正体现在选举结果被各方所接受上，萨托利曾指出："假如民主把决定民主命运的权利授予全体人民，那么反映着对统治者普遍同意的舆论，或反过来说，反映着对它普遍反对的舆论，就是并且只能是全体选民在选举中表达的舆论。"② 但是，正如前面谈到不能低估选举作用一样，对选举结果与民意表达之间的联系也需持谨慎态度。选举结果是各种因素作用的结果，而且资本主义民主制度的设计使普通民众通过选举来表达喜好的这一渠道作用有限，例如，既有的两党制格局只提供给民众非此即彼的选择，美国总统选举可能出现获选民票较少当选的少数派总统，选举过程所需要的巨额花费常常使有才能的候选人望而却步。在多党制中，小党可能因为相对多数代表制的实行而使自己的候选人无法或难以当

---

① ［美］查尔斯·J. 福克斯、休·T. 米勒：《后现代公共行政——一种话语指向》，楚艳红等译，中国人民大学出版社 2002 年版，第 5 页。

② ［美］乔·萨托利：《民主新论》，冯克利、阎克文译，东方出版社 1998 年版，第 100—101 页。

选。政治科学家们通过大量的调查发现，选民投票时的动机具有多样性，他们可能在家庭影响下进行投票，他们可能按照习惯投票给同一个政党，他们可能因为仅仅喜欢候选人的风度气质投票给他。这说明选举前并非每个选民都会全面地权衡候选人的政策主张并进行有关利益得失的理性思考，选举结果反映出来的东西不能作过高估计。选举过程中民众也常常容易受到新闻媒体和公共舆论的影响，然而资产阶级公共舆论并不具有真正的公共性，事实上，政治家和各政党控制及操纵舆论的现象极为多见。现实政治中，候选人为了能够当选而有意引导舆论、制造有利于己的新闻也早已不是新鲜事，因此要把每次选举结果都理解为民意的表达，这多少会有些牵强。当然，假如选举是自由的、公正的，它对于民主就具有重大意义，民众所拥有的最后决断权就是真实而有效的。选举完全可以在脱离人民意志的情况下成为民主的代名词，熊彼特就是这样做的。尽管如前所述，他把人民意志看做是虚无缥缈的东西，但他却把竞争性选举看做是民主的重要内涵。"民主方法就是那种为作出政治决定而实行的制度安排，在这种安排中，某些人通过争取人民选票取得作决定的权力。"① 如此理解的民主仅限于民众对统治者的选择，环式民主的第一个假设已变得无足轻重——不论是否存在人民意志都不影响选举对民主的意义。

（二）政治家制定的政策真的符合大众意愿吗

从实践来看，这是一个非常复杂的问题，持肯定回答的学者认为，政治家必须时时关注民意，必须通过能带给民众以利益的政策取得他们的信任，完全不顾民意必然会在下次选举中遭到选民抛弃。这种看法与环式民主相契合，对此希尔斯曼的观点可作代表。他认为："由于行政和国家的政策制定者认为，人们对政策的选择会影响他们的投票行动，还由于政策制定者也充分了解选民会因为以往的政绩不佳、政策效果不好而采取报复行动（不管他们最初是否赞成这项政策），总统和其他政策制定者必须不断地对选民在政策方面的意愿作出判断，并根据这种判断来制定政策。"② 持否定态度的学者则认为，政策与大众意愿之间的相关性是脆弱的，当选

---

① ［美］约瑟夫·熊彼特：《资本主义、社会主义与民主》，吴良健译，商务印书馆1999年版，第395—396页。

② ［美］希尔斯曼：《美国是如何治理的》，曹大鹏译，商务印书馆1986年版，第424页。

政治家不见得会兑现选举时的承诺，不见得总是听从舆论的指引，各种政治力量也未必允许他这样做。这两种观点都有一定的合理性，其中肯定回答并未排除政策与大众意愿脱节的可能，否定回答尽管过于悲观但的确值得深思。为了说明这种脱节的可能性，我们需要作进一步的分析。

首先，政治家为什么能够不兑现选举承诺？不兑现选举承诺是因为选举结果只表明当选政治家受到人民支持，并未表明他的政策主张中哪些是大多数民众赞同的，哪些是大多数民众反对的，而且为吸引更多选民的支持，如今候选人的政策主张越来越模糊和趋同。选举所传达的信息有限，民众意愿被简化为"支持谁"，从而给当选政治家提供了寻找借口的机会。在这样一种情况下，政治家制定政策时不会细想民众意愿如何，而只会考虑现实政治的需要。更何况政治家可能因制度安排而不允许连任，或者对连任并不大在意，从而导致其行为并不遵循选举结果。对此，经济学家尼斯坎南指出："所有政治家中，最危险的就是那种对自己的连任或政党的未来漠不关心的人；当然，这种情况给治国才能和阴谋诡计二者都提供了机会，但却使投票者置身于绝对依赖政治家的动机和对其权力的约束的不幸境地。"①

其次，政治家为什么能够不听从舆论的指引？原因在于，舆论虽然是民众意志的经常性表达，但西方发达国家的政府却擅长于改造舆论。新闻自由虽然已得到广泛认同，但在报道什么及如何报道方面受政府的限制却非常多，而且媒体一般只能在限定的框架内进行报道，若被政府认为造成"严重"影响将被追惩。尽管我们前面说过，舆论监督的作用绝不能低估，但是经过改造的舆论显然缺乏真实性。关键问题在于，新闻自由不能只停留在口头和形式上，民众应有批评政府和提出建议的自由。媒体报道不能局限于政府定期或不定期所举行的记者招待会、新闻发布会，不能只传达政府所认可的消息。否则的话公共舆论就不能起到对现实政治的批判作用，而只是一味默许和纵容。这所导致的恶果就是政治家制定政策时不认真倾听民众的意见，而是常常利用新闻媒体来做舆论造势的工作，借以宣传并增强拟议政策的合法性。在这种情况下，民意不是影响政策制定的

---

① ［美］威廉姆·A. 尼斯坎南：《官僚制与公共经济学》，王浦劬等译，中国青年出版社2004年版，第130页。

重要因素；相反，政治家为使自己制定的政策获得支持而制造了他们需要的民意，尽管现实并不总是如此。

最后，政策制定通常是一系列复杂政治斗争的产物，各种政治力量为在其中获取更大利益，必将千方百计地利用现行政治安排来影响政策制定，因此政策制定更带有妥协的色彩，而非政治家变民意为政策的理想产物。此外，在分权制衡体制下，所谓政策最后确定权的提法是不恰当的，即便政治家想要遵循民意指导来制定政策，仍需要争取各方的支持，因为"政策一般并不是属于某一个人的领域，而是很多人——而且确实也是很多组织——互动的结果"①。在这个过程中，民众意愿可能被现实政治需要挤掉很多成分，况且政治家自身未必就具有良好品德和远大抱负。政客所采取的策略只以自利为基础，公共选择学派以理性人假定来分析政治家的行为，得出了一些非常有意义的结论。

（三）官僚是否能够并且愿意不打折扣地实施政治家所制定的政策

对于这个问题，有较多的人持否定态度，其论据如下：

第一，政治家制定政策时只考虑实际政治的需要，官僚执行政策时除了考虑政治家对其所下的指令之外还遵循专业技能的指导。政治家所制定的政策可能过于理想化、缺乏可行性，官僚机构会在执行中予以变通和删改，官僚机构所具有的专业信息也反过来影响着政治家。

第二，政治家可能在各方压力之下仓促制定某些政策，官僚机构则在政治家默许之下使这些政策变成象征性政策，它们"分配的有利或不利条件很少对人们产生实际的效果，它们并不交付表面上许诺的东西"②。尽管象征性政策是政治家基于现实政治需要的考虑而制定的，但官僚机构的配合也往往是很重要的。在复杂的政治世界中，政治家与官僚之间不仅是领导和被领导关系，也是互相协助和共事的关系。

第三，官僚机构和官僚个人都并非呆板的机器人，他们拥有情感、信仰和自利动机，这会改变他们对政治家的忠诚度。对此，库尼奥卡和瓦勒说："由于政治家只能影响理性动机，他们对官僚行动者的影响必然是不

---

① [美]罗伯特·丹哈特：《公共组织理论教程》，项龙、刘俊生译，华夏出版社 2002 年版，第 94 页。

② [美]詹姆斯·E. 安德森：《公共决策》，唐亮译，华夏出版社 1990 年版，第 159 页。

充分的。"① 在官僚制范式下，官僚被要求在行政过程中排除人格化因素的干扰，以便能全力实现政治家所制定的政策，确保高效。然而，官僚事实上不是无情感的动物，而且他们的情感并非必然妨碍其高效完成工作，正如管理学家们对非正式团体研究所揭示的那样。官僚与公众也没有完全隔绝，负责任的官僚很难做到只听命令不作思考，他自己同样在公众压力之下工作。当制定出来的政策不符合他们的价值观时，当他们发现政策损害了目标群体利益或激起了公众不满时，官僚会积极谋求政策调整。此外，在执行政策的过程中，官僚机构和个人可能通过要求更多预算等方式来为自己捞取利益。虽然并非每一个官僚都自私自利，但"在官僚政治环境下，一个具有服务于个人目标或公共利益的不同观念的人，则常常足以阻碍其他人服务于他们认为的公共利益"②。

第四，环式民主假定政治家能够完全控制官僚，现实生活中官僚却经常凭借专业知识架空政治家。面对越来越复杂的经济与社会问题，官僚机构如今的发言权越来越大，而政治家控制官僚的手段则越来越有限，这使其对政策执行的监督很难做到全面。在这种情况下，官僚不仅不会原原本本执行政治家的政策，而且他们自身也参与决策，甚至政治家所制定的大多数政策也越来越依赖于官僚机构所提供的信息与建议。

上述分析已使环式民主的缺陷显露无遗：官僚在执行政策时可能违背民选代表的指令；政治运作过程可能使民意被歪曲；政治家和官僚可能以各种借口推诿责任……有鉴于此，学者们提出了改革官僚制的不同思路，如宪政主义和制度主义提出要根据宪政原则来将公共行政合法化，强化官僚的自由裁量权；社群主义途径则要求采用公民与公共管理者的直接接触来替代单线的环式民主。后一种途径更多地体现在新公共管理以顾客为导向的主张之中，就此而言，新公共管理不只是关注效率，它也试图在提高效率的同时尽量克服环式民主所内在的这些缺陷，我们将在下章再探讨这个问题。这里还要指出一点，环式民主具有缺陷并不等于不是民主，福克

---

① Todd T. Kunioka & Gary M. Woller, "Bank Supervision and The Limits of Political Influence Over Bureaucracy", *Public Administration Review*, 1999, Vol. 59, No. 4, p. 310.

② ［美］威廉姆·A. 尼斯坎南：《官僚制与公共经济学》，王浦劬等译，中国青年出版社2004年版，第38页。

斯和米勒在批判环式民主的缺陷之后就曾这样说道："我们并不想让人下这样的断言：因为环式结构在每一个连接点都有缺口，且选举政治与现实的政治活动相脱离，不过是一个形象标志，因此美国根本不存在什么民主责任制。我们的批判不应该走到那样的极端，我们只想重申，政治和公共政策总是受到各种不同的、来自多方的力量的影响，因而不是简单的环式民主责任就能说得清楚的。"①

四　官僚责任的难题

那么，官僚责任到底具有什么样的特点呢？为了解答这个问题，就需要我们回溯到 20 世纪三四十年代，并重新审视卡尔·弗里德里克和赫尔曼·芬纳就行政责任性质问题所展开的那次经典辩论。这次辩论所针对的问题至今仍未完全解决，表现在"虽然大家都同意政府中的责任是必要的，但是在任一时期都不存在哪种机制应占主导的共识。结果是公共官僚仍必须在'一张多重的、相互交叠的关系网'中工作"②。当然，辩论的展开也使问题得以浮现出来，并在后来激发了更多有创见的观点。

论战是由弗里德里克首先引起的。他在 1935 年的《美国宪法下负责任的政府服务》一文中指出，有一种心理的因素补充了客观责任。芬纳则在次年发表的《更好的政府员工》这篇文章中认为，尽管道德规范、内心自律以及所有使它们发挥作用的办法，为行政管理具有创新性、灵活性以及富有成果提供了保障，但在现今还没有任何东西比基本的政治控制和政治责任更为重要③。之后，弗里德里克又在 1940 年写了《公共政策和行政责任的性质》，芬纳在 1941 年写了《民主政府中的行政责任》，对这个问题进行了更深入的探讨。他们的观点都有追随者，其中新公共行政学派的学者认同于弗里德里克，而以维克托·汤普森为代表的一些学者认同于芬纳。

---

① [美] 查尔斯·J. 福克斯、休·T. 米勒：《后现代公共行政——一种话语指向》，楚艳红等译，中国人民大学出版社 2002 年版，第 17 页。

② Nancy C. Roberts, "Keeping Public Officials Accountable Through Dialogue: Resolving The Accountability Paradox", *Public Administration Review*, Vol. 62, No. 6, 2002, p. 658.

③ [美] 特里·L. 库珀：《行政伦理学：实现行政责任的途径》，张秀琴译，中国人民大学出版社 2001 年版，第 126 页。

弗里德里克认为，行政责任是主观的道德责任，因而确保官僚负责的途径主要是自我控制，除此之外的其他控制途径在有效性方面存在问题，而且只能避免错误，不能起到积极的作用。在《公共政策和行政责任的性质》一文中，他告诉我们："具体的客观控制机制已经很难应对现代政府的复杂性和需要有创造性和非常规的方法来解决问题的要求。行政人员在做出决定时，越来越多地要依据他们的专业技能和对'大众情绪'的了解，而不是此前上级的命令或指示。在这种情况下，行政人员个人的责任感，即约翰·考斯所称的'自检'，便常常成为了决定性的因素。"① 弗里德克里的论证从这样一个前提开始，即行政管理过程中所面对的真正问题不是要控制行政人员的行为，而是如何确保有效的行为。负责任的行为体现在行政官僚为实现政府目标而采取的有效措施上，无所作为与错误行为都是不负责任。由于现代政府行为的复杂性，民众及其代表对于即将发生的行为或至少将要实现的目标无法深入理解，因此何谓有效或正当行为拥有专业知识的行政官僚最有发言权。在弗里德里克看来，立法机关的外部控制并不能够确保行政责任，因为民主过程作为进行管理的手段存在固有缺陷，民主过程不能确保对大众的偏好负责，而且认为民众的情感能作为评判政府行为的基础这种看法也过于简单化了。弗里德里克进一步论证道，他拒绝采用议会民主制来作为解决责任问题的回答，理由在于所谓"人民意志"的观念是虚幻的、形而上学的，而且由民众代表构成的议会不能体现和代表人民意志，即使人民意志存在。弗里德里克认为，虽然人民意志不存在，但却存在由不同个体和集团偏好、观点、特殊情况所合成的社群共识，这一共识不会体现在立法过程之中，而是体现在政策执行过程中行政官僚与民众的共动之中，因此更能解决社群所面对问题、满足社群成员需要、回应社群呼声的人是行政官僚而非民众代表②。既然如此，在解决行政责任问题的过程中，所要考虑的不是如何控制官僚——事实上民众及其代表也很难控制专业性强的官僚，而是要把行政官僚看做是可以

---

① ［美］罗伯特·丹哈特：《公共组织理论教程》，项龙、刘俊生译，华夏出版社2002年版，第96页。

② ［美］O. C. 麦克斯怀特：《公共行政的合法性——一种话语分析》，吴琼译，中国人民大学出版社2002年版，第29—32页。

信赖的人,赋予他们必要权力并尊重他们对公共事务所作的判断,利用官僚的专业技能及其道德感来促成有效的行政行为,推进民众的利益,从而实现对民众负责。弗里德里克还比较了官僚在行政过程中所负责任和法官在审案过程中所负责任,他指出:"司法决定相对来说是负责任的,因为法官必须根据一套合理化的、先前确立的规则来对他们的行为负责。一名法官对这些规则的任何偏离,都会遭到同僚——也就是所谓'法律同行'们的指责。同样,寻求运用科学'标准'的行政官员不得不根据一系列合理化的、先前确立的假说来对他们的行为负责,任何对这些假说的偏离都会招致所谓'科学伙伴'的广泛批评。"①

芬纳所持的立场与弗里德里克相反,他认为行政责任主要是客观的政治责任,而非主观的道德责任,纵然道德责任在理论上可能成立,但在实践中只有将法律和制度控制应用于行政管理之中才能产生负责的行为。芬纳把行政责任看做是一种解决纠正问题和处罚问题的办法,甚至可以用它来罢黜行政官僚。他对行政责任的看法建立在其对民主政府的三个信条基础上,这三个信条分别是:(1)公共统治要求行政官僚为公众需求工作,而非为官僚自己所判断的公众需求工作。(2)公共统治要求建立起以地方民选组织为中心的社会公共机构。(3)公共统治不仅要求民选组织向政府表达和引导公众需求,而且要求它决定公众需求应如何贯彻实施才能得以满足。芬纳认为,根据这三个信条,外部控制才是保证行政责任实现的必要因素,过于信赖行政人员的道德良知只会导致权力滥用②。在芬纳看来,弗里德里克否认人民意志存在是不正确的,拒绝采用议会民主制来解决行政责任问题同样是不恰当的,人民意志的确存在于立法机关所制定的法律之中,强化议会对行政官僚的监督和控制绝对是有必要的。芬纳也反对过于依赖官僚及其判断来推进公共利益,因为少数官僚可能在个人利益作用下损害公共利益,而且很难保证官僚对公共利益的判断能为民众所接受。有鉴于此,芬纳阐述道:"应该让立法者,而且实际上他们也应该

---

① Carl J. Friedrich, "Responsible Government Service Under the American Constitution", in C. J. Friedrich, etal., *Problems of The American Public Service*, New York: McGraw - Hill, 1935, pp. 36 - 37.

② [美]特里·L. 库珀:《行政伦理学:实现行政责任的途径》,张秀琴译,中国人民大学出版社 2001 年版,第 126—127 页。

在仔细研究所能得到的技术证据后，为他们的意图提供准确的解释并经常考察政策的实施情况。只有通过民选官员对官僚人员的监督和控制，才能保证后者对选民们负责。看起来只要有主观责任感就可以，但实际上还需要更多的客观责任措施来防止社会利益受到政府专业人员无常行为的干扰。"①

　　从代议民主的角度来评价这场辩论，"芬纳与弗里德里克都提出了现代行政管理的民主被建构的方式问题"②。他们都注意到责任问题是代议民主非常重要的一个方面，要贯彻民主精神就必须确保官员对人民负责。"半个世纪之后，这场辩论已被自然地看作是对不同类型'责任'——外部责任或内部责任——相对优点所展开的争论。"③ 但在当时，两者似乎都只愿意承认自己所主张的责任形式才是真正有效的。弗里德里克指出，专业知识在行政管理中日益增长的重要性，说明一直以来立法机关对行政管理的外部控制过于简单化，强调行政官僚积极利用所学服务于公共利益才是真正负责的态度，这种看法有一定道理。但是，弗里德里克否定了政治控制行政管理的可能性，他把责任的实现完全寄托于行政官僚的道德责任感和善意，这一寄望过于理想。与之相比，芬纳指出，过于信任行政官僚有导致权力滥用及损害公共利益的可能，说明纠正和惩戒官僚违法行为的制度措施非常必要，强调民众及其代表应该而且也有能力控制行政官僚，这种看法具有积极意义。但是，芬纳隔离了行政官僚与公民之间的互动，他把责任的实现完全寄托在民选代表对行政官僚的监控上，这同样是不现实的。因此，弗里德里克与芬纳在这场辩论中都不是最终的胜利者，他们的观点都有局限性，没有看到行政责任复杂性的一面。正如库珀所指出的那样："分别强调相反的观点这一做法导致了争论的白热化，有时候甚至变得绝对起来，即那些持'内部控制'观点的人似乎准备抛弃法律、规则、制裁条款和科层制，理由是这些东西毫无价值；另一些持'外部

----

① ［美］罗伯特·丹哈特：《公共组织理论教程》，项龙、刘俊生译，华夏出版社 2002 年版，第 98 页。

② ［美］O. C. 麦克斯怀特：《公共行政的合法性——一种话语分析》，吴琼译，中国人民大学出版社 2002 年版，第 45 页。

③ Richard Mulgan, "'Accountability': An Ever - expanding Concept?" *Public Administration*, Vol. 78, No. 3, 2000, p. 557.

控制'观点的人则似乎建议将行政人员视为呆板的机器人，其内部控制
是无用的，也是不可能的。"① 当然，官僚制范式中所体现的主要是芬纳
的观点，前面对环式民主的剖析就说明了这一点。不过，芬纳自己似乎也
意识到环式民主所提出的单线责任链存在问题，这使他在看待政治与行政
关系问题上带有矛盾心理。也就是说，芬纳一方面"坚持认为，政治过
程能够产生有约束力的选择陈述，这种陈述是如此之明确和独立，以至于
它能够作为技术实施过程的责任感的标准。芬纳的这一观点其实就是说
'事实与价值是相分离的'。不过，他同时又指出，政治性的政策应当在
尽可能的范围内指导行政，他承认，在某种程度上，具体地执行政策的时
候，对于政策和技术的分离应当有一定的限制"②。芬纳意识到官僚有脱
离民选官员控制的危险，故而要求后者对自己所制定的政策提供意图解释
并时时监督其执行情况，然而这种要求超出了民选官员的能力，因为现代
社会许多复杂的行政事务是民选官员根本无法理解的，弗里德里克的观点
恰恰说明了这一点。这里的关键问题在于如何既发挥官僚的积极性、主动
性，又采取各种有效措施防止其失控，就此而言道德责任与政治责任、内
部控制与外部控制同样重要。有趣的是，弗里德里克和芬纳都假定等级制
权威的运用是必要的，责任问题由此衍生，这一假定后来受到了质疑从而
使其他责任表现形式得以出现。此外，芬纳观点中——正如官僚制范式中
一样——很重要的一点是，行政责任是一种间接的政治责任，这体现在官
僚并不需要直接对公众负责，他们只需要向民选官员负责，而民选官员则
在选举中向民众负责。这种间接的政治责任观显然不是完美无缺的，戴和
克莱因对此评论道："这种观点想当然地以为责任体系内部存在关联性，
因为它假定议员会自动对其选民负责，同时议员也会毫无疑问地控制住其
所要为之负责的组织。然而正如我们所看见的那样，过去 20 年间的争论
和发展表明这两个假定都靠不住。"③ 联动式责任观使公民在行政管理中

---

① ［美］特里·L. 库珀：《行政伦理学：实现行政责任的途径》，张秀琴译，中国人民大学
出版社 2001 年版，第 124 页。

② ［美］O. C. 麦克斯怀特：《公共行政的合法性——一种话语分析》，吴琼译，中国人民
大学出版社 2002 年版，第 39 页。

③ Patricia Day & Rudolf Klein, *Accountabilities: Five Public Services*, London: Tavistock, 1987,
p. 51.

的地位和作用完全被忽略了，公民只在政治过程中出场，在公共行政中则处于缺位状态。

总的来看，笔者赞同一些学者的看法，鉴于官僚制实践有诸多弊病，因此行政改革的推行有其必要性，官僚制范式也的确需要修正。一是严格形态的官僚制并不是高效的唯一组织形式，而且效率在行政管理中并非唯一的价值追求；二是官僚制范式所持的政治与行政二分法不仅与事实并不相符，而且是有害的；三是官僚制范式所构建起来的环式民主具有缺陷，公共行政所要求的公民参与被忽略了；四是官僚制范式对官僚责任的看法过于简单化，而且现实中责任落实情况并不理想。不过，"官僚制跟其他的事物一样，在其前提条件尚未消失以前，它就会顽强地存在下去"①。那么，继起的新公共管理范式是一个可行的选择吗？我们接着就来探讨这个问题。

① 宁骚：《行政改革与行政范式》，载《新视野》1998 年第 3 期。

第四章　新公共管理范式

　　"新公共管理"一词最早是由英国学者胡德于 1990 年提出来的，用来指代发达国家自 20 世纪 80 年代以来所发起的行政改革。这些改革先后实行具有特定的背景，即西方国家在凯恩斯主义影响下，政府干预范围和力度增大，干预的有效性却日益下降。特别是在第二次世界大战之后，这些国家行政权与政府职能都呈现扩张趋势，并导致政府各类人员增多，社会福利开支居高不下，财政赤字不断增大，再不推动改革将使政府合法性受损。尽管这些国家在此之前也有改革，"然而，1980 年以来，在许多国家开展的改革却具有一种国际性和政治特性，这使它与先前 25 年那种更地域性或技术性的变革有所区别"①。

　　英国、澳大利亚、新西兰作为实践新公共管理的先行者，取得了积极成果并促成了新公共管理演化为一种运动，使这个术语却很快赢得了许多政治家、政府官员及学者的赞誉。当然，在新公共管理因为能够增进政府管理效率而获得好评的同时，其所带有的浓厚的非政治化特性也引起了很多学者的关注。这种关注应予以肯定，因为新公共管理是好是坏不能简单地视其是否有利于效率来作出最终评判，评判必须是多方面的，其中包括探讨新公共管理运动对于民主而言意味着什么，本章即围绕此项工作展开。为了更好地切入主题，让我们先来看看新公共管理具有哪些共同特征。

---

　　① ［英］克里斯托弗·波利特、［比］海尔特·鲍克尔特：《公共管理改革——比较分析》，夏镇平译，上海译文出版社 2003 年版，第 19 页。

第一节　新公共管理的共同特征

被称为新公共管理的改革在不同国家具有不同特点，而且成效如何也有差异，但是，"不管采用哪一种改革模式，它们在与市场选择相对应的公共领域的选择中几无例外地都贯穿着韦伯式的传统公共行政与标志行政现代化的'新公共管理'这两种基本取向的比较和争论"①。因此，新公共管理运动在推动改革的精神方面仍有相通之处，其中最重要的特征包括如下四个方面。

一　企业化政府和引入竞争

企业化政府的举措既包括借用私营管理的理念，如注重产出与结果，而不是像以往那样只注重投入与成本，也包括广泛采用私营管理的成功技术与方法，如成本收益分析、目标管理、用户付费、绩效工资、合同聘用制、全面质量管理，等等。在《改革政府》一书中，奥斯本和盖布勒提出了企业化政府的十条原则，包括起催化作用的政府、社区拥有的政府、竞争性政府、讲究效果的政府，等等。作为新公共管理改革的核心内容，企业化政府的精髓是如何使政府部门更具有企业家精神，如何把私营管理经验全面应用于行政管理；其实质是将公共服务推向市场，让市场发挥更大作用；其方式是私有化、公司化、放松规制、建立内部准市场和创建外部市场以加强公共服务供应的竞争力。

为了在公共机构中引入市场竞争机制，西方发达国家的做法"主要是通过分权、分群等形式，实现公共服务的基层化、小规模化。在此基础上取消划片服务办法，给服务对象以选择服务机构的自由"②。另外，业务合同出租和竞争性招标也被广泛使用，常被出租给私营企业承包的项目包括垃圾处理、环境保护、医疗服务和学校教育等。政府还鼓励私人企业

---

①　国家行政学院国际合作交流部编译：《西方国家行政改革述评》，国家行政学院出版社1998年版，序言第 8 页。

②　周志忍：《公共选择与西方行政改革》，载《新视野》1994 年第 6 期。

投资和经营公共服务项目，放松政府对企业的管制，倡导公共部门各机构之间、公共部门与私营企业之间、私营企业与私营企业之间展开竞争，实行优胜劣汰以提高服务质量。公共服务竞争性加强有助于打破政府垄断，并在一些项目上带来高效而经济的服务。相比之下，原先政府垄断的做法常常使其摆脱了压力，缺乏对改进绩效的持续关注。此外，为实现"小而能"的政府，一些服务项目开始交由社区、自治组织来承担，因此公共服务不再被看做是政府所独有的职能。不过，需要注意的是，公共服务能够社会化的原因在于这些国家第三部门与非政府组织非常发达。

二　顾客导向和消费者主权

以顾客为导向是由新公共行政学派最先提出来的，不过，使其成为一个非常流行的口号则是新公共管理运动的功绩。为了明确顾客是谁，新公共管理运动改变了公共服务的方式，即从原先划片提供服务的做法转为小规模的服务提供方式，其典型代表为英国的"宪章运动"。顾客导向要求公共服务提供者尊重顾客，学习私营管理中顾客是上帝的精神，为此可以采取如下一些措施：一是开展顾客调查活动，了解顾客的要求；二是加强与顾客的联系，多进行回访和追踪；三是注意提供多样化服务，满足顾客不同需要；四是倾听民众的意见和要求，持续改进服务质量，等等。顾客导向被认为具有极大的优越性，因为"确定对顾客负责增加了公共组织改进绩效的压力，而不只是对资源进行管理的压力，这样可以为民选官员、公共管理者和雇员提供难以忽视的信息，而且还为公共组织设定了一个必须达到的正确目标：提高顾客满意度"[1]。当然，顾客导向的最终目的是为了扩大民众对公共服务的发言权，提高公共服务供应者对民众的回应性，使责任更明确同时也更为直接。

消费者主权与生产者主权是经济学中所使用的一对范畴，前者用来指称企业被动适应消费者需求并根据需求来进行生产，亦即消费者引导生产者的情形；后者用来指称企业主动创造消费者需求，消费者根据企业的生产进行消费，亦即生产者引导消费者的情形。如今生产者主权被用来形容

---

[1]　［美］戴维·奥斯本、彼得·普拉斯特里克：《摒弃官僚制：政府再造的五项战略》，谭功荣、刘霞译，中国人民大学出版社 2002 年版，第 44 页。

官僚制范式下的公共服务提供方式，消费者主权被用来形容新公共管理范式下的公共服务提供方式。在官僚制范式下，政府所提供的公共产品和服务是简单的、千篇一律的，而且政府提供什么，民众就只能消费什么。公共服务供应缺乏竞争性，民众也没有选择产品和服务种类、样式的权利，要么被迫接受公共部门所提供的服务，要么不能享有服务。反观新公共管理范式下，民众作为消费者有权自由地作出自己的消费决定，有权自主决定自己的欲望和需求。民众不再只是接受政府所供应产品和服务的被动消费者，相反，民众是可以"用脚投票"的消费者，他们可以迁往在公共服务供应方面质量更高的社区，而且消费者的决定将约束和影响公共服务的供应者，因为公共服务如上所述已推向市场，市场价格和竞争压力将迫使其回应消费者的愿望。就此而言，消费者主权是与前面服务市场化主张相连的，而民众作为消费者也只有在公共服务的市场化过程中才能真正拥有主权。消费者主权被认为能有效扩大民众的自由选择权，并敦促政府改进其服务质量，而这种持续影响在官僚制范式下是不充分的。

三 纵向分权和参与行政

传统官僚制范式是以集权的等级制结构为基础的，这种结构被人批评是僵化的、容易滋长官僚习气。新公共管理的倡导者认为，在现代社会环境复杂多变的情况下，实行纵向分权才是更为恰当的选择，即把中央政府职能转移到地方政府或准公共组织中去，削平层级并解除不必要的中间管理层。分权是对之前中央过度集权的一种回应，是以地方政府具有较强的自治能力作为基础的，它与前面的服务市场化观点密不可分，体现了目前公共行政领域所发生的一种变迁。与等级制结构相比，分权结构的优越性是明显的：能够对周围事物变化作出快速反应；更有效率也更具创新精神；政府对公众的回应性加强；政府官员的责任意识得到强化；官员与公众的关系更为密切，公众对政府的信任度更大；政府解决复杂问题的能力得到提高。

分权与公众的参与有密切联系，不过，这里的参与指的是新公共管理意义上的参与，是顾客与消费者的参与，而不是公民的参与。由于公共行政已在一定程度上被替换为公共管理，所以，公众参与的是管理活动，强调的是他们提供相关信息，决定自己所需的服务种类和样式。在新公共管理理论家看来，官僚制范式下公众的参与没有太大的实际意义，公众的作用限于选择代表他们来决定大政方针的政治家，除此之外，他们只是等候安排的消极的、被动的接受者。有鉴于此，新公共管理鼓励私营企业、非政府组织和广大公众直接参与行政活动，决定公共服务的供给。新公共管理也倡导社区自治，鼓励社区兴办公益事业，如养老院、助残中心等，发动社区家庭及其他志愿组织加入服务自己的行列，以节省政府开支、减轻政府负担。在新公共管理影响下，西方国家有关公共服务的许多决定都开始由消费者、社区和非政府组织作出，这种参与行政的趋势值得肯定，尽管存在问题。

四　让／使管理者去管理

让管理者去管理和使管理者去管理是新公共管理运动中非常响亮的两句口号，前者是澳大利亚行政改革的主要特点，后者是新西兰行政改革的主要特点。让管理者去管理的含义是通过分权赋予管理者更多自主权，放手让其进行管理；使管理者去管理的含义是改变政府管理人员的激励措施，并使之接受市场力量和合约的约束[1]。让管理者去管理更侧重提高管理者的自主权，使管理者去管理更侧重其所负有的适当责任，但在大多数国家管理者被授予更大职权的同时也伴随着承担更多责任，而且在一些国家让管理者去管理本身包含了使管理者去管理的内容。

不管怎样，高级行政人员如今已被看成是具有企业家特点的管理者和能干的首席执行官，不再是传统的执行政治家命令的行政官僚，他们所承担的工作是管理，不再是行政，而"在从行政到管理的理论变化中，一个关键的区别是：行政是执行指令，而管理是获取结果并承担相应的责任"[2]。根据让管理者去管理的精神，政治家不再像原来一样进行过多的日常干预，不再要求管理者事事听命于自己，管理者则在执行方面更有发言权，他们的行动能力和自由度提高，可以不受官僚程序与繁文缛节限制而继续工作，能够更充分地发挥自己的才能。一言以蔽之，管理更加具有

---

① ［挪］汤姆·克里斯滕森、佩尔·勒格莱德主编：《新公共管理——观念与实践的转变》，刘启君等译，河南人民出版社 2003 年版，第 21—22 页。

② ［澳］休斯：《新公共管理的现状》，载《中国人民大学学报》2002 年第 6 期。

专业性。值得注意的是，让管理者去管理意味着传统部长责任淡化，意味着高级行政人员所负责任不再像原来一样是间接的政治责任，而是直接的管理责任。在传统官僚制范式下，高级行政人员通过向民选政治家负责而间接对人民负责。反观新公共管理范式下，政治家制定政策之后就将执行权充分授予高级行政人员，同其订立合同并列出应达到的结果，政治家只对政策目标负责，高级行政人员则只对其管理结果负责，其所应负的责任通过合同及绩效指标的方式来确定，并通过绩效测量方式来进行评估。为了激励管理者，他们的薪金实现了与业绩挂钩，为了确保管理者达到预期结果，他们在资源配置、人事任免方面的自由更大。也就是说，他们和私营企业中的经理人员一样，可以自主决定如何对投入和生产过程进行组合，并通过任免权有效控制下属，后者构成了对传统人事行政制度的挑战。因此，"让管理者去管理"这一原则在各国的实践带动了公务员制度的改革，合同管理和绩效工资替代了官僚制范式下的永业制和职级工资，而组织发展、人力资源开发等私营企业所运用的一些方法也得到采纳。

第二节　新公共管理的理论基础

新公共管理运动具有严密的逻辑，来自经济学的一些理论为其提供了重要的指导，这些理论包括公共选择理论、委托—代理理论和交易成本理论。

一　公共选择理论

公共选择理论是西方经济学中的一个流派，它所研究的公共或集体选择有别于传统微观经济学所分析的个体私人选择。"由于这种研究途径横跨经济学和政治科学两大学科，因而它有时被称为'政治经济学'"，"或者，由于它基于人们都是理性行动者这一假定而得到发展，所以又被称为'理性选择理论'"①。不过，也有人将它们区分开来，以代表研究的不同

---

① ［英］帕特里克·敦利威：《民主、官僚制与公共选择——政治科学中的经济学阐释》，张庆东译，中国青年出版社 2004 年版，第 1 页。

侧重点。由于这一流派主要阵地在美国的弗吉尼亚州,故又称弗吉尼亚学派。该流派是由詹姆斯·M. 布坎南和戈登·塔洛克在 20 世纪 60 年代共同创立的,其代表人物还包括唐斯、尼斯坎南和奥尔森等人。公共选择是对非市场决策的经济学研究,是把经济学运用于政治科学的分析,就研究对象来说,公共选择无异于政治科学,它也研究国家理论、投票规则、选民行为、党派、官僚体制,等等,然而它的方法论却是经济学的[①]。

　　经济人假定是公共选择学派分析政治问题的基础,在该学派看来,政治人等同于经济人,而两者都是理性的自利主义者。经济人最初是由亚当·斯密提出来的,他认为每个人都有自利之心,在适当的法律与制度框架内,个人自利行为的相互作用会通过市场这只"看不见的手"产生一种反映所有参与者利益的自发秩序。后来的西方经济学家进一步完善了这一假定,并使其成为西方经济学探讨所有经济问题的基本出发点。根据这一假定,当一个人在经济活动中面临不同的选择机会时,他总是倾向于选择能给自己带来更大经济利益的那种机会。换言之,每个人的经济行为都遵循利益最大化原则,而且追求利益最大化正是人的理性所要求的。公共选择学派将经济人假定扩展至政治生活之中,认为人们从事政治行为与经济行为的动机是一样的。这就是说,个人在参与政治生活与经济生活时都遵循利益最大化原则,总是通过成本—收益的计算来作出最有利于自己的选择。公共选择学派反对政治理论家们对政治人行为的基本假设,即"有代表性的个体并不追求使他自己的效用最大化,而是要找到'公共利益'或'共同物品'",他们也反对道德哲学家们把个体参与者对私人收益的追求谴责为"恶"[②]。在公共选择理论家看来,进入政治生活并不意味着人的动机就会纯化,个人利益最大化的确是政治行为的本质,只有承认这一点才是科学的态度。既然如此,选民在投票箱前的行为与其作为消费者在市场上的行为没有本质区别,他只愿意投票支持那些预计能给他带来最大利益的政治家;政治家则需要与选民之间进行成功的交换,以便获

---

　　① 〔美〕丹尼斯·C. 缪勒:《公共选择理论》,杨春学等译,中国社会科学出版社 1999 年版,第 4 页。

　　② 〔美〕詹姆斯·M. 布坎南、戈登·塔洛克:《同意的计算——立宪民主的逻辑基础》,陈光金译,中国社会科学出版社 2000 年版,第 21 页。

得选票最大化及当选之后的权力、地位、威望；官僚同样在政治市场中追求自己最大的政治利益，如工资、奖金、权力、公众声誉等，由于这些因素与官僚机构的总预算正相关，所以尼斯坎南进一步提出："官僚在其任职期间使其官僚机构的总预算最大化，受到的约束是预算必须等于或大于供给该官僚机构预期产出的最低总成本。"①

　　建立在政治生活的经济人假定基础上，公共选择学派认为，政府对社会经济生活的干预必然带来一系列恶果，因此政府干预只会导致政府失败。具体来说，政府失败表现在：（1）当选政治家为谋连任需要通过实惠来笼络选民，他们总是乐于增大开支，花未来选民的钱，从而造成政府赤字。（2）政府机构的垄断性导致政府官员利用抬高服务价格、降低服务质量的方式谋取更多的个人利益。（3）政府官员缺乏盈利意识，在政策执行时不计成本，导致政府所提供的社会服务费用远远超出社会本应支付的价格。（4）政治家和政府官员为追求声望和政绩，往往使得政府部门所提供的公共服务过剩，造成资源配置不合理和浪费。（5）政府内部监督机构和人员所拥有的信息不完备，导致监督不力或无效，同时监督者本身不是公共服务的消费者，对于鉴别政府服务质量缺乏热情和主动性。（6）民主决策程序本身存在弱点，决定政策选择很难达到最优状态。为了解决政府失败问题，公共选择理论提出了一些积极的政策建议，如打破政府部门在提供公共产品和服务方面的垄断地位，把公共部门分解成若干个较小的、有一定自主权的执行机构，将一些公共产品及服务外包给私营企业以降低成本和提高效率，在政府内部引入竞争机制并在公共服务供应方面鼓励政府机构与私营企业竞争，赋予选民"用脚投票"的权利，鼓励地方政府之间展开竞争，在政府部门中创立能激发官员积极性和主动性的制度，推广利润观念，要求政府官员不仅考虑产出和结果，也考虑如何降低成本。这些政策建议大都为各国的行政改革所采用，它们构成了新公共管理运动的具体层面。同时，这些政策建议的核心就是重新挖掘市场的价值，尽量发挥市场的作用，而企业化政府和公共服务市场化正是新公共管理的重要特征之一。

---

　　① ［美］威廉姆·A. 尼斯坎南：《官僚制与公共经济学》，王浦劬等译，中国青年出版社2004年版，第42页。

公共选择学派受到来自各方面的一些批评，特别是其所持有的理性经济人假定。

首先，理性并不等同于利益最大化，利他行为同样可以是理性的，将利益最大化等同于人的理性只会贬低人。正如阿马蒂亚·森所说："尽自己的最大努力实现自己追求的东西却只能是理性的一部分，而且这其中还可能包括对非自利目标的促进，那些非自利目标也可能是我们认为有价值的或愿意追求的目标。把任何偏离自利最大化的行为都看成是非理性行为，就意味着拒绝伦理考虑在实际决策中的作用。"①

其次，人的实际行为并不全追求利益最大化。尽管自利行为在日常生活中非常普遍，但这绝不意味着它是人们行为的唯一动机。阿马蒂亚·森就曾研究过日本的案例，他指出责任感、忠诚等并非自利的伦理考虑在日本经济起飞过程中扮演了重要角色。别的一些经验研究也证实了这一点。

再次，由于环境的复杂性和信息的不完备性，个人作出正确选择以实现自己利益最大化的能力是有限的，因此理性也是有限的。有鉴于此，西蒙认为，人在决策时只会遵循满意原则而非最优原则，只要选择的行为有利于自己的利益，那就不一定需要其最大化，因为精确的成本收益计算是非常困难的。

最后，政治学和经济学中的理性含义并不一致，政治行为和经济行为也有很大不同，因此即便经济人假定在经济生活中成立，也不见得其在政治生活中也能够成立。"政治学对理性的理解源自西方的政治哲学传统，古代把理性等同于自然法，在意义上与规律相当。"② 这种解释与经济学中个人利益最大化的理性解释显然有很大出入，尽管政治学中有人性恶假定，但坚持正义的理想和信仰，根据公共利益和公共精神的指引来行事仍然是理性的。

此外，"从经验政治学的角度，经济人假设缺乏经验依据"，"它仅仅在经济领域中取得部分验证，其对政党行为、官僚行为、立法者行为的利益最大化假设就显得以验证据不足，并非所有的上述行为都是以利益最大

① ［美］阿马蒂亚·森：《伦理学与经济学》，王宇、王文玉译，商务印书馆 2000 年版，第21 页。

② 杨龙：《西方新政治经济学的政治观》，天津人民出版社 2004 年版，第 39 页。

化为目的的"①。另一方面，公共选择学派所倡导的政府失败论及反政府干预观也存在问题。政府会有干预失败，市场也常出现失灵，政府固然不是解决一切问题的药方，但市场同样不是万能的。将政府贬得一钱不值，将市场无限高地吹捧，这是非常不可取的做法。政府与市场之间并非二择一的难题，两者的作用完全可以也应该结合起来。事实上，政府干预可以在尊重市场规律的前提下发挥更大作用，市场对资源的配置也会在必要的政府干预中更加有效。从实践中来看，"在立法、司法和行政领域里，政府有时能够具有开创精神，来改善和扩大市场的作用，从而减少市场缺陷事件的发生率"②。因此，政府作用虽然有限，但并不是无用的，政府干预虽然有失败的时候，但没有必要的政府干预失败的可能性更大。尽管如此，公共选择学派仍然在新公共管理运动中获得了全面的胜利，其所提出的政策建议在西方发达国家的改革过程中都不同程度地变成了现实。

二 委托—代理理论

"委托—代理理论是在经济学中发展起来的，其目的是要阐明，在私人部门中，一旦委托—代理关系的双方当事人的互动关系，比初级市场中买卖双方的互动关系存续时间更长，委托—代理双方达成有效合同所可能遭遇的困难。"③ 这种困难即所谓委托—代理问题，它是新制度经济学的核心问题之一。为简明起见，我们先来看看什么是委托—代理关系，接着说明委托—代理关系所遭遇的困难指的是什么，然后分析这种关系和困难是如何表现在政治生活中的，最后探讨委托—代理理论对新公共管理运动的影响体现在哪些方面。

首先来看什么是委托—代理关系。根据凯威特和麦库宾斯的观点，当代理人被授权根据委托人利益采取行动时，就形成了代理关系。④ 作为委托—代理关系典型形式的有雇主与雇员、医生与病人、律师与当事人、经

---

① 杨龙：《西方新政治经济学的政治观》，天津人民出版社2004年版，第53页。

② ［美］查尔斯·沃尔夫：《市场或政府——权衡两种不完善的选择》，谢旭译，中国发展出版社1994年版，第144页。

③ ［英］简·莱恩：《新公共管理》，赵成根等译，中国青年出版社2004年版，第212页。

④ ［美］乔·B.史蒂文斯：《集体选择经济学》，杨晓维等译，上海三联书店、上海人民出版社1999年版，第355页。

纪人与投资者、保险公司与投保人之间的关系，这种关系产生的原因各异，一般是由于委托人缺乏直接行动所需要的专业知识，或者行动任务过于复杂需要个人间的协同合作，此时寻找恰当的代理人成为委托人解决上述难题的一种方法。

在委托—代理关系中，委托人需要借助代理人的帮助来克服不能亲自行动的局限并谋得利益，代理人则通过为委托人做事而得到经济上的报酬。如果没有委托—代理关系，委托人就不能得到代理人行动为自己谋取的利益，代理人也相应地不能因其行动而得到来自委托人的报酬，从这方面来看，委托人和代理人之间有着合作的共同利益。"然而，代理人总想以尽可能少的付出获得尽可能多的报酬，而委托人的偏好正好相反，总是希望以尽可能少的报酬，而得到代理人尽可能多的付出。"① 因此，委托人与代理人之间也有利益冲突的另一面，这种利益冲突通常有利于代理人，因为代理人具有涉及行动的专业知识。为防止代理人背叛，委托人需要获得完备的信息来加强监控，并且提供必要且充足的激励，以使代理人有动力持续为自己工作。但是，"如果代理人得知，委托人对代理人的行为细节不很了解或保持着'理性的无知'，因而自己能采取机会主义行为而不受惩罚，那么代理人就会受诱惑而机会主义地行事。如果委托人要想发现代理人实际上在干什么，就需耗费很高的监督成本（信息不对称）"②。这个问题发生于委托人和代理人签订合同之前，它一般被解释为是委托—代理关系中的逆向选择问题，它使得委托人难以决定雇用哪位代理人及如何更好规范合约条款。

另一个问题被称为道德风险问题，它指的是签订合同之后代理人辜负委托人的期望。道德风险的产生源于许多因素的影响：（1）经常存在着合同的不完备性。（2）契约可能包含大量的书面条款，如何解释这些条款，可能会导致只能在法院中解决的冲突。（3）我们不能假定合同当事人各方都会一心一意地去履行一份合同。（4）存在着明确的合同过失或

---

① ［英］简·莱恩：《新公共管理》，赵成根等译，中国青年出版社 2004 年版第 213 页。

② ［德］柯武刚、史漫飞：《制度经济学：社会秩序与公共政策》，韩朝华译，商务印书馆 2000 年版，第 77—78 页。

欺诈行为，和不遵从合同条款的行为①。为了解决这两个问题，使委托—代理关系能够正常运转并实现委托人和代理人的双赢，关键就在于如何设计出这样一种合同，它既可以防范代理人背叛的危险并推动其为委托人工作，也可以确保委托人付出的经济报酬与代理人工作的实际绩效相称。除此之外，挑选合适的代理人，创立有助于激励代理人的一般规则，以及加强监督和检查也是解决委托—代理问题的可行办法。

委托—代理关系不仅存在于经济生活之中，也存在于政治生活之中，而代议民主制就是委托—代理关系的反映。由于委托—代理关系本身存在的缺陷，导致代议民主的政治实践中也相应出现一些弊端，如权力的变异、腐败的滋生与效率的低下，内部人控制问题、公民的政治参与问题等②。要解决这些问题，实际上就是要克服民主政治中委托—代理关系可能遇到的逆向选择和道德风险。

那么，政治生活中的委托人和代理人分别是指什么呢？根据前面的分析，政治家可以被看做是人民的代理人，此时人民是委托人；官僚可以被看做是政治家的代理人，此时政治家是委托人。人民与政治家的委托—代理关系源于人民不可能全部亲自统治，政治家与官僚的委托—代理关系源于政治家不具有执行自身所制定政策的专业技能，在新公共管理中主要探讨的是后一对关系。这对关系具有经济生活中委托—代理关系的特征，即委托人与代理人之间存在利益冲突和信息不对称。具体来说，"官僚追求自身利益，在一定程度上与委托人的利益相冲突。同时，官僚与政治家拥有的公共物品和公共服务供给信息的种类和数量不同，官僚在这种信息不对称中处于优势地位。政治家要减少官僚的投机行为，必须获取足够的信息，这将大大增加代理成本"③。

不仅如此，相比经济生活中的委托—代理问题，传统官僚制范式下政治家与官僚之间的委托—代理问题更加严重：（1）官僚机构在公共物品和服务供应方面实际上处于垄断地位，这使其因缺乏竞争而免于压力，还

---

① ［英］简·莱恩：《新公共管理》，赵成根等译，中国青年出版社 2004 年版第 214 页。

② 倪星：《论民主政治中的委托—代理关系》，载《武汉大学学报》（社会科学版）2002年第 5 期。

③ 陈国权：《论新公共管理的经济学基础》。（http：//www.chinampa.cn/Article/top/200407/50.html）。

能够垄断关于成本的信息。反观经济生活中，"互相竞争的企业在它们争取委托人的角逐中，总是提供需要的服务"，"竞争会使那些有效地为顾客服务的公司得以发展，并使那些低效率的公司日趋不景气"①。（2）官僚缺乏激励以改进工作，实现政治家的委托。在私营企业中通常采取经理持股以分享收益的方法来激励经理，但在政府中政治家本身只是人民的代理人而不是所有人，对于收益无权支配，因此这个方法并不适用。（3）官僚制范式下官僚拿的报酬是固定的，职位在事实上是终身的，这对于政治家的有效监管及使其负责来说都非常不利。

为医治传统官僚制有利于官僚代理人这个弊病，新公共管理运动提出了一系列良方：通过供给生产相分离、企业合同出租、竞争投标等方式将公共部门委托—代理问题转移到私营企业中去，从而减少公共部门的委托—代理问题；强化有利益冲突的个人或部门之间的竞争，以减少委托人所面临的代理成本，提高代理人从事投机行为的成本②；引入首席执行官制，在政治家与执行官之间订立合同，明确相互之间的责权，作为代理人的执行官只在合同期内任职并可被解雇；推行绩效工资制，将执行官的报酬与业绩挂钩，用高薪激励执行官为委托人利益不断改进工作。然而，这些措施并未从根本上解决政治家与官僚之间的委托—代理问题，甚至使得这个问题更加复杂化了。

莱恩已经指出，政治家与首席执行官在合同制下都有投机倾向，就政治家这方面来说，他们可能在结果与期望不一致时不管首席执行官是否有错都对其进行责备，以使自己摆脱责任，并给人留下果断和有控制力的印象；就首席执行官这方面来说，他们可能应用逃避责任的策略，原因在于他们相信那样做收益很不错，政治家要么发现不了他们的责任，要么他们可以成功地否认掉这些责任③。

另一些学者也指出："公共行政人员作为一种代理人角色，包括了复杂的责任内容，即对多种委托人负责，这些委托人包括组织的上级、政府

① ［美］约瑟夫·斯蒂格里兹：《政府经济学》，曾强等译，春秋出版社1988年版，第191页。

② 陈国权：《论新公共管理的经济学基础》（http：//www.chinampa.cn/Article/top/200407/50.html）。

③ ［英］简·莱恩：《新公共管理》，赵成根等译，中国青年出版社2004年版，第178页。

官员、职业性协会和公民。"要"处理互相冲突的委托任务和对抗性的价值观、处理职责和义务之间的矛盾","需要伦理反思和伦理分析,而这些常常都被委托—代理理论忽视了"①。

此外,还需要指出的是,委托—代理理论同样建立在上述理性经济人假定之上,该理论认为委托人和代理人都是追求利益最大化的理性主义者,因此两者之间是纯粹的利益关系,要防止代理人违背委托人利益行事就必须设计责权利明确的合同。从上述认识来看,委托—代理理论本身也存在问题:一是委托人和代理人并不遵循利益最大化原则行事,例如代理人可能为专业精神作出奉献;二是两者之间的关系并不仅限于利益关系,还包括信任关系等;三是合同采用有一定的限度,而且在政治生活中合同制并不总能提高效率。就此而言,传统官僚制范式下政治家与官僚的互相信任和理解是新公共管理所急需恢复和重建的。

三　交易成本理论

交易成本理论是新制度经济学的一个重要组成部分,而且它与前面所谈到的委托—代理理论有一定联系。如今这两种理论都被应用于相关的合约问题,并处理许多相同的问题。不过,在分析单位、主要维度、对成本的主要关注、合约上的聚集点几个方面,这两种理论仍存在差异,使用的术语也有所不同②。

作为西方经济学研究中的一种新的理论,交易成本理论是从批评新古典经济学的零交易成本假设基础上发展起来的。根据这一假设,在完全竞争的市场条件下,交易双方的收支是相抵的,即购买者所支付的价格和生产者所获得的价格相等。然而,零交易成本的假设并不符合现实。交易成本理论认为,至今仍为大多数经济学教材视为理所当然的零交易成本事实上不可能为零,如若交易成本真的为零,交易根本就不会发生。那么,交易成本指什么呢?一般来说,"交易成本是在产权(根据契约)被用于市

---

①　[美]特里·L.库珀:《行政伦理学:实现行政责任的途径》,张秀琴译,中国人民大学出版社 2001 年版,第 64 页。

②　[美]奥利弗·E.威廉森:《治理机制》,王健等译,中国社会科学出版社 2001 年版,第 204—216 页。

场商务活动中的交易时发生的"，它包括信息搜寻成本、谈判成本、缔约成本、监督履约情况的成本、可能发生的处理违约行为的成本，"这些信息成本和为契约作准备的成本都是先于交易决策而'沉淀'的"①。由于存在交易成本，社会整体的经济效率不会自动达到最优，因此市场这只看不见的手需要结合制度作用以降低过高的交易成本，也就是说，恰当的制度有利于节约成本。

制度包括组织和规则，对于不同类型的交易来说，需要不同的组织形式及不同规则。"交易成本经济学的主要工作假说是：以一种区别对待（主要是节约交易成本）的方式，把各种属性不同的交易与各种在成本与竞争力方面不同的治理结构相匹配。"② 所以，政府和企业在有利于节约成本时都可能成为进行交易的恰当组织，而且企业正是因此出现的。不过，"利用官僚机构提供公共服务和利用市场都存在交易成本，问题的关键在于如何确定政府与市场两者的合理边界，使总交易成本达到最小"③。原先由于外部性和免费乘车问题存在，某些公共物品和服务只能由政府来提供，以降低交易成本。这样做的结果是官僚机构在提供公共物品和服务方面处于垄断地位，造成生产成本失控，而且在缺乏竞争的情况下不能实现资源的有效配置，这些都会导致交易成本过高。为此，交易成本理论认为在公共物品供给中引入市场机制和竞争机制是可供考虑的选择。同时，伴随着技术进步，更好的测量技术成为可能，这有助于降低监督成本，解决那些在产生外部性时容易出现的问题，而且原来必须由政府提供的一些公共物品如今可以通过市场和竞争性外包等方式来提供，市场和政府组织之间的分界线朝着有利于市场的方向移动。

此外，原先困扰人的免费乘车难题也随着测量技术发展以及排他费用降低而得到部分克服，方法是实行"用者付费"，这一方法在发达国家的行政改革中被普遍采用。尽管交易成本理论有助于加强我们对替代性治理

---

① ［德］柯武刚、史漫飞：《制度经济学：社会秩序与公共政策》，韩朝华译，商务印书馆2000年版，第239页。

② ［美］奥利弗·E.威廉森：《治理机制》，王健等译，中国社会科学出版社2001年版，第394页。

③ 陈国权：《论新公共管理的经济学基础》（http：//www.chinampa.cn/Article/top/200407/50.html）。

结构和信息不对称等问题的认识，但它的基本假定、有限的预测力和解释力、松散的交易成本定义都受到一些学者的批评。因此，"它最多只能提供对问题的部分理解，其他视角必须补充进来"①。

　　总的来看，西方经济学理论特别是公共选择学派及新制度经济学对于新公共管理运动来说起着重要的推动作用，它们构成了这一新范式的理论支撑，并使这一范式具有比官僚制范式更为严谨的理论逻辑。要想客观、公正、科学地评价新公共管理运动，就不能够局限于对某些具体措施或观点进行分析，而必须深入审视其所建立其上的理论基础，以便尽可能全面地认识它。笔者以为，新公共管理运动试图把经济学的假设与理论完全搬用到公共行政中来，这种做法是不可取的。首先，公共行政并不只有经济与管理的一面，也包含政治与民主的一面，经济学的假设与理论在这方面的适用性是很有限的。其次，公共选择理论及新制度经济学尽管为我们认识经济、政治现象提供了很多新的见解，但是，如前所述这些理论与其所持的一些基本假设同样存在问题。不过，与传统官僚制范式相比，新公共管理范式的确更具有理论上的一贯性、精确性，这也是其能够广为接受的原因之一。因此，经济学理论对新公共管理的重要意义还从反面启迪我们，应该加强对公共行政理论的研究。

第三节　新公共管理的民主层面

　　要对新公共管理的民主层面进行评价，应该肯定的一点是，新公共管理范式与官僚制范式相比，更为忽视民主价值。新公共管理以"3E"——经济（economy）、效率（efficiency）和效果（effectiveness）——作为其所追求的价值取向，然而它们都是工具性价值，在新公共管理过于强调公共行政的管理属性时，这些工具性价值的拔高导致民主价值的淡化，特别是新公共管理的一些具体举措来自于私营企业管理，它们与民主价值之间往往相互冲突。不过，如果以为新公共管理完全与民主

① Jonathan Bostonetal, *Public Management*: *The New Zeal and Model*, Auckland: Oxford University Press, 1996, p. 35.

对立或者是反民主的，那就太简单化了。毋宁说新公共管理是以民主价值作为既定前提来考虑国家治理的。

一　新公共管理对民主的几点贡献

新公共管理以"3E"作为其所追求的价值取向，是以民主价值作为既定前提来考虑国家治理的。尽管这样，新公共管理范式在增进公共行政民主性质方面确有积极作用。它批评官僚制范式在民主含义上的局限性，质疑传统民主政治过程的有效性，要求将民主精神纳入公共行政领域，并提出了一些建设性的意见。

首先，新公共管理强调公共行政人员应更具有回应性，加强与公民的直接联系，这与传统官僚制范式相比是一个进步。在传统官僚制范式下，行政人员与公民之间基本上只是公共权力行使者与受动者之间的关系。作为政策执行者的行政人员只接受政治家的指令，普通民众作为政策对象并没有直接影响行政人员的手段。尽管政治家是由民众选举产生的，需要向民众负责，但是行政人员只对政治家负责，他们与民众的联系被小心翼翼地切断，以防止行政效率受损。在这样一种关系模式下，政治家充当了行政人员与选民之间的中介，是促使行政人员最终向人民负责的唯一手段，选民的作用则只体现为淘汰不称职和不受欢迎的政治家。根据官僚制理论家韦伯的看法，现代代议制民主是"公民投票的领袖民主"，而他之所以倡导民主，是因为在现代官僚社会的社会和政治条件下，民主最大限度地提供了动力和领袖①。这样一来，行政管理活动完全与民主政治过程相脱节，行政人员从这个意义上看不需要关心民主价值，因为民主只体现为预先启动的选举过程及民众根据结果所作的再次评估。

行政人员所需要做的只是秉承其专业精神，根据其所受的知识训练，以非人格化方式，按照固定的抽象规则来执行政策。新公共管理理论家认为，这样理解行政与民主的关系是错误的，公共行政之所以具有民主性质，并非因为公共行政是代议民主过程的结果，而是因为公共行政人员能够倾听民众的声音，吸取民众反馈的意见，善于为民众排忧解难，满足民

---

① ［英］戴维·赫尔德：《民主的模式》，燕继荣等译，中央编译出版社2004年版，第217页。

众提出的要求。因此，行政人员不应该是官僚制范式下冷酷无情的形象，相反，他们应该是热心助人的，并且通过各种方式与公民直接联系在一起。

总的来看，新公共管理运动为传统代议民主机制增加了直接民主的因子，这反映了 20 世纪末一些激进民主理论家对代议民主局限性的批评，即："民主并不意味着是：人民被仁爱的、公正的统治者赐福。它的意思是人民自己统治自己。"① 同时，新公共管理运动也为传统公共行政人员所应负的间接政治责任中添加了直接管理责任的内容，他们"必须努力评价顾客的偏好，然后再根据这种评价来寻求他或她自己对那些基本上不受外部责任机制约束的公众期望的解释"②。不管这种认识及其实践是否正确，但是行政人员与公民之间的密切联系不应完全切断。从行政人员方面来看，他们必须能够回应公众，并且愿意与公众交流；从公众方面来看，他们必须能够控制行政人员，并且愿意给予行政人员以信任，否则民主精神与公共行政的融合就会困难重重。

其次，新公共管理强调公共行政中参与的重要性，鼓励民众对政策制定和执行提供自己的意见，这是真正民主的行政所要求的。反观官僚制范式下，公民被剥夺了直接参与政策制定与执行的权利，政治家受公民委托承担政策制定任务，行政人员受政治家委托承担政策执行任务，普通公民始终处于缺位状态，这使他们的民主自治能力逐渐下降。尽管公民可以通过投票发挥影响，但是投票机制只具有事后评价作用，很难改变与他们日常生活息息相关的政策。尽管公民可以组织利益集团参与政策过程，但是这种参与因其行动的隐秘性而常被看做是非法的，并因为偏向势力大的利益集团而使问题更复杂化。尽管公民可以通过输入要求来帮助政治家们确立政策问题，但是政策的回应性需要依靠政治家及官僚的移情，公民只能依赖于所谓专家行政。

有鉴于此，新公共管理运动要求赋予民众更多的自主权，承认公民参与在改进行政工作方面的积极作用。这种参与是直接参与而不再是原先的

---

① ［美］道格拉斯·拉米斯：《激进民主》，刘元琪译，中国人民大学出版社 2002 年版，第 9 页。

② ［美］珍妮特·V. 登哈特、罗伯特·B. 登哈特：《新公共服务：服务，而不是掌舵》，丁煌译，中国人民大学出版社 2004 年版，第 90 页。

间接参与，从而在根本上改变了原先行政人员唱独角戏的状况，改变了其与公民之间的关系。由于拥有了直接参与的权利，公民就不再是行政管理过程中被动的接受结果者，相反，他们的参与将对结果产生实质性影响，这将使他们在参与过程中强化自治的能力，增进政治效能感，并有助于培育健康的民主政治文化。为了方便公民积极参与，新公共管理引入了私营管理的一些经验，将政府与公民之间的关系改造成店主与顾客之间的关系，并实行服务提供的小规模化，这样一来公民参与所需要的专业知识障碍及距离障碍得到了部分克服。尽管"民主参与政治决策和民主执行政治决策的新官僚思想实践起来有许多的问题，但这一思想严肃地提出了监督等级官僚机制的必要性"①。传统官僚制范式在这方面做得并不好，因为官僚完全脱离了民众，而新公共管理所倡导的削平等级、鼓励公民参与的做法给我们提供一些借鉴和启示。

最后，新公共管理强调行政过程更大的透明性，要求赋予民众更多的知情权，这与传统官僚制范式构成了鲜明的对比。在官僚制范式下，官僚凭借专业优势垄断了行政过程，正如韦伯所指出的那样："官僚体制的行政管理按其倾向总是一种排斥公众的行政管理。官僚体制只要有可能，就向批评界隐藏它的知识和行为。"② 因此，官僚制范式中的行政活动是封闭的、保密的，这种秘密性被认为有助于官僚充分发挥其专业技能，排除各种干扰，真正实现管理的非人格化和高效率。

然而，这样做的结果是危险的，并有可能使官僚从服务于民的公仆变成民众的主人。从实践来看，官僚的确经常按自己的意愿行事，政治家则因为信息不对称而处于被架空的位置。对于普通民众来说，更是无法了解其中所发生的一切，因为在政策制定与执行中他们都不在场。反观新公共管理范式下，合同聘用制、竞争性招标、用者付费、公共服务小规模化等各项改革使公共行政活动更为清晰和明了，因为行政被改造成服务有助于提高其可理解性。同时，以顾客为导向及消费者主权的提出和落实需要告知公民有关其所能享有的服务的各种信息，扩大公民选择的自由度，并积极回应公民的各种要求。自 20 世纪 80 年代以来，西方国家先后采取了一

①　[美] 蓝志勇：《行政官僚与现代社会》，中山大学出版社 2003 年版，第 173 页。
②　[德] 马克斯·韦伯：《经济与社会》下卷，林荣远译，商务印书馆 1997 年版，第 314 页。

系列措施，以实现行政向公民公开，并通过各种方式让公民表达意见，包括在咨询机构中接纳公民代表；在面向公众的行政程序中让公民表达意见；通过行政公决让公民作出决定①。这样一来，公民所拥有的政务信息要远多于从前，这对于推动他们积极参与公共事务来说是非常有益的，而公民直接参与行政管理活动会增进他们对行政活动的认知，在这个过程中一个良性循环得以形成。因此，"管理主义的变革能够保证较大的透明度"，并"使人们可以看到特定项目的执行结果"②。尽管新公共管理运动的推进并未完全改变官僚行政秘密的性质，但是所作出的努力仍收到了一定的成效，主要体现在行政活动的公开上，而这对于民主价值来说具有积极意义。毕竟只有当民众知道政府在做什么时，他们才能监督和控制政府；只有民众能够监督和控制政府，民主才不是空洞的说辞。

二　新公共管理对民主的消极影响

正如许多学者所指出的那样，新公共管理运动的推进构成了对政治民主的挑战，因为"过于狭隘地侧重于追求管理效率和责任使改革在关注管理主义者的努力时易于忽视其与民主制度背景的联系"③。要正确地应对这一挑战，我们就需要认清新公共管理在理论和实践方面所导致的各种问题及其根源。笔者以为，这些问题的根源在于新公共管理把经济学理论与假定滥用于政治生活，在于其用公共行政的管理特性排挤了政治特性，造成非政治化的恶果。那么，新公共管理的局限性何在呢？

（一）商业价值至上侵蚀了公共行政的多元价值

正如凯特尔所批评的那样，对类似企业的做法和市场驱动的改革之追求构成了一种"对民主责任传统的放肆攻击"④。因此，新公共管理太过强调效率取向及经济准则了，这将会使民主、法治、公平等价值变得模糊

---

① 李图强：《现代公共行政中的公民参与》，经济管理出版社 2004 年版，第 62 页。

② ［澳］欧文·E. 休斯：《公共管理导论》第二版，彭和平等译，中国人民大学出版社 2001 年版，第 90 页。

③ Tom Christensen and Per Lægreid（eds.），*New Public Management：The Transformation of Ideas and Practice*，Aldershot：Ashgate，2001，p. 255

④ ［美］珍妮特·V. 登哈特、罗伯特·B. 登哈特：《新公共服务：服务，而不是掌舵》，丁煌译，中国人民大学出版社 2004 年版，第 127 页。

起来。前面我们谈到，新公共管理试图在公共行政中引入市场竞争机制，然而市场与公共行政有着本质区别，市场与公共行政在自己的领域内都不可能真的采用另一领域的逻辑。市场以效率作为其核心价值，公共行政则必须强调宪政民主，它与主权在民原则密不可分。传统官僚制范式在激励公务员的责任意识、忠诚态度、公共道德方面起了很大的作用，如今随着经济方面的考虑侵入公共服务领域并占据主导地位，这些优良品质正受到侵蚀，而且公务员在民众心目中乐于奉献的形象也被破坏。新公共管理理论家小心翼翼地避免使用政府相当于企业、政府管理等同于私营管理这样的字眼，这是因为他们知道私营管理与政府管理在许多方面都有着本质区别。然而，在具体阐述改革应如何进行时，理论家们往往将这些区别忽略掉，极力宣扬私营企业管理的有效性和可供借鉴性，这点典型地体现在《改革政府》作者身上。总的来看，企业化政府的主张不仅在理论上存在矛盾，实践中也产生了有害的影响。很明显，政府是非营利机构，公共行政的宗旨是公共利益，这与私营企业追求利润和注重成本收益截然不同。一旦公共服务全部市场化，原先弱势公民所享有的一些公共服务就不再能得以享受，这实际上是不负责任的。此外，纵然要求政府部门更具有企业家精神的提法可以站得住脚，也只能针对公共部门中具有商业性质的公共服务项目而言，而这些项目采用商业化运作并不构成所有公共服务都应市场化的理由。根据新公共管理的设想，政府职能市场化能够使企业获得利润、政府节约成本，民众拥有更多样和更优质的服务，因此其结果将是"三赢"。然而，这种设想尽管非常美好，但在实践中公共行政市场化的适用范围非常有限。况且市场本身也是不完善的，对于现代社会所面临的诸多问题，私营企业和各类社会自治组织无法解决，因为他们不像政府那样同时拥有技术优势、高级人才、雄厚资金、丰富信息，也没有命令和动员广大民众的权力。有鉴于此，一些学者批评"新公共管理"的市场化和管理主义，认为前者是对市场价值和市场机制的崇拜，是一种新的"市场神话"；后者则忽视了公共部门与私营部门的本质差别，照搬私营部门管理模式实质上是一种"新泰勒主义"[①]。这种批评是很有道理的。

---

　　① 陈振明：《走向一种"新公共管理"的实践模式——当代西方政府改革趋势透视》，载《厦门大学学报》2000 年第 2 期，第 83 页。

（二）顾客导向与消费者主权削弱了公民权利

作为新公共管理的指导思想，顾客导向与消费者主权的理论来源是公共选择学派对政治现象所作的经济分析。根据公共选择理论，"政治系统被视为是由主权消费者来驱动的超级市场。政府成了顾客偏好及顾客对服务要求的副产品，政治领导人成了店主。"[1] 如此定义政府和公民的做法受到众多批评，正如前面所分析的那样，政府不可能也不应该是私营企业，公民更非顾客和消费者。以顾客为导向在实践中会遇到难题，一是"公共组织在试图区分谁是其顾客，常常混淆不清"；二是"顾客和民选官员要求之间的冲突难以避免"[2]；三是公共部门服务小规模化、分解政府机构的做法带来了协调问题。因此，将公共行政按照业务类别划分成不同项目，并在每项服务中强调顾客的要求，这样会牺牲公共利益这一最终宗旨。在官僚制范式下，公共利益是由民选政治家来界定的，这样做也许存在弊端，但是，新公共管理范式将公共利益基本等同于个人利益汇总的做法问题更大，而且个人利益不可能汇总，在利益之争时政治过程不可少，管理途径对此毫无帮助。为了避免这种责难，新公共管理的一些理论家被迫承认政治过程的优先性，即："如果公共组织让顾客满意，但是并没有达到民选官员所要达到的目的，对民选官员的负责将取得优先权，因为他们代表着组织的所有者，代表着公众。"[3] 这样一来，问题就很清楚了：要求政府注重倾听民众呼声，尊重顾客的自由选择权是合理的，但是公民不可能成为私营管理中的顾客。在顾客导向战略中，隐含着顾客角色与公民角色的危险对立，并在此基础上将顾客需要与官僚政治需要对立起来，然而公民角色本身就应包括其对公共行政的更大发言权，官僚政治的需要则应是公民需要在政治过程中的产物。官僚制范式在回应性上的欠缺不能够为商业服务模式引入公共行政领域提供借口，公民不可能是顾客，不应该被贬低为顾客，也不可能既是公民又是顾客，尽管在各国行政改革之后公务员谈得更多的是顾客而不再是公民。

---

① Tom Christensen and Per Lægreid（eds.），*New Public Management*：*The Transformation of Ideas and Practice*，Aldershot：Ashgate，2001，p.292.

② ［美］戴维·奥斯本、彼得·普拉斯特里克：《摒弃官僚制：政府再造的五项战略》，谭功荣、刘霞译，中国人民大学出版社2002年版，第180页。

③ 同上书，第179页。

消费者主权也存在问题。首先，民众拥有多重身份，他们既是纳税人，是公民，又是国家的主人，滥用消费者主权的经济学用语并不能完全解释他们与政府的关系。故此波利特认为："公共服务的消费者不仅仅是'消费者'，他们更重要的是公民，这对于交易有一系列特定的内涵。"①其次，消费者主权可能导致政府只迎合公众眼前的经济利益，而放弃对长远利益的考虑。消费者主权以个人主义为基础，尊重每位消费者对自己欲望和需求的决定权，这种决定对政府如何提供公共产品和服务有约束力。原先官僚制范式下政府可以运用公共权力，在有利公共利益的原则下牺牲民众即时的、直接的经济利益，如今消费者说了算，政府必须时时关注消费者需求的变化情况，这将阻碍社会经济的持续发展。最后，消费者主权并不能解决不同消费者之间的利益冲突。"消费者观点是与政府行为的服务方面紧密相连的。然而，当消费者需要和利益是多元的时候，它就不能为如何确定优先权而提供任何指导。"②此时政治过程是不可或缺的，它将解决消费者利益多元问题并确定不同偏好的优先顺序。当然，公共服务不能采用消费者主权观的根本原因还是在于公共服务与私营服务的不同性质。在私营服务范围内，只要有完善的市场条件，消费就能够刺激生产，有钱的消费者就能够购买到自己所需的各种产品和各项服务。政府所拥有的公共资源则是有限的，它不可能使所有民众都满意，这决定了有些民众能够消费某些产品和服务，有些民众不能够消费这些产品和服务，有些民众能够消费得更多，有些民众消费得更少。此外，公民是国家的主人，他们有权享受一些基本服务，这些服务的供应并不以钱多钱少来区别对待，假若完全采用消费者主权观，弱势群体将处于非常不利的地位。

（三）过度分权与参与行政损害了公共行政的专业精神

新公共管理所看重的分权在实践中常常带来地方保护主义和本位主义，从而影响到作为整体的公共利益的实现。分权和公共服务的小规模化、基层化造成各类机构林立，这也使协调更加困难，正如彼得斯所言：

---

① 陈振明：《评西方的"新公共管理"范式》，载《中国社会科学》2000年第6期，第79页。

② Tom Christensen and Per Lægreid（eds.），*New Public Management：The Transformation of Ideas and Practice*，Aldershot：Ashgate，2001，p. 298.

"将决策权完全分散给更多的拥有自主权的组织，就会使高级官僚或政治家们有效协调政策的机会相对减少。"① 况且分权并不是新公共管理独有的，也很难说是什么新思想。这里的问题显然不在于政府究竟应该集权还是分权，而在于集权和分权之间的度应该如何把握。现代社会需要政府解决的大多数问题同时要求集权，就此意义而言，"集权是国家的本质，国家的生命基础"②，尽管这也伴随着对政府民主性质与合法性的要求。另一方面，新公共管理所强调的直接参与表面上看似乎更能体现实质民主，却隐含着很大的危险：一是公民未必具有直接参与各种公共决策所需的专业知识；二是公民直接参与对公共服务供给有约束力的决策与评价官僚作为的效果导向结合起来，将使官僚产生讨好公众的短期行为，背离公共利益而注重派别利益；三是公民直接参与所产生的影响将会和公民通过代议民主过程所产生的影响发生冲突。因此，有些学者认为："公共管理中显而易见的市场模式阻碍了所有回归到实质民主的努力，限制了公民有效影响政策和行政的可能。新公共管理声称可以使政府做到以顾客为中心，因而能在服务供给过程中具有更多的回应性，但我们认为，新近的改革并没有成功地理解民主实践中公共行政的根本基础。"③ 另一些学者也批评道，视公众为主权消费者或委托人的"超级市场的国家模式""不能正确认识选民或公民通过选举渠道对政治家的影响和通过消费者角色对政治家的影响这两者之间的关系。它也没有特别关注资源在提供公共服务和公共产品中的重要性"④。纵然顾客与消费者的身份能够成立，他们对服务供应的影响究竟有多大仍需要认真思索，而服务市场化与消费者主权的结合是否必然带来更有效和更负责的服务也尚待检验。在这方面，强调公民直接参与行政管理活动和公民在民主治理过程中实质性参与缺乏之间是一对矛盾，而新公共管理范式的纯经济学和管理视角无法解决它。此外，鼓励公

---

① 〔美〕B. 盖伊·彼得斯：《政府未来的治理模式》，吴爱明、夏宏图译，中国人民大学出版社 2001 年版，第 30 页。

② 《马克思恩格斯全集》第 41 卷，人民出版社 1982 年版，第 396 页。

③ 〔美〕勃克斯等：《新公共管理与实质性民主》，载《上海行政学院学报》2002 年第 3 期，第 102 页。

④ Tom Christensen & Per Lægreid（eds.），*New Public Management：The transformation of ideas and practice*，Aldershot：Ashgate，2001，p. 306.

民成为顾客还意味着认可每个人只带着自利动机进入公共生活，从而构成了对公民美德、公共利益这样一些概念的冲击。

（四）管理责任替代政治责任造成了新的责任问题

责任问题对于现代的代议民主来说非常重要，这是因为现代民主都是代议民主，人民只有通过自己的代表来进行统治而无法自己统治自己，此时只有代表向人民负责才能说存在着民主。正因如此，很多学者都谈到责任与民主之间的密切联系，认为"责任机制将政府的行政部分与政治部分结合在一起，并最终关系到公众本身。责任机制从根本上说是民主制度"[1]。这样说来，一个行政范式是否有效贯彻了民主，在很大程度上取决于其是否落实了代表的责任，而"核心的责任通常包括这类问题：选民怎样促使民选代表对其政策负责，并接受选举的报复；立法者怎样审查公务员的行为，并使他们对自己的错误负责，以及公众怎样从政府机构和官员那儿寻求救济"[2]。这些问题在官僚制范式和新公共管理范式之下有着不同的解决方法，并导源于不同的理论基础。在新公共管理理论家看来，传统官僚制范式没有很好地解决行政官僚的责任问题，因为官僚责任具有间接性，而且政治家缺乏用以评估官僚责任的标准。为此，新的范式强调要用直接的管理责任来替代原先间接的政治责任，这一举措是否取得了良好的收效，是否比官僚制范式更为可取，既需要实践上的经验调查，又离不开理论上的深入探讨，不过现在已经有越来越多的人同意这种看法，即："在任何制度中责任矩阵总是复杂的，包括内部和外部两个方面，包括政治的、法律的和宪法的三个维度。这种复杂性在许多方面被新公共管理改革加重了。"[3] 因此，新公共管理在解决责任问题方面似乎并不像预先所设想的那么令人乐观。

按照新公共管理所确立的政治与管理二分法——有别于以往官僚制范式下的政治与行政二分法，政治家只负责制定政策和设计政策目标，他们不介入高级行政人员的管理活动，高级行政人员则被看做与政策制定无

---

① ［澳］欧文·E. 休斯：《公共管理导论》第二版，彭和平等译，第264页。

② Richard Mulgan, "'Accountability': An Ever-Expanding Concept?" *Public Administration*, Vol. 78, No. 3, 2000, p. 556.

③ Yvonne Fortin and Hugo Van Hassel (eds.), *Contracting in the New Public Management: from Economics to Law and Citizenship*, Amsterdam: IOS Press, 2000, p. 261.

关，他们只在既定目标之下专注于管理。与旧二分法一样，新二分法也认为政治领域与管理领域可以而且应该分离。不同的是，新二分法反对政治家对高级行政人员的过多控制，因为高级行政人员如今只对自己的业绩负责，他们的工作是根据结果而非过程来评估的。换言之，政策制定方式依旧，政策执行方式则发生了很大改变，管理术语取代了行政术语。正如罗森布鲁姆和克拉夫丘克所言："这种认为公共行政是非政治化的和企业化的观点，是新公共管理的根本。"① 在新公共管理理论家看来，政治家及各种政治力量的干扰是行政管理效率不高的原因之一，让管理者去管理就必须将这些干扰降至最低。政治家与管理者之间应遵循"勿太靠近"原则并保持一定距离，他们只能通过合同联系在一起，除此之外管理者应有足够的自主权。然而，新二分法在理论上存在很大问题，因为行政管理活动是具有政治性的管理活动，它既是管理，也涉及政治。"当公共行政官员冒险时，他们不是他们自己企业的企业家，因为企业家能够在知道失败的后果将主要由他们自己来承担的情况下做出这样的决策。"② 这就表明，赋予管理者更多职权的同时仍必须加强政治家对其的政治控制，传统政治过程不能被完全摒弃，它体现着选举中表现出来的公众意志，况且民众未必认同管理责任取代政治责任。或许，实践中应该做的是如何将管理责任的一些积极作用纳入政治责任的视野中去。毕竟管理责任不同于行政责任，管理活动中的负责不同于行政活动中的负责。行政责任是多维度的，其中包括政治责任这一维，而没有政治责任就不会有民主，更何况事实上"新公共管理所建基于上的观念、概念相对较少地关注责任问题，而更强调'金钱价值'的取得，服务'质量'的改进，源于私营部门中的微观管理技术与过程的采纳，等等"③。

　　有意思的是很多学者都曾指出，新公共管理的各种主张之间本身就存

---

① ［美］戴维·H. 罗森布鲁姆、罗伯特·S. 克拉夫丘克：《公共行政学：管理、政治和法律的途径》，张成福等译，中国人民大学出版社2002年版，第24页。

② ［美］珍妮特·V. 登哈特、罗伯特·B. 登哈特：《新公共服务：服务，而不是掌舵》，丁煌译，第148页。

③ John R. Greenwood, Robert Pyper and David Wilson, *New Public Administration in Britain*, London: Routledge, 2002, p.245.

在着矛盾,① 例如:"顾客和被管理人员的自由选择就意味着管理人员必须要满足顾客要求;而管理人员的自由管理就意味着顾客和被管理人员可能没有或只有受到局限的选择权。"② 因此,授权顾客与让管理者去管理不可能同时做到。此外,政治家加强控制的需要也会与上述两个口号发生冲突,特别是当政治家的指令与来自消费者的指令之间不相一致时,管理者将处于左右为难的境地,甚至可能造成管理者对谁都不负责的局面。由于存在这些内在的矛盾,有人评价新公共管理是一个大杂烩,有人指责新公共管理理想化色彩过浓,但不管怎样,新公共管理对于民主的贡献需要我们借鉴,其局限性需要我们再作认真思考。

---

① [英] 克里斯托弗·波利特、[比] 海尔特·鲍克尔特:《公共管理改革——比较分析》,夏镇平译,上海译文出版社 2003 年版,第七章。

② [美] 蓝志勇:《行政官僚与现代社会》,中山大学出版社 2003 年版,第 157 页。

第五章　近来的改革思路

前面我们已经谈到过新公共管理运动在实践中遇到的一些问题，这些问题是源于新公共管理本身在理论上存在的弊病，还是源于这一新范式的不完善，需要作认真的思考。不过，近期学者们在这方面所作出的积极努力有助于我们更好地认识公共行政的性质及其在民主社会中的地位。本章将介绍几种改革公共行政的思路，其中每一种思路都有可取之处，对此进行分析和比较能提供更多的启迪。

第一节　再官僚化

再官僚化的思路反映了对官僚是自利企业家这一假定的不满，反映了对强化管理责任导致政治责任削弱的不满，反映了对市场价值排挤公共利益和公共精神的不满。这一思路本身又包括几个分支：有些学者坚持认为原有官僚制范式对民主治理来说意义重大，另有一些学者提出了改进官僚制并增强其代表性的建议，还有一些学者试图求助宪法这一超政治权威来摆脱官僚近乎无为的状态。

一　旧式官僚制的复归

想要复归旧式官僚制的愿望代表了对公共行政所具有的政治学取向的认同，在持有这一想法的学者看来，传统官僚制下的环式民主——前面所说民众通过选举表达其意愿，再由民选政治家根据民众意愿制定相关政策，接着官僚依照政治家指令执行政策，最后民众通过选举进行再评估——并不像批评者们所说的那样糟糕，事实上，环式民主不仅是代议民主所必要的，也同样是有效的。

　　首先，我们来看环式民主的必要性。这个命题比较复杂，但是可以通过分解环式民主的各环节来进行论证。

　　第一，由于现代民主只能实行代议民主，因此主权在民原则的主要体现就是自由公正的选举，而选举则是人民表达自己意愿的主要手段。在第一章中我们已经谈到过代议民主的优越性，也谈到选举对于代议民主所具有的决定性意义。根据布赖斯的看法，"民主真正的意义的确是指用投票表示主权意志的全民统治"①，因此通过选举来制约代替民众进行统治的代表，这不仅不是代议民主的局限，而且恰恰说明了代议民主的真实性。

　　第二，由于政治家的政策取向符合其所属党派预先设计的政策纲领，同时政治家又是由民众选举出来的，因此当民众因人数过多和地域过广不能亲身参与政策制定时，政治家代替他们行使制定政策的权力是确保政策体现民意的唯一解决办法。这个推论是由代议民主的必要性直接引申出来的：既然民众不能直接决定一切大政方针，那么民选代表就是代表他们行使决定权的最好人选。不过，要使政治家制定的政策与民众意愿之间达成统一，所说的先决条件必不可少，即政治家愿意并能够兑现其在选举时所作出的承诺，政策制定也总是围绕这些承诺展开的。

　　第三，由于现代行政事务日益繁复，因此脱离政治斗争并拥有专门技能的行政官僚是执行政策所必需的，同时为了确保政策中所体现的民众意志能够得以实现，政治家对官僚的严密控制也是必要的。"虽然官僚人员没有政治倾向是不可能的事，但官僚人员一定的独立于政治之外的专业化道德行为标准，也是保护国家管理机构相对稳定，少受党派政治或政治领袖错误决策影响所必需的。"②

　　值得注意的是，一方面官僚队伍应相对稳定，以确保政策具有延续性，并防止党派政治对公共行政的不当干扰；另一方面政治家对行政官僚的控制应切实有效，因为只有官僚对政治家负责时才能要求政治家对其所制定政策向人民负责。这里存在着一定的紧张关系，但是传统官僚制范式被认为在维持两者之间恰当边界方面是比较有效的。

---

　　①　［英］詹姆斯·布赖斯：《现代民治政体》，张慰慈等译，吉林人民出版社2001年版，原序第1页。

　　②　［美］蓝志勇：《行政官僚与现代社会》，中山大学出版社2003年版，第110页。

第四，由于当选政治家只是民众的代理人，为防止他们违背当选前的承诺和谋取私利，就需要通过定期选举，由民众来对其在任期间的所作所为进行再评估，以决定其是否能够再度当选。政治家能够当选，固然是因为其政策主张获得民众的认同，或者自身的能力赢得民众的信任，但是这种信任可能被滥用，政治家可能并不称职。只要民众拥有再评估的这种权利，就能够迫使当选政治家真正对人民负责，因此健全的选举机制是环式民主的核心内容。

其次，我们来看环式民主的有效性。这种有效性在第三章受到质疑，新公共管理运动正是因此主张引入直接民主的一些因素。不过，一些捍卫传统官僚制范式的学者仍然认为环式民主各环节都是有效的，实践中的某些问题可以通过进一步完善环式民主得到解决。

第一，选举能够正确地反映民众的真实意愿，是民众意志得以表达的最佳渠道。当然，这一渠道的运用离不开政党的活动，正是政党的运作使选举成为测量民意的指示器。西方国家的政党作为一定阶级、阶层或社会集团利益的代表，承担着利益综合的职能，为民众提供不同的政策纲领以供选择。如果没有政党的活动，利益和偏好各异的选民就会如同一盘散沙，难以有效组织起来参与政治生活，表达观点和主张并形成有约束力的共同意志。无怪乎政党被看做是现代政治的重要组成，而政党制度也被看做是西方民主制度的三大支柱之一。不过，政党要在选举当中起到积极作用。"政党的政策、候选人的特别立场以及投票人自己特殊的倾向性都要求在一定范围内得到统一，并最终合理地选择已当选的官员。"①

第二，政治家总是按照选举中所体现的民意行事，制定政策时也遵守其竞选时的承诺，因此在选民意愿与政治家行为之间具有承接性。这种承接性已经被看做是一条规律，并被政治学家达尔称之为"达尔法则"。根据他的看法，"具有广泛参与及一定政治权利与自由的竞选被设想为能够迫使政府对公众负责。论据在于，由于预见到选民会回顾地评判统治者的表现，民主制下的掌权者们必须进行边际权衡：如果在任期间榨取私人利益，那么便会冒犯选民们而失去公职。假如选民们有能力惩罚那些行为自

---

① ［美］安东尼·奥罗姆：《政治社会学——主体政治的社会剖析》，张华青等译，上海人民出版社 1989 年版，第 265 页。

私的政治家们，那么，公职人员将宁愿选择在一个较长的任期内取得较低的租金，而不是在较短的任期内取得较高的租金。"①

第三，政治家对行政官僚的控制是切实有效的，行政官僚并不是自私自利之徒，他们愿意遵从公共利益的指引来行事。对官僚制进行批评的学者们都把问题夸大了，在政治家与行政官僚之间固然存在信息不对称现象，但是政治家获取信息的渠道也增多了，政治家可以通过不同方式促使官僚听从指令、向其负责。实践中固然存在官僚追逐私利的情况，但是这种情况并不普遍，而且往往会受到各种机制的惩罚。因此，官僚组织对于环式民主来说，构成其正常运作的重要一环，正如皮特与史密斯所指出的那样，官僚组织虽然"有悖于一些符合人性的价值观念"，但却"有助于维护另一些价值观念，如负责、合理与公正"，这些对于民主和管理制度来说，"是非常重要的"②。

第四，选民定期投票改选构成了制约当选政治家不得为恶的有效手段，当然这种手段的有效性离不开西方发达国家竞争性政党政治的辅助。不少任职期间无所作为或所作所为激起民众不满的政治家被选下台，这说明选民投票这种事后惩罚机制的确发挥了很好的作用。

有鉴于此，一些学者强调官僚制范式是不可替代的，作为其核心内容的环式民主也不能随意被废除。对于这些学者来说，熊彼特在几十年前所说的话依然正确，那就是"官僚政治对民主政体不是阻碍，而是不可避免的补充"③。尽管官僚制范式把民众的作用只限定为投票选出政治家与投票奖惩政治家，但是投票手段对于制约政治家来说是很重要的，而对民众作用的看法也是非常现实的。新公共管理尽管提出了很多试图加强联络官僚与选民的举措，但是这些观点都带有很浓厚的理想色彩。作为公共行政领域实行很久的范式，官僚制范式具有无可比拟的优越性，特别是在激发官僚的责任心、为公意识方面作用极大，因此官僚制范式不应被抛弃，

① ［加］A. 布莱顿等：《理解民主——经济的与政治的视角》，毛丹等译，学林出版社2000年版，第125页。

② ［英］约翰·格林伍德、戴维·威尔逊：《英国行政管理》，汪淑钧译，商务印书馆1991年版，第24页。

③ ［美］约瑟夫·熊彼特：《资本主义、社会主义与民主》，吴良健译，商务印书馆1999年版，第311页。

而且这一范式所建立其上的环式民主链是代议民主最为现实与合理的制度安排，既是必要的又是有效的。作为官僚制范式的坚决捍卫者，这些学者的看法代表了一种忧思：新公共管理运动的推进淡化了程序民主的重要性，并使传统政治责任变得模糊起来。然而，这种忧思尽管不无道理，但却不能成功地驳回新公共管理对官僚制范式及传统民主过程的批评。特别是对于前述的环式民主来说，新公共管理并不需要批驳其必要性，只要其有效性存在问题，新公共管理的一些替代方案就是合理的。从上述分析来看，环式民主链的有效性需要建立在多重假设的有效性基础上，而这些假设在实践中并不总是有效的，对此第三章中的分析已作了说明。另外，新公共管理所提出加强行政人员回应性，推动公民对行政活动的参与，实现行政过程的公开透明等要求等都反映了时代发展的潮流。因此，总的来说，公共行政领域的改革是必需的，传统官僚制范式应该注入新的元素。

二　代议官僚制

为官僚制注入新元素的一种方式是实行代议官僚制，以增强官僚机构的代表性。代议官僚制这个词是由唐纳德·金斯利最先提出来的，在1944年所写的《代议官僚制：英国文官的一种解释》中，金斯利"希望降低英国公务员制度的精英化和阶级偏向程度，以便减少那个国家中官僚机构被中产阶级和上等阶级控制的可能性"[①]。然而，在当时这种期望要想实现困难重重。直到20世纪70年代中期，两位美国学者塞缪尔·克里斯罗夫和戴维·H.罗森布卢姆才在《代议官僚制和美国的政治体制》重新肯定了代议官僚制的理论意义与实践价值，并结合美国政治体制的实际情况提出了一些改进官僚制的主张。

由于这些主张是在新公共管理运动诞生前提出来的，因此其所针对的主要是官僚制范式。不过，克里斯罗夫和罗森布卢姆之所以要提出代议官僚制，既是因为传统官僚制存在问题，也是因为他们认为代议官僚制这种改良措施具有可行性。传统官僚制的问题在于官僚高度集权与权力非民主性之间的矛盾。两位学者认为，权力本身无所谓好坏，任何民主社会的维

---

① 　[美]罗伯特·丹哈特：《公共组织理论教程》，项龙、刘俊生译，华夏出版社2002年版，第98页。

持与发展都需要权力的有效运作，但是权力的积聚不能损害民主价值，因此权力必须从民主的角度是合理的。在传统官僚制范式下，官僚组织凭借专业优势掌握了极大的权力，但由于他们不能代表民众，而立法和政治行政部门对官僚组织的制约又非常薄弱，这将极有可能导致权力失控和被滥用。因此，官僚组织非代议的权力已构成了对民主的严重威胁，这种状况必须通过增强官僚制的代表性来得到改善。代议官僚制之所以具有可行性，是因为官僚制与代议制的结合能够更好地体现技术与价值的统一，是因为非选举的官僚仍可以通过其所具有的更大代表性来强化其民主性质。针对可能有的疑惑，两位学者指出代表与选举并非一一对应的，"选举并不保证代议制是不言自明的"，同时，"在传统的世袭制社会或家族中"也"有非选举的领袖代表他们的追随者"[①]，这都说明代议制在没有选举的情况下是可行的。为了使政治体制的民主性质得以确保，非选举的官僚与被选举的政治家一样，都需要有效代表民众。

那么，官僚制与代议制的结合应当如何进行呢？克里斯罗夫和罗森布卢姆探讨了三条途径。第一，按人员的代议制。也就是说，通过调整官僚的党派、社会及工作态度的构成，使公共官僚制转变为代议制政治机构。这个途径隐含着一些附加问题，例如，公共官僚会不会过高代表中产阶级；他们是否会保持由其社会背景产生的价值观和态度；如果需要官僚改变原先所持的价值观和态度，需要改变多少。两位学者认为，这些隐含的问题尽管说明我们在改进官僚制征聘方式和社会化过程方面需要作更多的努力，但是并不会影响代议官僚制在实践中的运用。第二，按行政组织的代议制。即在机构上使得不同社会群体能够按照其在总人口中的比例而在官僚机构中拥有自己的代表。尽管官僚制所代表的这些机构和团体之间会存在分歧，"一些人的利益将得不到代表；一些被认为能代表群体的机构却不善言辞。然而，在公共官僚制中要达到多元代议制的水平也许是可能的，而这种多元代议制是与政府中其他部门不相称的"[②]。因此，公共官僚制尽管并非选举产生的，但是这并不意味着其代表性就不能做得更好。

[①]　彭和平、竹立家编译：《国外公共行政理论精选》，中共中央党校出版社 1997 年版，第 362 页。

[②]　同上书，第 364 页。

第三，公民参与的代议制。这种代议制是指公民作为个人或较大的社区的个人代表参加官僚组织为改进行政管理工作而专门设立的代议机构，如在美国公民可以参与作为顾问小组的公民委员会，作为特别政策领域的管理小组的公民委员会以及邻里管理机构。两位学者强调在某种程度上，"这种代议制是有效的，它密切了公民和采取官僚机构形式的政府之间的联系"①。特别是对于前面所说的两种途径来说，公民参与的代议制是非常必要的一个补充，它能够从外部增强官僚制的代表性。经过上述分析，克里斯罗夫和罗森布卢姆最后的结论就是："如果公共官僚制为全体公众提供政治代议制而建立机构，那么，他们的权力就会与民主价值取得相当的一致。此外，如果存在着公众可能参与官僚制的决策的有意义的机构，那么，官僚制或许能与民主政治体制成功地结合。"②

对于代议官僚制的前景，有两位学者对此评价很高，他们引用哈里·克兰茨的话，认为一个代议官僚制将产生以下作用："由于代议官僚制将扩大由于决策所带来的意见的数量和多样性，这不仅导致更民主的决策，也导致更合理的决策。为改进官僚制作用和成本，要保证决策和工作更适应于各机构委托人、潜在用户，尤其是少数派群体成员的需要。促进更有效地使用国家的人力资源。无论是从象征意义上讲，还是从实际意义讲，增强……（政府）机构……的合法性。将社会平等和社会公正提高到首要的政治标准上来，至少要与流行的'节约与效率'范式及其伴生物'稳定性'同等重要。"③ 这些作用是否隶属于代议官僚制，并无经验研究可以佐证，因为现实中还没有哪个国家的官僚构成真的与其民众构成一致。不过，作为公共行政改革的一种创造性思路，代议官僚制的积极意义就在于指出了传统官僚制在官僚与公民联系方面做得非常不够，而其提出的官僚组织要强化其代表性，公民参与应该受到鼓励的观点也都是有价值的。

尽管如此，不可否认的是，代议官僚制无论在理论上还是在实践上都

---

① 彭和平、竹立家编译：《国外公共行政理论精选》，中共中央党校出版社 1997 年版，第366 页。

② 同上书，第361 页。

③ 同上书，第364 页。

具有局限性。从理论上看，代议官僚制假定官僚人员构成符合社会成员构成时，官僚组织就会更好地代表社会成员的利益，这种假定很难成立，因为"对高层公务员的政策偏向所做的研究表明，个人背景和工作态度的联系并不紧密。不能假定来自某一特定群体的人就会代表这一群体的利益，或是作为其中一员的专业群体，而不是人口统计上的群体"[1]。

正因如此，官僚制人员构成上的代表性可能与民主价值之间关联并不大，而且这样理解的代表可能会淡化通过选举来实现政治家代表民众的意义。毕竟在后一种代表形式中，民众对其代表享有权力；在前一种代表形式中，民众只是其代表权力作用的对象。克里斯罗夫和罗森布卢姆看到传统官僚制下，立法和政治行政部门对官僚制权力的限制并不充分，这无疑是事实。但是，两位学者提出的增强官僚机构代表性的主张无助于解决这一弊病，权力滥用的可能性与危险性仍然存在。所以，更积极的做法是如何采取有效措施，加强对行政官僚的民主控制，而不是如何使官僚在其构成方面代表人民。正如一些怀疑论者所说的那样："我们不应期望在异常重要的地位上会有'普通人'，我们也不能期望高层的公共行政人员能比企业、大学或其他大机构的领导更具社会代表性。"[2]

从实践上看，代议官僚制的做法也存在诸多问题。第一，如果按照社会成员的种族、民族、性别等比例关系来招聘行政人员，就必须给予某些相对弱势的群体以优先地位，这将有可能导致公平价值受损，美国自肯尼迪总统以来所实行的肯定性行动正是因此而引发了激烈的争论。第二，与前一个问题相连，公共行政需要官僚拥有履行职务所必备的专业技能，假如在招聘官僚时考虑的是代表性而不是专业技能，这样产生的官僚队伍将使行政效率受到严重影响，从而最终损害公共利益。第三，社会成员的各种构成之间是相互交叉的，种族、民族和性别等比例关系很难同时在官僚人员构成中得到完全的体现，因此官僚机构的代表性很难真正做到。第四，纵然官僚机构的人员构成能够通过改革而体现社会成员构成，也很难

---

① ［美］罗伯特·丹哈特：《公共组织理论教程》，项龙、刘俊生译，华夏出版社 2002 年版，第 98 页。

② W. Phillips Shively, *Power & Choice: An Introduction to Political Science*, New York: McGraw – Hill, 1997, p. 294.

说每个官僚都代表他所属于的那个群体。事实上，官僚价值取向之间的一致性要远多于他们因各自身份差异而导致的分歧，更何况官僚机构的非代表性未必见得官僚就必然不会很好代表民众的利益，如果官僚具有较高的道德理想与责任意识，他们同样能够很好地充当民众的代表，回应弱势群体的要求。

三　超政治途径

既然如此，要增进官僚机构代表性与回应性的话，激发官僚的道德理想与责任意识也是一种可行的方式。这种考虑成为超政治途径的出发点，成为加里·万斯莱、查尔斯·古德塞尔、约翰·罗尔、奥林·怀特、詹姆斯·沃尔夫等人所持的共同立场，成为这五位学者在《公共行政与治理过程：转变美国的政治对话》（因万斯莱任教所在地在 Blacksburg，故该文又简称为《黑堡宣言》）中阐述的核心观点。在《黑堡宣言》的作者们看来，传统官僚制的问题不在于官僚制的低效率，也不在于官僚权力构成对民主的威胁，而在于政治与行政之间的分工过于机械，在于现实政治体制阻碍了官僚积极性与主动性的发挥，导致官僚的职责不能有效履行。因此，官僚应该认识到："公共行政的显著特征在于它是治理的一部分，它要具备在较复杂的政治环境中追求公共利益目标的能力。"① 他们应该更自信地坚持自己对公共利益的判断，并在必要时敢于提出异议，而不是一味服从，他们应该力争在民主治理过程中扮演更为重要的角色。

为了证明自己鼓励官僚积极发挥作用的观点是正确的，超政治途径的代表们澄清了新公共管理运动之后所带来的一些对官僚机构的误解。第一，大部分的顾客对于官僚未必是不满意的。事实上，他们大多数是非常满意政府所提供的服务。第二，公共部门的生产力并没有明显地比私营部门低。第三，联邦政府所雇用的人数自20世纪50年代初已经不再增长。第四，官僚体系并非是单一的机构，而是由许多不同的小单位所共同组成。第五，公共机关也会刺激与失去改变，抗拒改变不再是公共部门的专利，私人部门也会发生。第六，研究显示，私人部门的行政人事问题比公

---

①　[美]万斯莱：《公共行政与治理过程：转变美国的政治对话》，载《中国行政管理》2002年第2期，第27页。

共部门更严重。第七，浪费与无效率在公共部门不比私人部门明显，在公共部门的浪费花的是纳税人的钱，而在私人部门，被吸收在消费者的购买中看不到了①。这些学者还认为："公共行政治理绩效不高的原因主要是由于政治体系本来就很难治理。政治体系具有追求或要求相互冲突且不相容价值的特质，除了要求政府要保障个人自由、维护公共秩序、促进社会公平正义外，也要使人民收入增加，不断提高人民的生活品质。"② 因此，公共行政中存在的问题不能都归咎于官僚机构，而其为此所作的努力不能一概否定。只有承认问题的复杂性，给予官僚以充分信任和足够尊严，才能激发他们的最大潜力，促使其在民众的密切配合下解决问题。《黑堡宣言》的作者不认为官僚制范式下官僚有失去民选政治家控制的危险，并因此造成政治责任和民主价值受损。在他们看来，恰恰是政治斗争干扰了官僚行政活动的正常开展，损害了文官中立原则，并导致官僚过于注重服从上级命令，缺乏足够自信来运用自己的专业知识和工作经验。他们对美国政治文化中所表现出来的一种反官僚、不信任官僚、批判官僚的倾向表示不满，认为这种苛责官僚的做法会给官僚机构管理公共事务的活动带来严重的负面影响。因此，"与司法体系一样，公共行政同样需要维护其公共机关的合理性与合法性，它应该维护机关观点在政治体系有效运行中的价值，维护公共行政者在治理过程中的价值与正当角色以及他们角色的独特性与价值所在——有能力维持机关观点，最广泛地理解公共利益以及合乎宪法规范的治理过程。"③

那么，公共行政的合法性应该如何构建呢？当行政官僚对公共利益的判断与作为民选政治家的上级或民意不相一致时，行政官僚如何坚持自己主张的正当性呢？《黑堡宣言》的作者认为，他们可以求助于三种合法性来源，即宪法文本、专业技能以及自己作为民众受托管理者的身份。

首先，宪法文本是行政官僚合法性的重要来源，而且超政治的主张本身就是与推崇宪法权威相连的。在《黑堡宣言》的作者看来，由于宪法

① 李图强：《现代公共行政中的公民参与》，经济管理出版社 2004 年版，第 138 页。
② 段钢：《重建公共行政的思考——〈黑堡宣言〉首席作者万斯莱教授访谈录》，载《中国行政管理》2002 年第 10 期，第 55 页。
③ ［美］万斯莱：《公共行政与治理过程：转变美国的政治对话》，载《中国行政管理》2002 年第 2 期，第 27 页。

的原则高于每一次的选举获胜者，因此当立法机关或民选政治家在利益之争中制定有损公共利益的政策时，行政官僚不能一味屈从，而要据理力争，因为他们宣誓效忠的是宪法，他们需要了解并支持宪法的原则。行政官僚应该摆脱政治压力，明确自己的责任是维护宪法所规划的秩序并在此基础上促进民主的治理。他们"可以在宪法秩序中扮演平衡轮的角色，在合乎宪法的历史过程中特定时刻，运用其法定的权力及专业特长给予帮助，以使维护宪法本身目的的参与者受惠"①。

其次，专业技能是行政官僚合法性的传统来源，虽然这一来源总是因政治的考虑而无法得以有效运用。值得注意的是，专业技能除了包括官僚所具有的执行公务必备的专业知识，长期行政积累的经验智慧以外，也包括官僚形成的专注于公共利益以及按照有利公共利益的判断来行事的这种倾向。尽管个别官僚可能假借追求公共利益之名谋个人私利之实，但是《黑堡宣言》的作者认为，公共行政所追求的公共利益是从过程上来予以界定的，它是行政官僚在作决策时的几种心智习惯的结合，即从多方面而不是褊狭的少数观点或立场考量决策结果和处理问题；从长远的观点和深思熟虑的眼光考量决策的利弊得失，平衡一般对短期结果的重视；考量利害关系人和各方面受到影响的团体相互竞争的需要与要求，而不是只站在一个位置来衡量问题与决策；在决策进行过程中尽可能地收集相关知识与信息；体认到公共利益的概念虽然不是完美无瑕的，但也绝非毫无意义②。专业技能这一来源尽管重要，但在《黑堡宣言》的作者看来，"公共行政者是否为专业人员，或者他们是否具有专业资格并不重要。重要的是公共行政者在专业责任上，扮演关注能力和标准提高意义上的角色，以服务导向以及一系列将公共利益作为真实尽管有问题的信任而作出的尽可能广泛的定义，而且这些定义将维护宪法的秩序作为其基本责任"③。因此，专业技能与捍卫宪法原则相比只具有从属价值。

最后，与维护公共利益相连，行政官僚作为民众受托管理者的身份也

---

① ［美］万斯莱：《公共行政与治理过程：转变美国的政治对话》，载《中国行政管理》2002 年第 2 期，第 29 页。

② 李图强：《现代公共行政中的公民参与》，经济管理出版社 2004 年版，第 139 页。

③ ［美］万斯莱：《公共行政与治理过程：转变美国的政治对话》，载《中国行政管理》2002 年第 2 期，第 28 页。

是其合法性来源之一。为了履行好受托管理者这一职责，行政官僚应该尽最大可能发挥自己的专业优势及明智的判断，扮演贤明少数的角色，追求长远的公共利益而不是一味急功近利、趋炎附势。更重要的是，由于行政官僚只是受托管理者，因此"公共行政正当的主张也需要建立在与人民的直接接触中获得公众的对他们信任的基础上"[①]。缺乏与民众的有效沟通和联系，行政官僚就不能获得民众的充分信任，而这种信任是他们对抗各种政治压力、坚持维护宪法原则所必需的。

总的来看，《黑堡宣言》及其所代表的超政治途径仍是改进官僚制的一种思路，体现了官僚机构与宪法权威的结合。这种思路被福克斯和米勒称为宪政主义模式，但它并不是指政府权力受到宪法的限制，而是强调行政官僚可以在必要时求助宪法权威的至上性，以对抗民选政治家的不当指令。根据这一改革的思路，行政官僚应该被看做是值得信任的人，而不应该被看做是民众的对立面；他们是民主治理过程的重要参与者，而不仅仅是执行政策的工具；他们对公共利益的判断应该受到尊重，而不是一味要求他们屈从上级政治家的命令。如果能够激发官僚的责任意识，赋予他们与受托管理人身份相适应的必要权威，官僚就能够运用其长期的经验和明智的判断，与人民一起共同解决公共问题。这种看法具有一定的积极意义，特别是在新公共管理把官僚都定义为自私自利者的时候，重构公共行政的合法性，重铸行政官僚的道德责任感，重燃民众对官僚的信心之火显得尤为重要。不过，《黑堡宣言》所提出的改革思路存在很多问题，正如福克斯和米勒所指出的那样，宪政主义会"导致对现存制度的过分肯定，甚至更糟，它过于把制度当作现成的东西。而这又转而导致了'分类的僵化'，使人对过时的、不可信的制度主义产生了怀旧之情，在那里，学术关注的是将结构置于功能之上，将文字的书面条款置于非正式的实际行为之上，将表面的唯真理论置于潜在的现实之上"[②]。因此，超政治途径作为一种反向的保守取向似乎矫枉过正了，毕竟批评新公共管理对官僚的

---

① ［美］万斯莱：《公共行政与治理过程：转变美国的政治对话》，载《中国行政管理》2002 年第 2 期，第 27 页。

② ［美］查尔斯·J. 福克斯、休·T. 米勒：《后现代公共行政——一种话语指向》，楚艳红等译，中国人民大学出版社 2002 年版，第 30 页。

看法太过片面不能成为过高估价官僚作用的理由，而且传统官僚制的确存在行政的民主控制问题。

还需要指出的是，宪法原则过于抽象，它不能给行政官僚提供关于正当行为的指导，民众也无从判断何时官僚坚持己见是依据宪法的权威。如果允许官僚从宪法上寻找行为依据，所导致的必然结果就是官僚可能随心所欲地定义宪法原则，并根据自己的这种解释来对抗民选政治家，这不仅不会给公共行政带来更多的合法性，反而可能会使官僚权力不受控制的状况变得日益严重。与此同时，传统官僚制范式下政治家与官僚之间的关系将变得更为复杂，并导致政治冲突与僵局。有鉴于此，官僚行政的宪政基础还是应该还原至现实的民主政治基础，因为超政治的途径不是解决政治与行政关系的良方，而且这一改革思路对公共行政领域问题的基本判断并不全面。《黑堡宣言》的作者认为，公共行政领域的问题主要在于行政官僚受到政治压力的不当干扰，这只是部分的事实，另外还要看到的是行政脱离政治控制的倾向同样存在。这两个方面共同构成了政治与行政相互交织的现状，要克服机械的二分法又处理好两者之间的关系，还需要更认真的思索。

第二节　公共行政的伦理建构

将道德因素引入公务活动的做法古已有之，而且很多思想家早就针对公务人员所应具有的道德品质进行过论述。春秋时期的孔子曾经说过："道之以政，齐之以刑，民免而无耻；道之以德，齐之以礼，有耻且格。"因此，德礼应高于政刑，只有注重为官者的品德，并讲究礼法，才能有良政。自此以后，儒家德政思想源远流长，各朝各代都非常看重为官者所需具备的道德品质，并发展为"修齐治平"学说。古希腊学者同样强调道德品质对于治理国家的重要性，在《理想国》一书中，柏拉图认为，哲学王的统治是最优良的统治形式，而哲学王不仅是最有智慧的，也是最有美德的，尽管哲学王是最高统治者而非普通公务人员，但也说明柏拉图很注意政治统治中的道德因素。作为柏拉图的学生，亚里士多德不仅专门探讨了伦理学问题，也提出了一些公共生活的伦理准则，并要求参与城邦公共事务的公民修善德、为善行，以构建优良的城邦。由于古雅典实行的是城邦民主制，每位公民都能参与公共事务，因此亚里士多德的论述具有典型意义，代表了那一时期政治伦理化的倾向。

近代以来，尽管仍有许多学者强调道德因素对于公务人员的重要性，但是，为了科学地探讨政治现象，学者们越来越多地将注意力转向政治生活现实性的一面，伦理层面不再成为政治争论的中心，道德品质逐渐移向私人领域，并成为隶属于个人的私德。另一方面，为了弥补公共道德淡化可能带来的不利影响，公共利益的追寻更多地依靠制度的作用来为其定向，公务人员的道德品质不再被看做是一个关键因素。特别是随着资本主义民主制度的建立，作为民众代表的政治家开始被假定是无赖，以便设计良好的制度来防范其滥用权力。与此同时，为了实现行政管理的高效率，以政治与行政二分法作为核心内容的官僚制设计开始成为流行的范式，这一设计"完全剔除了道德价值的意义"，从而"杜绝了任何对它的道德评价的可能性"①。公共生活中的伦理向度被看做不再有价值，官僚无德被看做是有利于行政效率的必要代价。在此之后，新公共管理运动滥用经济学中的经济人假定，将官僚看做是自私自利的人，从而不仅使之成为自我实现的预言，造成行政活动中公益指向迷失，更使官僚失德变成无法克服的现实存在。有鉴于官僚制范式与新公共管理范式先后排除公共行政对伦理因素的考虑，导致制度约束缺乏与之配套的内在控制途径，并最终使权力滥用、贪污腐败等弊病无法得到有效救治，一些学者认为应该使长期被忽视的伦理因素重新得到重视，并在行政与伦理之间架构起一座桥梁。伴随着上述考虑，1980 年以来，人们对行政伦理学的兴趣与日俱增，公共行政专业文献中有关伦理学的文章比以前更多，而且伦理学课程已经在公共行政管理学校取得立足之地。更重要的是，行政伦理学已经走出纯学术时尚阶段，伦理学在公共行政管理领域的价值导向作用日益为人所重视②。

一　行政伦理的重要性

如前所述，行政伦理的重要性首先体现在当前行政活动中道德因素的

---

① 张康之：《寻找公共行政的伦理视角》，中国人民大学出版社 2002 年版，第 189 页。

② ［美］特里·L. 库珀：《行政伦理学：实现行政责任的途径》，张秀琴译，中国人民大学出版社 2001 年版，序言，第 6—10 页。

缺失。在持有伦理建构改革思路的学者看来，这种缺失是公共行政一系列问题的根源，因为"公共的就应当是道德的，在公共领域中如果回避或忽视道德的审视，就无法把握公共领域的性质，就无法正确确立公共行政的方向"①。行政人员受民众及其代表委托，运用公共权力为实现公共利益而奉公职守，他们不仅需要较高的道德品质，而且与普通人相比，更需要奉献精神，所以伦理学不只是对私域中的个人有意义，公域中的官员同样需要强调行政伦理，传统官僚制范式和新公共管理范式在这方面显然做得很不够。根据官僚制范式，官僚在执行公务时必须排除一切人格化因素的干扰，他们所需要的不是较高的道德品质，而是无条件遵从命令和指示，以便完成政治家所制定的政策。这样一来，官僚完全变成了机械工具，他们能够成为庞大机器中的一个齿轮仅仅是因为他们具备执行公务所必备的专业技能。如果说官僚的这种"无德"设计有助于他们高效完成所要处理的公共事务，并且现行制度构架能够制约他们不得滥用权力和谋取个人私利，那么"无德"的考虑是否具有合理性仍然可以探讨。关键问题在于，官僚制范式所取得的成果与付出的代价并不成正比，忽略官僚道德品质的重要性只带来了官僚低效的悖论以及官僚积极性与主动性丧失，而且制度构架在防范和制约官僚方面作用非常有限。为了解决官僚低效及能动性差的问题，新公共管理运动作出了一些努力，但是这些努力仍然没有改变制度单维起作用的状况。更可悲的是，新公共管理不仅将官僚看做是无德的，而且还是自私的，他们是追求利益最大化的理性经济人，在他们意识中没有为公益而作牺牲的想法，权力运用本来就是为了自身谋取利益的。尽管新公共管理也看到了制度在约束官僚方面有局限性，但是这一新范式并没有用伦理建构来补充制度约束，而是通过引入企业管理机制来代替民主政治制度，前者因其在经济生活中发挥了良好的作用而被借用于公共行政之中。这样一来，约束官僚行为的制度虽然发生了根本性的改变，但是问题并没有根本解决，因为私营管理制度在私营管理中的有效性并不能证明其在公共行政中同样有效，私营企业本来就为盈利而存在，公共服务则必须注重公益性。不仅如此，新公共管理狭隘的经济学基础甚至使公共行政的无德问题更为恶化，因为此时官僚缺少良好道德有了充分

---

① 张康之：《寻找公共行政的伦理视角》，中国人民大学出版社 2002 年版，第 205 页。

的借口，自利假定已经取得了某种合理性。有鉴于此，一些学者认为，在当前公共行政缺乏伦理根基的情况下，"政府及其公共行政发展的惟一正确的方向是走道德化之路。只有道德化才是解决当前政府及其公共行政中所有问题的根本"。"公共行政道德化问题是当代公共行政研究中的一个极其重要的问题，也是行政改革和构建新型公共行政模式的一个重要突破口。"①

　　其次，行政伦理的重要性也体现在行政事务的复杂性使得基于道德因素的行政责任日益突出。这一看法并非首创，因为前面我们已经介绍过弗里德里克和芬纳关于行政责任性质的争论，弗里德里克的观点就是行政事务的复杂性使得外部控制机制不再有效，故此应该发展基于官僚道德品质基础上的内部控制。他的观点得到了很多人的认同，如新公共行政学派就将负责任的行政人员界定为让自己的价值观引导自己行动的人②。不过，新公共行政学派强调道德因素对行政人员的重要性，不只是因为外部控制在行政活动中所起作用有限，也是因为行政人员在维护社会公平等价值上应该更为主动。如今主张伦理建构改革思路的学者一方面赞成弗里德里克的看法，认为"责任不仅是一个法律性的制度性的规定，而且是与信念联系在一起的，是一种道德的自觉"。另一方面他们也赞成新公共行政学派的看法，认为"公共行政道德化的价值基础就在于维护和提供社会公正"③。不过，伦理建构思路的提出具有特定的历史背景，那就是在弗里德里克得出上述结论几十年之后，西方国家已经步入后工业社会，所面临的问题更为复杂，缺乏专业技能的普通民众及作为民众代表的政治家无法完全了解行政活动的内容，因此通过传统政治过程和政治责任来控制官僚远远不够，官僚自身所具有的公益精神和良好品德才是更为重要的。换言之，制度因素在缺乏伦理配合时常常是无能为力的，"制度的建构使人们变得忙碌，使人们在政治上变得更加斤斤计较，但却并未改善公共领域的'健康'状况"④。与此同时，伴随着行政活动中授权与自由裁量权日益增

---

　　① 张康之：《寻找公共行政的伦理视角》，中国人民大学出版社 2002 年版，第 196 页。

　　② ［美］特里·L. 库珀：《行政伦理学：实现行政责任的途径》，张秀琴译，中国人民大学出版社 2001 年版，第 144 页。

　　③ 张康之：《寻找公共行政的伦理视角》，中国人民大学出版社 2002 年版，第 259、279 页。

　　④ 同上书，第 291 页。

多，官僚的行为方式发生了很大变化，从前要求他们"批量"处理问题，如今则增加了许多具体个案处理的情形。这带来的一个结果就是，官僚需要具有更大的自主权，而这种自主权建立在道德责任感基础上。因此，"如果说后现代社会中的行政角色具有本质上不可避免的政治性和严重的自由裁量权，那么就必须承认伦理关怀的重要性"①。

最后，行政伦理的重要性还体现在制度控制失效时道德因素仍能够发挥积极作用。正如行政伦理学权威库珀所指出的："内化在行政人员心中的价值观总是能在决策过程中起作用。即使上级不在场、纪律松弛或发生腐败现象，行政人员的内心控制仍然在起作用。甚至当某行为缺乏相应的法律规定指导时，行政人员仍可以求助于内心的伦理指导准则。外部制度控制不能像个人自己的价值观那样，为决策提供迅速直接的作用。"② 事实上，在持伦理建构改革思路的学者看来，道德因素与制度因素相比更为根本，因为滥用权力、贪污腐败等行为最终根源于道德品质败坏，而非根源于外部制约缺乏。只有官员道德品质不好，才会发生上述行为，制度薄弱并不会诱使官员为恶，只会使其为恶更为方便而已。既然如此，官僚的道德品质对于确保其依法执行公务来说，就远不止是制度约束的一种补充，而是更为关键的因素。"也就是说，法律制度建设只能起到遏制腐败的作用，如果要在根本上消除腐败，还需要通过道德建设才能实现。"③ 当然，伦理建构的必要性并未排除法律制度等外部控制的作用，后者在过去约束官僚行为方面的确起到了一定的作用，只不过这种作用是不充分的。因此，"在对政府官员的行为实现法律制度的制约的同时，还需要进一步的道德建设来获致对政府官员行为的内在规范。"④ 只有当官僚具备较高的道德品质和伦理关怀时，我们才可能会有真正负责的公共行政。

二 建构行政伦理之途

那么，公共行政领域的道德建设应该如何进行呢？行政伦理应该如何

① ［美］特里·L. 库珀：《行政伦理学：实现行政责任的途径》，张秀琴译，中国人民大学出版社 2001 年版，第 43 页。
② 同上书，第 148 页。
③ 同上书，第 221 页。
④ 张康之：《寻找公共行政的伦理视角》，中国人民大学出版社 2002 年版，第 164 页。

建构呢? 对此国内学者张康之提出了自己的看法, 即: "公共行政的道德化包括两个向度: 其一, 是公共行政的制度和体制的道德化, 即在制度安排中有着道德化的合理规范, 包含着道德实现的保障机制, 同时, 已经确立的制度又是有利于道德因素的生成和成长的, 能够对行政人员的道德修养的提高有着鼓励的作用; 其二, 是行政人员的道德化, 要求行政人员以道德主体的面目出现, 在他的行政行为中从道德的原则出发, 贯穿着道德精神, 时时处处坚持道德的价值取向, 公正地处理行政人员与政府的关系、与同事的关系和与公众之间的关系。"① 接下来我们将从这两个方面着手, 说明伦理建构思路的主要内容。

首先, 我们来看行政人员的道德化。如前所述, 这种道德化思路早已有之, 而且人们一般也认同掌握公共权力的人必须具备高尚的道德情操。事实上, 源自古罗马的共和主义就反映了这样一个观念, "即公共职责的履行是受人尊敬的活动, 它需要受制于法律, 需要无私地服务于公共利益"②。但是, 这里所谈的行政人员的道德化有着更丰富的内涵, 因为私人生活中所具有的道德与公共生活中所具有的道德有很大不同, 一个私德很好的官僚未必能够很好地树立其公德。行政人员的道德化需要将行政人员的道德建设与其自主性联系起来, 并进一步与其所负责任联系起来。根据这种观点, 长期以来公共行政领域始终存在着两个问题: 制度限制使官僚自主性严重不足; 外部控制不足以建立完善的官僚责任机制。前一问题的原因在于, 人们认为, 官僚自主性只会为官僚作恶提供机会, 自主性是不需要的, 用制度来限制这种自主性才是合理的。后一问题的原因在于, 人们把行政责任看做只是政治责任与法律责任, 与此同时, 政治过程与法律制度并不足以促使官僚负责, 外部控制仅仅对民选政治家有效。然而, 如果完全限制官僚自主性发挥实际上也扼杀了他们利用这种自主性来谋取公共利益, 而且 "在限制了行政人员恶的自主性的同时, 也把他的善的自主性一并限制掉了"③。为了发挥官僚的专业优势及能动性, 自主性是

---

① 张康之:《寻找公共行政的伦理视角》,中国人民大学出版社 2002 年版,第 196—197 页。

② Guillermo O'Donnell, "Horizontal Accountability in New Democracies", 载 Bernard E. Brown 编《比较政治学读本》(影印本), 北京大学出版社 2004 年版, 第 167 页。

③ 张康之:《寻找公共行政的伦理视角》,中国人民大学出版社 2002 年版,第 241 页。

不可或缺的。当然，这种自主性必须是道德基础上的自主性，传统官僚制范式下的官僚无德及新公共管理范式下的官僚自私都不可能衍生官僚执行公务所必需的自主性。"只有当行政人员的行政行为具有道德内涵的时候，他才拥有充分的自主性，当他的行为不具有道德内涵的时候，他就不再拥有自主性。"① 另一方面，官僚责任不只是法律责任，从根本上说，这种责任是与其道德感联系在一起的。鉴于我们前面所说到的现今行政事务的复杂性及自由裁量权增多，官僚如果没有愿意为公益而乐于奉献的精神，就很难使其做到真正对人民负责。就此而言，"行政人员的根本目标就在于他的道德责任的实现上，他只要朝着道德责任实现的方向努力，他就可以超越自己应有的法律责任"②。在特殊时候，官僚的道德信念甚至可能与其上级命令相抵触，此时道德责任感将为其提供反对与异议的勇气之源。库珀就此指出："正是这种每一个公务员都应拥有的德性使得公共行政实践中的内部因素最终免遭组织的外部因素的侵害。正是这种通过终生的道德化过程而培养起来的道德品性，使个人有可能抵制和反对不道德的组织和上级的淫威。"③ 与上节所介绍的超政治途径改革思路相同的是，它们都提出了行政官僚对抗民选政治家的可能性问题，这反映了学者们对选举这一事后制裁手段在确保政治家负责方面存在漏洞的担忧，而这种担忧又是 20 世纪七八十年代以来西方国家政坛丑闻日益增多的结果。当然，官僚之所以必须具备道德感才能真正负责，原因还在于官僚作为公共权力的行使者，其行为必然对公共利益产生有利或不利影响。民选政治家并不能够承担起所有责任，当政治家所下指令明显有损于公共利益时，官僚的一味屈从并不能成为开脱其所负责任的借口。第二次世界大战后，审判纳粹战犯的《纽伦堡宣言》就确立了这样一条原则："纵使被告的行为是在执行其政府或上级的命令，他也不能逃脱罪责。"④ 在这种情况下，官僚只有始终从自己所具有的道德责任感、为公意识出发，才能始终做到向人民负责。

---

① 张康之：《寻找公共行政的伦理视角》，中国人民大学出版社 2002 年版，第 246 页。

② 同上书，第 385 页。

③ ［美］特里·L. 库珀：《行政伦理学：实现行政责任的途径》，张秀琴译，中国人民大学出版社 2001 年版，第 204 页。

④ 同上书，第 201 页。

　　其次，我们来看行政体制的道德化。相比前面所说的行政人员的道德化，行政体制的道德化更为根本。之所以说它更为根本，是因为只有在制度建设中贯彻伦理建设的内容，才能使官员们所具有的良好品德更稳定和更持久。当制度建设缺乏伦理考虑时，少数行政人员同样能够具有较高的道德风尚，但是这种现象属于个别情况，并不能为整体的公共行政带来新的行为取向和新的服务理念。相反，如果制度建设与伦理建构能够同步进行，那么整个官僚队伍普遍的道德水平将得到提高，民众将拥有更有自主性和更为负责的行政人员。因此，作为约束人们行为的两种方式，制度与道德所起的作用是互补的。当然，立基于伦理的制度建设更为根本并不意味着行政人员的高风亮节就是更不重要的，因为制度建设中贯穿伦理关怀只能确立官员行为最基本的道德底线，更高的道德要求有赖于官僚自身的修养，就此而言行政人员的道德化与制度的道德化应该并重。不过，如果行政体制改革能够改变无德的思路，大力倡导道德培养的积极意义，行政人员的道德水平就会有很大提高，拥有较高道德素质的行政人员将越来越多，而不是像缺乏伦理建构时那样只限于少数。制度建设与道德培育的结合是伦理建构思路的创见，因为长期以来公共行政领域的改革总是没有道德的位置，道德品质被认为是不可靠的，不论制度怎样变化，最终起作用的仍是制度自身。与此相对照，制度道德化试图"改变制度与道德分离的倾向，在制度的合理安排中给予道德规范以位置和包含着道德实现的可能性"①。这样一来，制度不是去限制官僚的自主性，而是在承认道德品质重要性的前提下鼓励官僚发挥其自主性。官僚也不再被看做是无德的人或邪恶之徒，他们将因为自己有道德的行动而获得人们的信任，也将因为自己背弃道德的行为而受到制度的制裁。"可见，在制度安排、体制设置中贯穿道德原则是公共行政道德化的基础工程，只有这一基础工程搞好了，才能时刻提醒行政人员自重、自省、自律，才能更好地发挥道德的导向作用。"②

---

① 张康之：《寻找公共行政的伦理视角》，中国人民大学出版社 2002 年版，第 214 页。
② 同上书，第 210 页。

三　伦理建构的局限

总的来看，伦理建构思路指出了西方公共行政改革长期以来存在的一个问题，即行政人员的道德品质没有受到应有重视，特别是在制度设计时总是希望将其排挤在外。这个问题不仅存在，而且至今仍然没有得到解决，就此而言伦理建构思路无疑具有积极的意义，制度与道德的结合对于公共行政来说的确是非常必要的。正如持有伦理建构思路的学者所强调的，行政人员建立在道德基础上的自主性是其正常履行其职责的前提条件，同时外部控制与内部控制的结合能够迫使行政人员更加负责。没有一定的自主性，要求官僚对自己行为负责就缺乏依据；没有内心所具有的良好道德感，官僚也不可能使时时做到对人民负责。官僚制范式中的官僚曾被看做是无须道德的工具，他们的作用只是发挥其专业特长，以实现行政管理的高效率。这种无德设计与环式民主的结合体现了对制度的完全依托，官僚被假想为能够通过其所听令的民选政治家来实现其所负有的责任。然而，这种责任的实现困难重重，其中的原因不仅在于环式民主具有缺陷，也在于其中只有制度单维在起作用。还好官僚的无德只是体现在制度设计之中，现实中官僚仍然需要运用其道德感来谋取公共利益，需要借助其移情能力来体察民之需求，这带来的结果就是人们仍然在很大程度上信任与其接触的官僚。新公共管理范式所持有的理性经济人假定则使这种信任受到很大破坏，此时官僚不像原先那样需要假定其无德以方便控制，他们被看做是自私自利的人，而且自私自利被看做是不可改变的本性。这样一来，官僚不仅不会为公共利益而作奉献，相反，他们会通过其所运用的公共权力来为实现自己的利益而努力。这种假定在推行新公共管理的一些国家已经变成现实，至少官僚们现在可以名正言顺地为追求利润与高报酬而工作，结果就是人们对官僚所曾经拥有的那种信任不再伴随他们。也许上述恶果只是为实现高效率和通向新公共管理国度所必须付出的代价，但是人们是否愿意接受这种代价，甚至他们是否认为新的范式更好仍然值得怀疑。不管怎样，公共行政目前面临的一个问题就在于制度缺乏道德的支撑，不去鼓励和激发官僚的道德感、公心和责任意识，公共行政的改革就永远是一个未竟的任务。

尽管伦理建构思路有着上述价值，但是这种改革思路在实践中很难实现。第一，官僚所作出的道德判断源于其所持有的价值观，而"在多元化的社会中，很难就公共行政人员应该采取哪一种价值观的问题达成共识。"更何况"在对抗性的价值观之间，也存在着冲突的可能性"①。如果说由民选政治家来制定政策本身代表了解决冲突的一种尝试，那么现在又要求官僚来将此冲突引发，是否会使问题变得难于处理。此外，如果允许官僚所持有的价值观左右他们的所作所为，将会使政治与行政的关系更复杂化。第二，伦理建构所强调的内部控制不是完全可靠的。"如果行政人员个体将他的价值观运用于进行具体问题的决策时，我们不能保证他不会以满足自我利益的方式行事。因为价值观本质上是私密的、隐藏在观点背后的，所以公众就不能审查主宰行政人员决策的价值观。"② 这时源于外部的制度控制才是更为重要的，尽管道德作用不容低估，但是因其源自内心总不是完善的责任实现机制。伦理建构思路试图用后现代行政事务的复杂性来说明内部控制与道德责任的必要性，但是，对其过高估计或视其为更为根本的控制方式则是不可取的。因为正如有学者所指出的那样："关于责任的挑战是如何做到如下两者之间的平衡：一是完全信任政府官员以运用他们对公共利益所作出的最专业判断；二是通过立法委员会和执行审查机构严密监视他们，限制他们的能力运用。"③ 从根本上说，官僚在公共生活中对其行为所负责任不同于其在私人生活中对其行为所负责任，制度因素对于确保前一种情况中的责任来说是更为至关重要的。伦理建构思路的一些学者非常强调伦理因素对制度因素的补充作用，这种强调因为伦理因素长期被漠视而显得弥足珍贵，但是这种补充作用无论如何不能发展成为替代作用。当然，在持伦理建构思路的学者看来，伦理因素之所以在当前公共行政中地位凸显，原因还在于"公共行政近代的发展已经证明，客观的制度设计已经取得了足够的进步，单纯就制度设计来说，它已经达到了相当完善的地步"④。这种制度因素上的乐观判断与前面伦

---

① ［美］特里·L.库珀：《行政伦理学：实现行政责任的途径》，张秀琴译，中国人民大学出版社 2001 年版，第 149 页。

② 同上。

③ Jay M. Shafritz and E. W. Russell, *Introducing Public Administration*, New York：Addison Wesley Longman, Inc., 2003, p.533.

④ 张康之：《寻找公共行政的伦理视角》，中国人民大学出版社 2002 年版，第 234 页。

理因素上的悲观判断共同构成了伦理建构的核心论据，然而制度设计的完善性同样值得怀疑。事实上，公共行政改革的循环反复并非只说明伦理维度没有配合制度因素共同发挥作用，它也说明公共行政在制度设计方面还需要作更多的工作。因此，公共行政的道德化如果能够成立，也得最终落足于更好的制度设计来实现。

第三节　对话模式与商谈民主

　　对话模式是针对官僚制范式下环式民主弊病而提出来的一种改革思路，它也被认为是克服黑堡制度主义和宪政主义缺点（制度主义和宪政主义只是官僚制的改进）的方法。这一改革思路强调政策制定与执行过程中拥有理性的民众参与商讨的重要性，强调政策质量的重要性[①]。由于坚持这一改革思路的学者都普遍受到哈贝马斯的影响，所以，预先了解哈贝马斯关于话语政治和商谈理论的看法有助于我们更好地进行探讨。

一　作为公共行政对话模式基础的交往行动理论

　　交往行动理论是哈贝马斯哲学思想中最为重要的组成部分，而且与其对晚期资本主义的批判不同，这一理论具有建设性作用。当然，交往行动理论与晚期资本主义论紧密相连。在 20 世纪六七十年代，哈贝马斯主要侧重分析晚期资本主义社会合法性危机的表现及其根源，探讨结构转型所带来的公共性缺失，代表作有《公共领域的结构转型》、《晚期资本主义的合法性问题》等；到 80 年代之后，哈贝马斯更为关注如何改进公共领域的对话和促进公共问题的商谈，以增强政治统治的合法性，代表作有《交往行动理论》两卷及《在事实与规范之间》等。在哈贝马斯看来，合法性危机之所以会在晚期资本主义社会得以凸显，是与晚期资本主义这一特定背景分不开的。具体来说，随着资本主义由自由市场经济过渡到垄断资本主义，国家干预成为经济活动得以正常开展的必要条件，此时，国家

---

　　① ［美］查尔斯·J. 福克斯、休·T. 米勒：《后现代公共行政——一种话语指向》，楚艳红等译，中国人民大学出版社 2002 年版，第 39 页。

权力频繁地侵入原先充分自治的市民社会领域，合法性要求进一步增强。与此同时，传统的合法性资源已流失殆尽，形式民主不再能够提供合法性支撑，为政治秩序被认可而提供合法化论证的公共舆论已丧失其独立性，曾经起过很大作用的资产阶级公共领域也不再是具有真正公共性的公共领域。资本主义国家为获得合法性开始制造有利于己的言论，在金钱、权力的操纵和控制下，公共领域已丧失合法化功能。因此，"不能随时用来满足行政系统要求的僵化的社会文化系统，是加剧合法化困境并导致合法化危机的唯一原因"①。要救治这一弊病，哈贝马斯认为必须从改进人们之间的交往行动入手，在交往权力与行政权力之间架起桥梁。哈贝马斯反对资本主义社会越来越浓厚的技治主义倾向，认为民众平等地交往、自由地交谈、无拘束对话才是达成共识以解决公共问题的最好方式，也是唯一能给行政权力运用带来合法性的方式。

那么，交往行动指什么呢？在《交往行动理论》中，哈贝马斯指出："交往行动概念所涉及的，是个人之间具有（口头上或外部行动方面）的关系，至少是两个以上的具有语言能力和行动能力的主体的内部活动。行动者试图理解行动状况，以便自己的行动计划和行动得到意见一致的安排。"② 因此，交往行动与工具性行动和策略性行动不同，它不是以个人自己的成就为指向的，而是致力于达到理解基础上的社会合作。哈贝马斯认为，人类社会是通过成员之间的社会合作而得到维持和发展的，而且人与人之间的合作行动需要一致同意，这种一致同意必须通过说服和沟通来实现，而不能通过强迫。也就是说，外部的压力不应当干扰理性的社会成员之间自由的讨论，否则讨论就是不自由的。为了达到这种一致同意，语言成为交往行动所运用的主要媒体。但是，交往行动与语言行动并不能等同，因为交往行动所需要的语言是为理解服务的，行动者需要通过语言来获得相互间的理解与共识，促进合作，并最终达到各自目的。在运用语言进行交往的过程中，理性的个体不能够只从狭隘的自我利益出发来进行言

---

① ［德］哈贝马斯：《合法化危机》，刘北成、曹卫东译，上海人民出版社 2000 年版，第 97 页。

② ［德］哈贝马斯：《交往行动理论》第一卷，洪佩郁、蔺青译，重庆出版社 1994 年版，第 121 页。

说，相反，他们需要运用充分的论据来进行讨论，每个人都始终在一个交往共同体中进行理解。这样，有约束力而又能为大家所接受的一致意见才能最终得以形成。哈贝马斯高度评价了交往行动的价值，他认为："在理解的职能方面，交往的行动服务于文化知识的传统和更新；在行动合作化方面，交往的行动服务于社会统一和联合的形成；最后在社会化方面，交往行动服务于个人同一性的形成。"① 更为重要的是，公共行政作为公共权力运用的过程，是社会合作行为的一种表现，因此，同样需要通过交往行动来获得民众的认可，达成一致和共识，提供充足的依据，并增强权力的合法性。毕竟"对于权力来说，仅仅谈到官员组织的公众的法律的相应物是不够的；除此以外还要求统治秩序的合法性"②。这种合法性最终有赖于公共领域对公共权力进行合理批判后的承认，依赖于民众之间所展开的理性沟通和自由交往。

既然如此，"民主意志形成过程的功能要求应当在于政治公共领域的交往过程当中，而政治公共领域的基础是市场共同体，中介是大众传媒"③。哈贝马斯认为，传统官僚制范式试图通过形式民主来使行政系统独立于合法的意志形成，赋予人们表达同意的权利，但是在公共舆论被操纵的背景下人们实际上无法表达他们真正同意什么。这会导致两个方面的结果：一方面，形式民主没有真正提供政治统治所需要的合法性；另一方面，民众对于行政权力的具体运作并无发言权，尽管他们的利益会因此受到影响。为了改变这一状况，哈贝马斯提出应该在权力运作过程中引入公众自由的交往与讨论，以达成共识。他指出，行政权力要被合法地运用，最终取决于其被运用时所依赖的理由，取决于人们通过论证和商讨所建立起来的理解和信任。因此，交往行动是必需的，而且这种交往应该是自由而平等的参与者之间的交往，注重对他者的包容，强调论据的有效性及合理性。为了促进有成效的讨论，哈贝马斯列举了其中最重要的四个特征："不管谁，只要能作出相应的贡献，就应当允许他参与论证；所有人都应

---

① ［德］哈贝马斯：《交往行动理论》第二卷，洪佩郁、蔺青译，重庆出版社 1994 年版，第 188 页。

② 同上书，第 443 页。

③ ［德］尤尔根·哈贝马斯：《包容他者》，曹卫东译，上海人民出版社 2002 年版，第 176 页。

当享有均等的机会，在论证中作出自己的贡献；参与者必须言出心声；交往必须同时摆脱外在强制和内在强制，以便有更好理由的说服力能促使人们对可以批判检验的有效性要求采取肯定或否定的立场。"①

由于强调公共行政过程中交往行动的重要性，强调公民自由讨论和公平对话的重要性，哈贝马斯就与过于看重选举过程和议会政治的其他民主理论家区别开来。后来，哈贝马斯又与柯亨、埃尔斯特等人一起发展了这种民主观，并称之为商谈民主（deliberative democracy）。商谈民主观不同于自由民主观，"根据自由的观点，民主的目标是以尽可能公平和有效的方式使个别偏好聚合成集体选择"，商谈民主观则认为民主的目标应当是处理相冲突的政治偏好，而且这种处理不是通过施压、交易和妥协来实现的，"是通过对问题的开放和无强制的讨论来进行的，以旨在达到一致意见"②。从表面上看，这种商谈民主观似乎再次回到人民主权理论的范畴之中。但是，这种人民主权理论显然不同于卢梭所倡导的直接民主制。"在卢梭那里，人民主权表现为人民亲自参与社会共同体的政治决定，而哈贝马斯恰恰认为人民主权必须从卢梭的这个意义上脱离开来，必须对人民主权有一种新的阐释。在哈贝马斯那里，新的人民主权是表现在人人自由平等参与的对话、辩论中，表现在交往行动中，而不是表现在人人直接参与的政治决定中，也不是表现在被视为体现了人民主权的议会制度中。'在对话理论所设想的国家中，人民主权不再体现于自由公民的共同议会中，它应返回到讨论和协议的无主体的交往的循环中。'"③ 尽管选举过程与议会政治决非无足轻重，但是哈贝马斯认为单靠它们不能提供权力合法行使的依托，而且行政权力也不会因为其所依据的是民选政治家的指令或议会所制定的法律就能够取得合法性，这种合法性必须有赖于民众相互理解基础上的自由交往。因此，"交往行动是制度化民主的动力和基础，缺乏一个自由地批判性的讨论公共事务的公共领域，作为制度化的代议民主

---

① ［德］尤尔根·哈贝马斯：《包容他者》，曹卫东译，上海人民出版社 2002 年版，第 47 页。

② David Miller，"Deliberative Democracy and Social Choice"，in Estlund and David Miller（eds.），*Democracy*，Oxford：Blackwell Publishers，2002，p. 290.

③ 陈炳辉：《哈贝马斯的新人民主权理论》，载王焱编《宪政主义与现代国家》，生活·读书·新知三联书店 2003 年版，第 341 页。

必然要扭曲，缺乏交往权力的围攻、制约和影响的代议制民主，就会退化为少数专家的官僚统治。"①

　　不过，值得注意的是，哈贝马斯所看重的交往行动是与形式民主紧密相连的，而且交往行动同样需要制度化。也就是说，政治决定与行政执行所依赖的交往行动不是发生于无政府状态中的，而是程序化的。因此，建立在交往行动理论基础上的这种商谈民主不同于社群主义者更为激进的一些主张，它仍然属于程序民主。在《商谈和民主合法性》一文中，柯亨指出："直接民主不是商谈民主自然的或必然的表现形式"，而且政治组织"可以帮助克服商谈领域里源自物质不平等的不平等现象"②。哈贝马斯也谈道："话语理论在更高的层次上提出了一种关于交往过程的主体间性，它一方面表现为议会中的商谈制度形式，另一方面则表现为政治公共领域交往系统中的商谈制度形式。"③ 上述两种形式的交往行动构成了已经制度化的形式民主的有益补充，它有助于产生构成形式民主链之结果的政治意志。因此，"合理的政治意志形成过程以一些交往形式为必要前提，为这些交往形式提供建制化的民主程序，必须同时考虑各种不同的交往条件"④。反过来说，交往行动也能够在前述政治意志之外时时提供民众的政治意见。同时，这种意见经过民主程序成为交往权力，它自身不能发挥"宰制力量"，但能够把行政权力的行使引导到一定的路线上来⑤。也就是说，通过论证什么是合法的、为人民所接受的，行政权力的行使就不会迷失方向，就不会总是陷入政治斗争所造就的妥协泥潭之中。哈贝马斯认为，商谈民主具有优于其他民主形式的地方，因为它引入了另外一个观念，即"民主的意见形成过程和意志形成过程的程序和交往预设的作用，是为一个受法律和法规约束的行政部门的决策提供商谈合理化的最重

---

　　① 陈炳辉：《哈贝马斯的新人民主权理论》，载王焱编《宪政主义与现代国家》，生活·读书·新知三联书店 2003 年版，第 345 页。

　　② Joshua Cohen, "Deliberation and Democratic Legitimacy", in Estlund & David Miller, *Democracy*, Oxford：Blackwell Publishers, 2002, pp. 101 – 102.

　　③ ［德］尤尔根·哈贝马斯：《包容他者》，曹卫东译，上海人民出版社 2002 年版，第 289 页。

　　④ ［德］哈贝马斯：《在事实与规范之间：关于法律和民主法治国的商谈理论》，童世骏译，生活·读书·新知三联书店 2003 年版，第 219 页。

　　⑤ ［德］哈贝马斯：《包容他者》，曹卫东译，上海人民出版社 2002 年版，第 290 页。

要渠道"。特别是"行政部门应该始终同一种民主的意见形成和意志形成过程保持联系,而这种过程不仅仅要对政治权力行使进行事后监督,而且也要为它提供纲领"①。根据商谈民主论,公共行政不再是与民主意志形成过程无涉的,相反行政过程应该通过交往过程与自由商谈纳入民主的视野中来。事实上,如果没有这种交往行动和自由商谈,作为权力合法行使基础的真正的民主意志根本就不可能达成。

二　公共行政领域理性对话的建构

根据哈贝马斯的交往行动理论,一些行政学家提出了改革公共行政的对话模式,亦即建立在真诚对话基础上的公共行政。他们试图既通过鼓励公民直接参与来纠正传统民主模式的不足,又通过限制参与的条件、范围来避免行政过程的混乱无序。这些行政学家认为,在公民参与的各种方式中,涉及政策问题的真诚对话是最为重要的参与方式,而且借此能够有效地改进政策的质量。为了阐明其所支持的对话模式的主要特点,他们对比了官僚制范式下的话语模式及更为激进的社群主义者所提出的话语模式(新公共管理范式在一定程度上带有这种倾向),并指出这两种话语模式所存在的问题。

官僚制范式下的话语模式是一种少数人的对话,其特点就是政治家和官僚掌握和控制着公共领域的话语权,真正意义上的公共对话根本不存在,或者说这种公共对话是不真实的,公共对话变成他们的独白。赫梅尔较早说明了交流的这种独白形式并把它与官僚化的语言联系起来,他认为,民众不可能和官僚体制下的人有真正的交流;没有问题可以解决和具有社会意义,因为这些问题都已预先被同一化的,它的解决也是预先规定了的。在这种情况下,只有单向度的语言霸权,只有说话者和受听者,而不存在对话,没有机会表达对抗性的紧张关系,没有机会进行口头争论以解决一个问题并决定怎么做②。这种话语模式似乎是代议民主所固有的缺

---

① [德]哈贝马斯:《在事实与规范之间:关于法律和民主法治国的商谈理论》,童世骏译,生活·读书·新知三联书店 2003 年版,第 373 页。

② [美]查尔斯·J. 福克斯、休·T. 米勒:《后现代公共行政——一种话语指向》,楚艳红等译,中国人民大学出版社 2002 年版,第 50 页。

陷，因为后者剥夺了公民参与公共行政的权力，而代之以选择领导行政人员的政治家的权力。按照这种话语模式的潜在假定，允许公民直接参与行政过程并开展公共对话缺乏技术上的可操作性，而且会与民选政治家的指令相冲突，造成行政人员的无所适从。更重要的是，随着行政事务的日益繁复，公民缺乏必要的专业知识来参与其中并发表意见，因此，相比之下只有官僚的言说才更具有价值的。对话模式的倡议者强烈反对上述看法，他们认为，代议民主所抛弃的只是公民无序的直接参与以及对解决公共问题无所助益的众说纷纭，真正有价值的公共对话是与民主精神相契合的。另一方面，公民所具有的专业知识固然不如官僚，但他们可以作为政策对象来提供源于他们的视角，而且公民缺乏对话能力的看法是绝对不能接受的。因此，"我们必须放弃等级官僚制，没有一个合法的民主输入能自上层赋予它的力量"①。根据公共行政的对话模式，官僚制的独白体现的只是精英政治，而不是民主政治。换句话说，如果公共议程始终由精英来独揽，一味强调技术专家治国，剥夺民众参与公共对话的资格，政府民有的性质就得不到体现，其最终发展趋势将是独裁政治。

那么，社群主义者所提出的话语模式怎样呢？根据福克斯和米勒的看法，这种话语模式是一种多数人的对话，其特点就是要求所有公民加入公共对话的行列中来，直接参与政策制定与执行过程，以实现自己作为人的潜能。与少数人对话相比，这种话语模式无疑具有较大的优越性，因为它要求矫正官僚制范式下民主精神不足的缺陷，弘扬直接参与的价值，声称：所有人的对话资格都不容剥夺，并强调每个人参与对话的平等主体地位。"对于社群主义者来说，民主代表制的弱点提供了一个复兴社区的直接民主的机会。"他们"提倡能实现公正的强势民主。人民应该参与影响他们生活的决策，不仅是为了正义，而且也是为了实现他们作为人的潜能的发挥。人们必须参与到社区中来摆脱使他们的生活模式化的现代异化"②。但是，在对话模式倡议者看来，社群主义者提出的所有人参与对话只是一种教条和空想，不具有可操作性。尽管这种话语模式为有价值的

---

① ［美］查尔斯·J. 福克斯、休·T. 米勒：《后现代公共行政——一种话语指向》，楚艳红等译，中国人民大学出版社 2002 年版，前言第 12 页。

② 同上书，第 32 页。

民意表达提供机会，但也有可能使公共领域变成所有人宣泄情感、倾吐愤恨的空间，导致公共对话中充斥着杂音，陷入无序和无政府状态，而且在多数人对话中共识、规则和形式都是不存在的，这将使一致的、有约束力的集体意愿难以形成。"因此，多数人的对话意味着语话的初始形式。如果继续维持的话，它会发展成无中心的、专业化的、分小组的，还可能是不可通约的话语。"此外，"社群主义具有极权主义的倾向，因为人的生活的各个方面实际上被统摄到了朝着良好秩序的和谐方向发展的目的论方面"。原先被奉为神圣不可侵犯的"私人性的权利，在社群主义中可能会为了实现社会的完整、道德和一致性而遭到剥夺"①。带着这种极权主义和目的论倾向，社群主义不能容忍公民对公共事务的冷漠。所以重要的不仅是公民参与对话并提供建议的权利，也包括他们参与对话以完善自身的义务。如果公民不愿参与，那也必须强迫他们参与，以使公共商谈的空间始终包括每一个人。在公共行政对话模式的倡导者看来，姑且不论社群主义者能否成功动员所有公民积极投身公共对话，就算动员成功，这种对话也不见得非常有益，因为后现代社会众多的亚文化冲突将使所有人对话的平台难以建立。正如奥克肖特所评论的那样，在社群主义者提出的这种对话中，"没有询问，没有争论，没有断定真理诉求的一致基础，没有可被检验的建议，没有劝说，没有驳斥，没有有关语言对于每一个人都意指着同样的现象的要求。差异是可能的，但各分歧之间毫无关联"②。

为了避免官僚制的独白和无政府的闲扯，行政机关应该组织有价值而又有秩序的对话，对话模式的倡议者认为，这种对话就是一些人的对话。它"设想了一个所有人的民主，但是只有那些投身于公共事务的人会参与它。所有人，包括公共行政人员，只要接受了授权给他们的真实参与和代表的责任，就可以用他们的参与来加强民主"③。与官僚制独白不同的是，一些人的对话强调对话主体的多元化，它使争辩、反驳和对抗成为可能；与无政府闲扯不同的是，对话是持续进行而非一时性的，并且参与对

----

① 　[美] 查尔斯·J. 福克斯、休·T. 米勒：《后现代公共行政——一种话语指向》，楚艳红等译，中国人民大学出版社 2002 年版，第 134、35 页。

② 　同上书，第 66—67 页。

③ 　同上书，第 13 页。

话者的发言只有在遵守共同的规范时才会被认可。尽管一些人的对话同样强调每个人是潜在的参与对话者，但是，只有那些积极投身于公共事务的人，才能进行有意义的对话，才能提出各种创见以构成商谈与对话的基础。换句话说，公共领域的对话应该是真实而有效的，尽管每个人的发言权都不会被剥夺，但只有真诚参与讨论的人的意见才会受到重视。既然如此，在何种条件下才会产生真实的对话呢？福克斯和米勒吸收了哈贝马斯的观点，解释了有关话语的四种正当性根据，即真诚；切合情境的意向性；自主参与；具有实质意义的贡献。首先，只有真诚才能建立起参与对话者之间的彼此信任，才能使对话主体意见得到认可和尊重，才能产生有创见的政策建议，促使行政机关为公共利益而采取行动。其次，切合情境的意向性会使参与对话者的注意力集中在公共政策问题上，而不是只考虑个人利益，因此意向性同时意味着对其他人的容纳。再次，只有愿意并积极参与商谈的人才真正具有参与的能力，受压和被迫参与对话的人很难在论据方面尊重事实，而对公共事务冷漠的人则无法深入理解商讨中的各种含义，他们对公共问题缺乏深思熟虑，很难提出有价值的创见。最后，参与对话者是否能够有效提高对话质量也非常关键，尽管参与资格在理论上不受任何限制，但是这种资格必须"借助于提供一个独特的观点、特殊的专业、普遍的知识、相关的生活经历，或借助于表达某人所代表的公民群体或阶级的兴趣的能力来获得"[1]。值得注意的是，福克斯和米勒并未像哈贝马斯那样强调，商谈结果必须是和谐的、无争议的一致同意；相反，他们借鉴了阿伦特的对抗性的语话理论。他们认为，在真实对话中，彼此移情、相互理解固然可能促使参与对话者的观点发生转变，可能促成共识的产生，但重要的不在于是否达致共识，而在于移情和理解的过程是否使对话成为真正有价值的商谈。这样，他们就在一定程度上抛弃了哈贝马斯的普遍性假设，对话不只是为了达成共识，妥协也不应受到谴责。事实上，将公民对话纳入公共行政之中反映出公共行政本身是政治过程一部分，政策制定不是追求纯粹理性以找到最优解决方案的过程，其中有着内在冲突，需要获取民众支持，是对话的进行和政策过程的公开性使合法性

---

[1]　[美]查尔斯·J. 福克斯、休·T. 米勒：《后现代公共行政——一种话语指向》，楚艳红等译，中国人民大学出版社 2002 年版，第 122 页。

得以维系。

三　公共行政对话模式的简要评价

长期以来，公共行政的官僚制范式导致了下面这样一种结果：尽管行政过程必须以民主过程为基础，行政权力必须接受民主的控制，但是民主在公共行政中得不到体现，民众只是行政过程被动的接受者和政策输出端的对象。对话模式的倡议者认为，这种状况不合理，民众代表的治理不能等同于民主，真正的民主需要行政过程的民主化，需要民众自己直接参与行政活动。当然，"行政行为的民主化，如果不是不可能，至少也是较难实现的。它要求改变行政机构与被治理者之间的关系性质；实行公开性这一民主原则，以消除行政的神秘性；解释并说明行政行为的理由，避免行政机构与被治理者之间出现互不理解的高墙"①。要朝这个方向努力，对话模式倡议者认为，必须赋予公民参与对话和进行商谈的权力。这种自由的对话和商谈是民众监督权力得以行使的必要条件并体现着民主，它有利于政府部门改进工作。如果允许民众积极介入有关政策问题的对话，公共政策就会获得更加广泛的支持，政策质量也会在政治家理性、官僚专业经验和民众生活常识的互动过程中得到提高，从而有助于提高政策的合法性以及政策成功的概率。此外，公共对话若能持续开展，并在公共行政过程中获得积极的效果，会使民众的政治效能感得到增强，公益精神得到锻造。基于上述理由，对话模式的倡议者主张行政人员应该积极促成公共领域有意义的对话，并利用政策网络、紧密连接的团体、社区特别小组、公共论坛等形式来展现公共对话的潜力。

与更激进的社群主义直接参与观不同的是，公共行政的对话模式放弃了强迫人们参与的做法，也排除了参与的随意性，真实的对话及理性的商谈被看做是公民直接参与的可行途径，但是对话与商谈必须遵循一定规则，以确保其能围绕相对确定的主题，达成有约束力的结论。这使对话模式在吸收社群主义主要优点的同时，变得更加具有操作性。总的来看，对话模式的观点非常值得我们深思。首先，这一模式告诉我们：在一个所有

----

① ［法］夏尔·德巴什：《行政科学》，葛智强、施雪华译，上海译文出版社2000年版，第35页。

人都生活于其间的世界，涉及所有人的决定与行为必须在拥有对话意愿和能力的一些人的对话中达成，这些人不仅包括政治家和官僚，也包括受此影响的广大民众。因此，管理不能替代民主，一味依赖专家治国和技术统治只会导致独裁专制。其次，这一模式破除了长期以来存在的教条，强调政治过程与行政过程不可分离，并指出通过公共对话，政治民主可以与公共行政紧密结合。该模式认为，公共行政中公共性的达成不能缺乏公民参与这一维度，特别是每位公民的对话资格应该得到尊重，原因在于通过自由商谈，政策制定与执行将会真正有助于解决公共问题和更好地处理公共事务，而且"真实的话语是民主化管理理论最好的期待"①。

　　那么，这一模式是否具有局限性呢？回答是肯定的。这种局限不仅源于改革方案的不完善性，也源于其理论支撑的内在缺陷。从其理论支撑来看，对话模式倒置了经济、政治与文化的关系，夸大了文化生活与意识形态的作用，并脱离阶级性来谈合法与非法，这是一种建立在唯心主义基础上的改革思路。正如有学者对哈贝马斯的批评所指出的那样："'交往行为'的合理化乃是根植于传统的唯心主义土地上的'纯粹交流思想'的乌托邦。"② 该模式认为，资本主义的危机主要体现为文化危机和政治危机，而不是生产社会化和生产资料资本主义私有制的矛盾，这显然是违背唯物史观的。根据马克思主义原理，"每一时代的社会经济结构形成现实基础，每一历史时期的由法的设施和政治设施以及宗教的、哲学的和其他的观念形式所构成的全部上层建筑，归根到底都应由这个基础来说明"③。对话模式幻想通过开展理性人的交往、自由的商谈、无拘束的对话来加强资本主义国家政策干预的有效性及政治统治的合法性。但是，在生产方式没有发生革命性变革时，阶级冲突是不可避免的，而且资本主义政治制度所能提供的有意义的参与只能是有产者的参与，因为这种制度作为资产阶级统治秩序的体现最终需要维护有产者的利益。由于对话模式脱离人的现实性来抽象谈论理性，因而它不可能认识到人们之间交往的形式是由生产

　　① ［美］查尔斯·J. 福克斯、休·T. 米勒：《后现代公共行政——一种话语指向》，楚艳红等译，中国人民大学出版社2002年版，第13页。
　　② 陈学明编著：《哈贝马斯的"晚期资本主义"论述评》，重庆出版社1993年版，第427页。
　　③ 《马克思恩格斯选集》第3卷，人民出版社1995年版，第739页。

决定的，有什么样的生产方式，就有什么样的交往形式。对话模式所设想的真实的交往共同体在资本主义社会并不存在，自由和平等的对话很难真正实现，因为"以一定的方式进行生产活动的一定的个人"，总是"发生一定的社会关系和政治关系"①，被扭曲的交往关系在资本主义私人占有制被废除之前是不可能真正合理化的。鉴于此点，对话模式所批判的官僚式独白实际上是不可避免的，因为"统治阶级的思想在每一时代都是占统治地位的思想。这就是说，一个阶级是社会上占统治地位的物质力量，同时也是社会上占统治地位的精神力量"②。不论参与对话的主体在形式上是否会呈现多元化，最终在对话中发挥主导作用并决定对话结果的主体总是统治阶级利益的代表。尽管对话模式呼吁统治阶级赋予普通民众更多的权利，但是，这些形式上的权利并不会从根本上改变有产者剥削无产者的现实。

另一方面，对话模式所提出的挽救公共行政合法性的"药方"同样存在很多问题，而且其中空想性质非常浓厚，具体的改革措施缺乏。尽管这一模式与激进的强势民主论者相比，更强调参与的制度化，更强调自由交往的前提条件和理性商谈的理想原则，但是，这种强调并未使其现实性得到有效的增进，正如彼得斯所指出的那样："如果实行'对话式民主'，则计划与组织的协调势将问题重重。"③ 因此，对话模式所倡导的一些人对话与其所批判的社群主义的多数人对话可能同样具有无序、混乱、为交谈而交谈这样一些特点。要想实现真实对话的程序化，关键在于如何通过制度将这些前提条件和理想原则固定下来，成为人们必须遵循的规范，而不是只提出什么样的条件下交往是自由的，商谈是合理的。换言之，对话模式所要求的交谈者真诚、言论与语境相关、自主参与、有实质性贡献如果没有制度化的措施加以保障，就只能依靠参与对话者的自觉以及其他参与对话者的判断，而这两种方式都存在漏洞。鉴于上述缺陷，对话模式的意义毋宁在于其指出了公共行政与民主参与之间的相关性以及对话权的重要

---

① 《马克思恩格斯选集》第 1 卷，人民出版社 1995 年版，第 71 页。
② 同上书，第 98 页。
③ ［美］B. 盖伊·彼得斯：《政府未来的治理模式》，吴爱明、夏宏图译，中国人民大学出版社 2001 年版，第 79 页。

性，而不在于其所提出的具体措施。不论这种看法在实践中是否可行，但是，对话模式至少明确指出公共行政过程中参与价值不容忽视，以及完善的代议民主需要引入公开商谈，确保政策制定与执行的顺利开展。因此，公共行政改革应该创建一种所有的人都能言说和倾听，所有的人都能就接下来该做什么进行商谈的对话①，这应该成为未来民主行政发展的方向。

第四节　民主行政的兴起

随着世界民主化浪潮的推进，民主观念日益深入人心并成为公共行政改革年代的主导话语，以至于前面所谈到的一些改革模式都毫无例外地将实现民主价值视为核心内容之一。宪政模式试图引入宪法权威来强化官僚责任意识，以对抗政治家凭选举获胜而可能出现的滥用职权；代议官僚制途径希望改进官僚队伍的构成，使其能真正代表民众各方面的利益；伦理建构方式想要从道德化的制度建设与行政人的道德化两个方面来培育良好的行政伦理，以弥补环式民主的不足；对话模式抛弃政治家与官僚单方操纵政策话语的独白模式，用民众积极参与对话来解决公共行政中政策质量不高的问题。这些改革模式体现了对公共行政中民主含义的不同理解。不过，笔者以为，完善的民主行政模式需要这些理解的有效综合，同时克服其中的局限性与不现实性。本节将首先介绍公共行政在哪些意义上被认为是民主的，其次探讨各种民主行政模式中最具代表性的奥斯特罗姆的观点，最后对这一观点在理论上的问题提出质疑。

一　不同规定性的民主行政

公共行政改革的理论家对于公共行政的民主层面持有不同的看法，其中每一种看法都带来具有特殊规定性的民主行政。笔者以为，学者们所理解的公共行政的民主属性主要包括下面三种含义：一是行政权力最终归属于民；二是行政后果具有公益性；三是民众积极参与行政过程。

---

① ［美］O. C. 麦克斯怀特：《公共行政的合法性——一种话语分析》，吴琼译，中国人民大学出版社2002年版，前言第7页。

官僚制范式以及再官僚化模式更看重民主行政的第一种含义，即确保行政权力归属于民。鉴于在现代民族国家民众直接掌握行政权力不具有操作性，官僚制范式以及再官僚化思想采用民众对政治家的制约来代替这种直接掌权。同时，由于官僚通过等级结构受到政治家的直接领导，因此，官僚对民众也被视为负有间接责任。这样一来，官僚制范式下民众的主权就体现为民众所掌握的最后控制权，只要政治家可由民众挑选和更换，只要政治家可以管住官僚，行政权力归属于民就是有效的。

伦理建构模式更看重民主行政的第二种含义，即确保行政后果具有公益性。为了实现这一点，伦理建构模式没有考虑引入民众参与行政目标设立的方式，而是将注意力集中于完善官僚的道德责任感，并通过制度建设强化这种道德责任感。其潜在的思想就是，只要官僚从主观上愿意负责任，在客观上有相应机制保障他们负责任，他们就会真正做到服务于公共利益而不是谋取私利，而公益的实现就是民主在公共行政中的最好体现。

对话模式和新公共管理范式更看重民主行政的第三种含义，即民众积极参与行政过程。其中对话模式要求行政机关改变独白的做法，在制定公共政策时鼓励公民积极参与建设性对话，以提高政策质量；新公共管理要求行政机关增强对民众的回应，树立服务于顾客的观念，赋予消费者更多的选择权。

在这三种含义中，第三种含义得到越来越多人的认同，以至于公民参与公共行政已经成为内在于民主行政的一个组成部分。这种认同实际上是下述观念发展的产物：行政权力归属于民以及行政后果的公益性都必须通过公民对行政过程的有效参与来体现。也就是说，如果公共行政排斥或过分限制公民参与，这种公共行政就不可能被看做是属于人民的；如果公民不参与影响自身利益的政策制定与执行，那么行政后果也不可能具有公益性。就此而言，新公共管理范式的形成和对话模式的提出都具有一定的积极意义，因为它们论证了在民主社会里公民参与公共行政的必要性。当然，由于前面所谈到的局限性，新公共管理和对话模式都不是民主行政的可取模式，因此民主行政的大家族里需要添加新的成员。

二　奥斯特罗姆的民主行政

奥斯特罗姆是当代最有创见的思想家之一，他所提出的民主行政模式具有非常广泛的影响。需要指出的是，尽管新公共管理受公共选择学派影响很大，但是，新公共管理在行政改革方面的主张并不完全等同于公共选择学派的理论主张。一方面，新公共管理还吸收了其他一些经济学流派的思想，并借用了管理主义的基本观点；另一方面，公共选择学派并没有那样极端地试图用管理来取代政治，例如，作为公共选择理论家的奥斯特罗姆所谈论的是政治性的民主治理，而不是非政治化的企业家管理。在《美国公共行政的思想危机》中，文森特·奥斯特罗姆归纳了民主制行政范式的基本定理，其核心观点是：单中心的权力等级制有滥权的危险，且无法实现高效运作，权力分散的多中心结构既能提高应变能力，也能够增进人类福利①。

　　这种主张是在批评传统官僚制范式的基础上发展起来的，奥斯特罗姆认为，威尔逊和韦伯对公共行政的理解具有片面性和误导性，他们所提出的公共行政的单一权力中心论也是有害的。威尔逊和韦伯假定所有良好的公共行政都是一样的，认为政治与行政的分离是实现行政管理专业化的基础，坚持自上而下的等级制安排是确保行政高效的必要手段，相信集权对于落实责任来说更加有利，这些看法都站不住脚。奥斯特罗姆指出，公共行政是内在于政治过程的，行政人员也不是中立的服从主子命令的奴仆；等级制结构并不会使公共行政达到高效，而且巨大的官僚制存在严重的制度缺陷和失败的条件；集权不仅不能使责任更加明确，相反它孕育着暴政的危险。更重要的是，奥斯特罗姆认为，威尔逊和韦伯没有把民主制行政看做是替代官僚制行政的有活力的选择，这是错误的。通过考察联邦党人和托克维尔的论述，奥斯特罗姆发现了另一种不同类型的民主行政体制。"在这样的体制中，学者的任务是设计一种结社的学问，它能使人类社群设计组织安排，适当地运用个人的自利作为增进人类福利的行动规则。"②他还引证麦迪逊的观点，指出包括多个政府单位的复合共和制是救治党争和多数暴政的有效安排，因为"它允许多个共存的群体表达其利益，在此没有任何利益群体有必要去否定或者支配其他利益群体"③。奥斯特罗

---

①　[美]文森特·奥斯特罗姆：《美国公共行政的思想危机》，毛寿龙译，上海三联书店1999年版，第114—116页。
②　同上书，第134页。
③　[美]文森特·奥斯特罗姆：《复合共和制的政治理论》，毛寿龙译，上海三联书店1999年版，第100页。

姆认为，公共行政的改革需要克服思想危机，改变公共行政的传统范式，根据汉密尔顿、麦迪逊及公共选择学派的理论设计新的民主制行政范式。这一新范式的核心内容是打破等级结构，废除单一权力中心，实行分权和多中心自治，扩大联邦主义原则的应用范围，发展地方自治新体制及多个政府单位之间的相互协作，等等。

三 奥氏民主行政的理论困境

奥斯特罗姆的思想中包含着很多有价值的成分，首先值得肯定的是他对政治与行政密切联系的看法。在奥斯特罗姆之前，一些公共行政学家为了从腐败的政党政治中拯救公共行政，摆脱政治争斗对行政管理的不适当影响，提出行政事务与政治事务分离以及公务人员的政治中立。奥斯特罗姆则明确指出，政治与行政是相互依赖的，因为公共行政所涉及的公共物品供应不可能脱离政治决策过程，政治可行性同样需要建立在行政可行性基础之上。他还指出，公职人员既不可能也不应该采取中立立场，他们服务的对象不是政治主子和政府官员，而是作为公益物品和服务的用户或者消费者的个人。"他们会拒绝服从剥削共同福利的非法的努力，也会拒绝运用强制权能来损害个人的权利。"[①]

其次，奥斯特罗姆对权力制约必要性的论述也是发人深省的。奥斯特罗姆承认，必要的权力是服务公共利益所不可缺少的，但他指出，由于这种行善的权力掌握在拥有自身利益的官员手中，故而同样可能被误用和滥用。"问题在于如何使这些掌握政府基本特权的人在完成公共委托事务时担当起责任。"[②] 奥斯特罗姆提出了两个解决办法：一是用野心对抗野心，实行分权和制衡，使任何人的权力包括多数人的权力都有限度；二是合理利用官员的自利之心，通过良好的制度设计引导官员成为公共利益的保护者。这两个解决办法都是既往政治思想的产物，但是，奥斯特罗姆借此得出其多中心自治的观点则具有一定新意，尽管这种观点的合理性需要更深

---

① ［美］文森特·奥斯特罗姆：《美国公共行政的思想危机》，毛寿龙译，上海三联书店1999年版，第133页。

② ［美］文森特·奥斯特罗姆：《复合共和制的政治理论》，毛寿龙译，上海三联书店1999年版，第81页。

入地思考。在联邦党人那里，联邦制安排的可取之处在于其有利于广阔地域内民主共和制的推行，而在奥斯特罗姆看来，这种安排还是确保权力不被滥用的最佳选择。换言之，复合共和制不是一种可能选择，它具有必然性，并且和民主属性相契合。

最后，奥斯特罗姆对平等参与权和民众自治观的弘扬非常具有积极意义。在书中他声称，"每个人都有资格参与公共事务处理的平等至上主义的假设"是民主制行政的基础之一①，他也探讨了自治原则对于加强权力制约、发扬民众智慧和推进民主价值的重要性。这表明，奥斯特罗姆非常看重前述民主行政的第三种含义，认同公民参与行政过程是民主行政的本质特征。这种认同和只强调公职人员是人民代表的观点相比，显然是一个进步，因为民主作为民众自己统治自己的政治形式，需要培育和发展民众的自治能力，而非只给他们选择统治者的权利。

另一方面，奥斯特罗姆的观点同样有值得商榷的地方，他对行政集权的批评并不完全成立；他所推崇的分权不符合西方国家后现代的实际；他对多中心治理体制能够协调运作的看法也过于乐观了。

首先，奥斯特罗姆认为，过度的行政集权必然导致权力滥用，这种担忧具有警醒作用，但是，权力滥用的根源显然不在于行政集权而在于行政权力的不受约束。奥斯特罗姆认为，政府权威的日益集中会导致公职人员成为人民的主人，实际上政府权威集中和人民的控制权之间并不矛盾，只要政府权威是宪政层面上的权威，它就不是专断的权力。奥斯特罗姆以"水门事件"为例，声称这样一种宪政危机的出现是因为在高度一体化的执行结构中命令权力完全集中在单个行政首长手里。然而需要指出的是，行政首长的集权并不意味着其权力的不受控制，尼克松固然可以用行政特权为借口来掩盖其滥用职权的事实，但是其行政特权受到挑战与质疑恰恰说明其权力的有限性。换言之，权力是否可能被滥用与其是大还是小没有关联。即使政府权力作用的范围或涉及领域很大，但是只要政府权力在这些范围和领域内都受到严格限制，只要政府权力始终被置于监控之下，政府就仍是负责任的有限政府，例如新政时期的美国政府。当然，奥斯特罗

---

①　［美］文森特·奥斯特罗姆：《美国公共行政的思想危机》，毛寿龙译，上海三联书店1999年版，第87页。

姆对威尔逊的批评也有一定道理，集权本身的确不能产生负责任行为，也不会有利于民主控制。相反，权力集中使其为恶的可能性更大，使其可能作恶时的危害更大，因此，集权的同时更需要加强对权力的有效制约，更需要运用制度手段来防止其越轨。

其次，奥斯特罗姆认为，分权对于维持能增进人类福利的政治秩序来说是必要条件，这种看法没有充分估计到行政集权在处理复杂的行政事务上的重要作用。奥斯特罗姆认为，单一的权威不能解决所有的政府事务，这无疑是正确的，但是，随着行政事务的日益繁复，行政集权的必要性同样在凸显。对于民众现今所面对的环境、能源、卫生、种族等大多数公共问题，政府必须拥有足够权威和有效聚合资源才能够予以解决。奥斯特罗姆认为，分权有利于产生不同权力之间的相互制约，但是，行政改革的目的不只是要产生有限政府，同样要产生有效政府。自 20 世纪 90 年代以来，有效政府成为广受欢迎的政府理念，这一理念折射出在经济社会问题日渐增多的今天，公众对政府权力可以很好地服务于民有了更强的信任，而此种信任是以政府权力要受严格限制作为前提的。作为有效政府的前提，行政集权并不妨碍权力制约的实现。奥斯特罗姆认为，权威分散和具有职能重叠特征的行政体制会具有较好的绩效，但是官僚制过于僵化和低效的弊病并不能证明行政集权就因此是不必要的，也并不意味着任何问题的解决都依赖于分权。必须指出的是，集权只是官僚制的一个特征，它不能等同于官僚制，况且合理和有效的行政集权并不意味着弱化下一层级政府的权力。正如有位学者所指出的，20 世纪美国"联邦权限扩大是事实，但联邦政府权力的扩大并非自动削减州政府的权力，州政府的权力也在某些领域里相对扩大"[①]。因此，实际情况不是联邦政府蚕食州政府的权力，而是各级政府权力都趋于集中，这恰恰反映着时代发展的需要。也就是说，行政集权的出现和资本主义国家政权横向的权力分立一样，都是为了帮助统治阶级能够在资本主义进入垄断时期后更好维护自己的利益，所以行政集权是内在于垄断资本主义的一个特征。

最后，由于奥斯特罗姆所提出的多中心治理体制"是在合作、竞争、冲突以及冲突解决程序中运作的，而不是通过居高临下的官员等级结构的

---

　① 张定河：《美国政治制度的起源与演变》，中国社会科学出版社 1998 年版，第 97 页。

命令和控制来运作",① 因此确保多中心之间的协调就成为这一体制成功的关键。不过，实践证明，多种政府单位之间的协调往往是存在问题的。奥斯特罗姆看待这一问题较为乐观，他认为，地方政府管辖范围的适当交叠有助于更好地提供公共物品和服务。事实上，多中心之间是否能够协调不是奥斯特罗姆所考虑的，他只考虑多中心治理的后果，而且奥斯特罗姆所理解的公共利益是由单个个人的利益所构成的，公共行政的实践者必须准备增进和服务于单个个人的利益，正是后者构成了他们实质性的公共性②。然而正如我们在前一章中所谈到的，方法论的这种个人主义具有局限性，它损害了公共利益的概念，在各种利益冲突的时候，必要的政府权威仍然是必要的。此外，当奥斯特罗姆引证学者的话，认为"邻里治理和社区控制在大城市内部提供某些公益物品和服务方面是适当的机制"③时，他所指称的多中心显然已不只是指多个政府单位，而是包含更为广泛的组织形式。这样一来，多中心治理就包含了向多个政府单位分权和实行公民自治这两个方面，对它们的评价显然是不同的。尽管公民自治的确是民主行政的重要组成部分，但是同时拥有权威的多个政府单位则需要同时考虑其协调性问题，在这方面一定的行政集权是必要的。

---

① ［美］文森特·奥斯特罗姆：《美国公共行政的思想危机》，毛寿龙译，上海三联书店1999年版，第162页。
② 同上书，第132页。
③ 同上书，第123页。

第六章　重塑公共行政的合法性

在前面三章通过对公共行政的官僚制范式在实践民主方面的局限、新公共管理范式的民主层面及其不足、近些年来改革公共行政的思路的考察和评析，我们看到，在公共行政的演变过程中民主话语从未被摒弃，相反民主已经成为公共行政的核心内容，这反映出公共行政的公共性蕴涵着民主原则。恰如美国行政学家费斯勒与凯特尔所言："民主与官僚制之间存在密切的关系，并且这种关系的确处于行政过程的政治的核心。"[①]

在这一章中，笔者将首先说明官僚制行政为什么是公共行政所不可或缺的，以及民主如何成为公共行政的价值追求。其次，笔者将探讨政治家、官僚与选民关系的建构，这种关系建构是成功处理行政与民主关系的关键。

第一节　公共行政的性质与宗旨

正如上面所谈到的，官僚制与民主之间并非紧张的冲突关系，以至于我们要么只能为行政高效而保留官僚制，摒弃民主，要么只能为政治民主而舍弃官僚制，默许低效。官僚制与民主之间是完全可以协调一致的，在政府干预的事务日益繁复，行政权力的运用日益频繁之际，权力合法性问题在凸显，此时采取各种措施促进民主在行政过程中的实现是非常重要的。同时，公共行政的性质也决定了官僚制是公共行政不可或缺的伴生物。

---

① ［美］詹姆斯·W. 费斯勒、唐纳德·F. 凯特尔：《行政过程的政治——公共行政学新论》，陈振明等译，中国人民大学出版社 2002 年版，第 3 页。

一　公共行政的性质

从根本上说，官僚制的历史命运取决于官僚制的基本特征是否符合公共行政的性质要求。笔者以为，尽管官僚制存在诸多局限性，但是人类社会要实现对大规模生产的组织和管理活动，就必须依赖于官僚制组织形式，其他组织形式只能够起补充作用。

首先，公共行政作为国家行政组织对社会公共事务所进行的管理活动，需要实现管理的高效率，而官僚制在效率方面的确具有很大优势。尽管前面我们介绍了很多学者对官僚制低效的分析，但是应当指出的是，这些分析只能说明官僚制并非处理一切公共事务的最佳组织形式，或者说官僚制不是解决公共问题的唯一组织形式。在绝大多数公共事务的处理方面，官僚制仍然是必需并且有效的。具体来说，官僚制通过集权型的等级结构可以实现管理事务的分工与协调，实现统一指挥和领导，确保大规模管理活动的正常进行；官僚制通过将纷繁复杂的行政事务转化为常规性事务可以提高其可预见性，增加成功处理这些事务的概率，并为今后解决同类事务积累经验；官僚制通过强调严明的纪律、程序化的制度规定可以实现官僚的非人格化，排除其情感、观念等非理性因素影响，防止因政策执行者个人好恶导致公共行政出错。

另一方面，由于现代社会所面临的众多公共问题本身就非常难以解决，官僚制在解决某些公共问题时没有做到尽善尽美并未说明官僚制应该被取代。毕竟没有官僚制的话，大多数公共问题将更加难以解决，人类社会的历史经验就是很好的证明。因此，官僚制并不会像一些人说的那样要被摒弃、已经破产或将要灭亡，相反官僚制仍是公共行政不可或缺的工具。一些官僚制的批评者往往只注意官僚制在解决某些社会问题时效率不高或效果不佳，却没有或不愿去思考这种情况出现的根源何在。米尔沃德和雷尼对此感到遗憾，他们指出："让公共官僚制充当各种社会和经济弊病的替罪羊，这只会阻碍对这些问题的恰当分析。"[①] 此外，公共行政作为具有政治性的管理活动，需要在有效处理公共事务的同时维持有利于统治阶级整体利益的稳定政治秩序，因此在公共行政的多元目标中效率并不

---

① Herbert M. Levine, *Public Administration Debated*, Englewood Cliffs: Prentice-Hall, 1988, p. 17.

是最为重要的。官僚制面对着多元、相互冲突的目标体系，很难保证这些目标同时、高效达成，但是官僚制的确在朝这方面努力，就此而言官僚制需要得到人们的理解和尊重，而非过多的指责与苛求。

其次，公共行政作为少数人直接行使公共权力的一种特殊管理活动，需要依赖其权力的合法性，而官僚制所建立其上的法理型权威正好满足了这种需求。根据前面所介绍的韦伯的看法，官僚制所依托的权威源于法律而非源于传统、习惯、迷信、神话，也不依系于官僚个人的任何品质或特征。官僚凭借其法定地位取得职权，严格依照法律来行使这种职权，其与公民的个别接触是执行法律的过程。公民只在法律所规定的范围内服从官僚的权力，也就是说，公民所服从的对象实际上是抽象的法律而非具体的官僚，尽管从形式上看官僚直接运用公共权力并作用于公民。官僚制的这种特点有助于维持一种合法的外表，掩盖阶级统治的实质，赢得民众更广泛的拥护。那么，行政权力的这种合法性对公共行政有什么重要意义呢？其意义就在于这种合法性可以降低行政管理和政策执行的成本，增强民众对公共政策的信心和支持，并使政府组织对公共事务的处理更加高效、更为顺利。政治学中的合法性概念是非常重要的，它提出了公民为什么服从这样一个问题。一般认为，合法性概念应该从规范层面来加以理解，只有当人们从内心里认同于权力的行使而非只害怕不服从权力所可能导致的灾难性后果时，权力才被认为是合法的。对于资本主义国家来说，由于政治统治的主体是少数人，因此其统治天然就是不合法的，这种不合法需要通过表面上的追求合法性来加以掩盖，此时官僚制看上去中立的、依循于法的特点使其具有一定的迷惑性，能够较好地服务于统治阶级的利益。

最后，行政事务日益繁复决定了专业技术在行政管理过程中占有越来越重要的位置，而官僚制能够确保行政管理人员具有必要的专业知识。对于已进入后工业社会的发达资本主义国家来说，各种经济社会问题的解决已越来越离不开拥有专业技能的行政官僚，以至于有人评论道："公共行政是知识，知识就是力量，公共行政是力量。"① 前面已经谈到，官僚制是实现知识和理性管理的组织形式，而知识和理性管理是通过具有专业技

---

① ［美］尼古拉斯·亨利：《公共行政与公共事务》，张昕等译，中国人民大学出版社2002年版，第37页。

能和经验智慧的官僚来体现的。官僚制通过高标准的考试、不定期的培训和专业化的分工，将官僚培养成拥有各方面知识的专家，以使其完成各项行政事务。当然，像许多人所指出的那样，行政官僚可能凭借专业知识架空政治家，甚至谋取私利，但是解决这一问题的办法应该是加强对官僚的民主控制，而非要求公民直接承担处理经济社会事务的职责。毕竟在现代科学技术飞速发展的今天，要求公民自己就开发核能的可行性、环境保护的具体标准、药物对人体的作用情况等进行判断是非常不可取也不必要的。"一些行政决定充满着如此技术性和复杂性的问题，受到影响的公民需要克服很大的困难和花费许多时间才能理解作出的决定的过程，更不用说参与决定作出的过程了。"[①] 尽管现实中的官僚制的确经常带有官僚主义习气，尽管官僚制在处理一些公共事务方面的低效、无效现象的确存在，但是，我们需要的仍然是更具有回应性和更加负责的官僚制，而非官僚制的终结。通过鼓励其他组织形式进入公共领域，通过增加公共组织的类型，公共事务将得到更好地处理，不过官僚制将仍然是"组织剧目"中最重要的一种组织形式。

二　公共行政的宗旨

公共行政所追寻的价值是什么？这个问题一直困扰着西方公共行政的理论与实践，效率、经济、公平和公益等价值都曾被提出作为备选答案。现今人们已普遍认同，作为公共行政领域"值得追求的或美好的事物的概念，或是值得希求的或美好的事物本身"[②]，公共行政所追寻的价值不应该是单一的，而应该是多重的。然而关键问题在于，假如公共行政的价值是多重的，那么它们之间是相容还是相冲突的呢？很显然，上述价值中的某些价值之间可能会有冲突，至少在短时期内是如此，因而幻想所有价值会同时并以同样的速度达到显然不现实，这就需要我们认真思考公共行政的终极目标和宗旨是什么。笔者以为，答案就是公共利益，正如登哈特夫

---

① ［美］乔治·弗雷德里克森：《公共行政的精神》，张成福等译，中国人民大学出版社2003年版，第97页。

② ［美］杰克·普拉诺等：《政治学分析辞典》，胡杰译，中国社会科学出版社1986年版，第187页。

妇所指出的那样："就公共行政而言，最重要的并且最有价值的就是我们为公民服务以增进共同的利益。"①

得出这个结论的原因在于公共利益最鲜明地反映了公共行政的本质属性，并且是公共行政的基本出发点和最终落脚点。公共利益使得公共行政区别于政治统治，这种区别我们在第一章中已经作过介绍，即政治统治直接谋求统治阶级的利益，并更多地依赖暴力手段，而公共行政作为仍然具有政治性的管理活动，从表面上看来是为社会公共利益服务的，并更多地利用经济、管理、思想政治教育等手段。由于这种管理活动的开展可以维护有利于统治阶级的一定秩序，而不至于因为阶级冲突而使统治秩序毁灭，所以，政治统治不能单靠自身得以维持，社会需要"建立保护共同利益和防止相抵触的利益的机构"②。对此马克思评论道：这完全同在专制国家中一样，在那里，政府的监督劳动和全面干涉包括两方面：既包括执行由一切社会的性质产生的各种公共事务，又包括由政府同人民大众相对立而产生的各种特殊职能③。尽管这里的共同利益仍然不过是统治阶级利益的隐晦表达，但是，由于社会成员本身存在着共同利益，因此这种利益必然带有解决公共问题的一面。

另一方面，资本主义发展到公共行政阶段，公共利益中不完全符合统治阶级利益的比例在增大，这是因为资产阶级要继续统治下去就不能完全不顾被统治阶级成员的一般利益，而促使阶级冲突加剧，发展到毁灭社会的地步。就此而言，正如行政管理活动是政治统治发展而自然产生的一样，公共行政也是资本主义政治统治发展到一定时期自然产生的。由于政治统治更直接地反映着统治阶级的利益，因此公共行政从属于资本主义政治统治的需要，然而资本主义政治统治中所注入的民主因素同样反映在行政管理之中，从而使行政的公共性日益成为关注焦点。总的来看，行政管理活动的开展都是为了实现这种表面上的公共利益，以服务于政治统治，公共行政的用语并没有改变这种状况，尽管公共用语的突出表明这种公共

---

① ［美］珍妮特·V.登哈特、罗伯特·B.登哈特：《新公共服务：服务，而不是掌舵》，丁煌译，中国人民大学出版社2004年版，第2页。
② 《马克思恩格斯选集》第3卷，人民出版社1995年版，第522页。
③ 《马克思恩格斯全集》第25卷，人民出版社1974年版，第432页。

利益的重要性受到更多人的关注。公共利益也使得公共行政区别于私营管理。作为不同类型的管理活动，私营管理的宗旨是本企业的利润，其他企业的利益并不在其考虑范围之内，相反私营管理本身所强调的正是竞争和优胜劣汰。公共行政则不同，公共行政所追寻的是公共利益，而且这种公共利益不可能完全通过社会成员自发的协作和努力，或者通过市场的方式得以实现，因此尽管公共利益不完全依赖于国家行政组织，但其最终实现不可能不要政府的介入。实际上，"明确表达和实现公共利益是政府存在的主要理由之一"①。

　　将公共利益确定为公共行政宗旨的原因还在于前面所谈到的其他价值都不适宜充当公共行政的宗旨，尽管它们的重要性毋庸置疑。首先，经济与效率必须从属于公共利益，因此它们不是公共行政的宗旨。近些年来，随着新公共管理运动的蓬勃发展，"使政府像企业一样有效率"的呼声越来越高。这里暂且不论政府所有部门都无效率的指责以及所有企业都有效率的主张都是错误的，更重要的是政府本身并非以纯粹的经济和效率作为其行为指南，政府需要服务于公共利益——当然花费更少和更为快捷地服务于公共利益同样是公共利益所要求的。需要指出的是，尽管公共行政理论研究中这种注重经济与效率的思想倾向由来已久，但是，实践中的公共行政从来没有局限于经济与效率，政府部门为了促进公共利益也会采用不经济、无效率做法。总体来看，公共行政中的经济与效率不是主导价值，更非公共行政的宗旨，故此有的学者指出："过多强调运作效率可能会扭曲我们社会里政府的角色、目标和价值。"② 尽管经济与效率作为所有管理活动都需要追寻的价值的确非常重要，而且长期以来一些政府部门不讲求成本、官僚习气过重的弊病也需要得到根治。不过，任何管理活动都服务于更高一级的目标，而非单纯追逐机械的经济与效率，没有目标的经济与效率是无意义的。正如私营管理的效率总是以利润为导向一样，公共行政的效率必须以公共利益为依归，"如果政府功能的供给不适合社会的需

---

　　① ［美］珍妮特·V. 登哈特、罗伯特·B. 登哈特：《新公共服务：服务，而不是掌舵》，丁煌译，中国人民大学出版社 2004 年版，第 62—63 页。

　　② Herbert M. Levine, *Public Administration Debated*, Englewood Cliffs: Prentice – Hall, 1988, p. 18.

求，那么不论效率即成果与成本之比如何之高，这种成果也是无效的"①。

其次，公共利益的含义中包括了社会公平，因此以公共利益作为公共行政的宗旨可以涵盖更广泛的内容；反之则不然。一般认为，把社会公平引入公共行政之中并且将其树立为公共行政的价值源于新公共行政学派，他们反对传统行政学家及行政管理人员只注重经济与效率的做法，强调公共行政的核心价值在于确保社会公平。对于什么是社会公平，新公共行政学派作出了许多不同的解释，这些解释往往过于宽泛，以至于模糊了社会公平这一概念所具有的特性。例如，其代表人物弗雷德里克森试图提出社会公平的复合理论，将公正、正义和平等概念等整合到一起，尽管他也认识到在实践中各种可能的公平形式之间可能会相互矛盾。不过，由于新公共行政学派从罗尔斯的"作为公平的正义"中获得了坚实的理论基础，因此，他们倡导社会公平的主要意图在于强调弱者的合法权益，"是要推动政治权力以及经济福利转向社会中那些缺乏政治、经济资源支持，处于劣势境地的人们"②。从这个意义上来说，社会公平只是代表着对公共利益的特定解释，即公共利益不能通过侵害弱势群体正当权益的方式来获得。

然而，通过这种方式获得的利益本来就不能称之为公共利益，因此社会公平只是公共利益范畴内对其内容的一种强调，而非在其之外的概念。事实上，社会公平这一概念本身需要结合公共利益来进行理解。也就是说，正因为公共行政应该追寻的是公共利益而不是强势群体的利益，正因为每个社会成员在社会所追寻的公共利益中都应该有同等的一份，所以弱势群体的利益才需要得到保护。当然，强调社会公平的重要性具有积极意义，因为它反映了公共行政的实践常常使弱势群体处于被漠视地位，并且指出现实中公共利益已经被扭曲成为代表多数强势集团并且根据其政治资源多少所进行的分配。弗雷德里克森教授认为，这种状况需要改变，其方式就是"将公平作为公共行政的第三个规范性支柱"，"要求公务员致力于更合理地分配公共物品和服务，要代表那些没有渠道参与公共政策过程的人，要追求公共的利益或更大的善，要尊重个人的尊严并且不遗余力地

---

① 毛寿龙：《中国政府功能的经济分析》，中国广播电视出版社1996年版，第4页。

② 丁煌：《西方行政学说史》，武汉大学出版社1999年版，第342页。

维护他们的权利"①。弗雷德里克森及新公共行政学派的理论家们把维护社会公平的职责赋予公共行政人员，是想对既定政策过程的不公平结果进行补救，然而这种政策过程本身亦需要加以改变。事实上，如果政策过程是公平的，产生的结果就会是公平的；如果政策结果是公平的，它就能体现真正的公共利益。只要真正的公共利益得到认同，只要公共行政追寻的是真正的公共利益，那么社会公平必然是其重要内核，因此公共行政的最终宗旨显然是公共利益。

　　遗憾的是，尽管公共利益作为公共行政宗旨获得了越来越多的认同，但人们在公共利益是什么方面却并不存在共识，因此公共利益对于不同的人而言往往意味着不同的东西。但是，对提供公共服务的公共行政来说，"倘若不承认公共利益的作用，那么，认识服务的深度和广度即便不是不可能的，也是很难的。因此，公共利益为我们认识公民权、治理以及公共服务带来的丰富性在价值上大大超过了在试图围绕着公共利益确定概念边界时所遇到的困难和歧义性"②。换言之，公共利益作为公共行政的宗旨仍然是一个非常有意义也非常重要的概念。

三　作为公益行政的民主行政

　　根据前面的分析，公共行政的最终归宿应该是公共利益，那么民主在公共行政中的地位怎样呢？民主是否也应被列为公共行政的宗旨呢？笔者以为，尽管公共行政中需要贯彻民主精神，但是公共行政并不以民主价值为宗旨。这不是因为民主价值不如公共利益重要，而是因为严格意义上的政治民主作为一种国家形式涉及阶级关系，是一种政治统治形式而不仅仅是在行政过程中贯彻一定的民主精神，它并不局限于公共行政领域，也不是公共行政的专属价值。换句话说，公共行政之所以要强调民主，最根本的原因在于政治统治本身已是民主政治，是由于公共行政作为行政管理的一种表现形式需要从属于作为政治统治形式的民主，所以公共行政的出现

---

　　①　[美] 乔治·弗雷德里克森：《公共行政的精神》，张成福等译，中国人民大学出版社2003年版，第101页。

　　②　[美] 珍妮特·V. 登哈特、罗伯特·B. 登哈特：《新公共服务：服务，而不是掌舵》，丁煌译，中国人民大学出版社2004年版，第65页。

及其存在都不是为了民主。相反，公共行政的出现本身是资本主义民主政治发展的产物，只有一定程度的民主才会要求行政具有更大的公共性，包括行政所服务的利益的公共性。当然，公共行政的民主性质有利于其宗旨公共利益的实现，因此民主价值又是与公共利益相契合的，表现在透明、回应、责任、参与等价值既是民主的重要组成部分，又是实现公共利益所必需的。

　　首先来看透明性原则。"它指的是政治信息的公开性"，指的是"每一个公民都有权获得与自己的利益相关的政府政策的信息，包括立法活动、政策制定、法律条款、政策实施、行政预算、公共开动以及其他有关的政治信息"①。从民主的角度来看，透明性原则之所以重要是因为如果没有足够的政务信息来源的话，人民的代表是否忠实于人民的意志就无从判断，重大问题的决定就只能是政客"暗箱"操作的结果，这显然是违背人民统治要求的。从公益的角度来看，透明性原则同样是重要的，因为没有透明的行政过程，权力就容易被少数人利用以谋取私利，其代价将是公共利益受到损害。就此而言，没有充分的知情就不会有民主，也不会有公益。在一个真正民主的社会，政府必须通过政务公开确保公民享有知情权，以使公民能够时时了解政府的所作所为，保证政府始终处于自己的监控之下，并且真正有效地参与公共决策过程。

　　其次来看回应性原则。"它的基本意义是，公共管理人员和管理机构必须对公民的要求做出及时的和负责的反应，不得无故拖延或没有下文。"② 从民主的角度来看，倡导回应性原则有利于密切人民与其代表的联系，确保人民意志在平时也能够起作用，它意味着民主不等同于民众对统治者的选择，民众提出要求、进行批评和施加压力的权利同样需要得到尊重。从公益的角度来看，回应性原则有利于政府部门根据民众意愿不断修改和确定公共利益，确保任何社会成员的正当利益都不被忽视，它意味着真正的公共利益不仅仅表现在民选政治家所制定的政策上，民众在日常生活中所遇到的很多不可预见的公共问题同样需要政府加以解决。回应性原则与前面所谈到的社会公平有一定的联系，因为掌握较少政治资源的弱

---

① 俞可平主编：《治理与善治》，社会科学文献出版社 2000 年版，第 9—10 页。
② 同上书，第 10 页。

势群体很难使自己的利益在政策制定过程中得到反映，它们往往更需要依赖行政机关对其要求的回应来确保自己的利益受到重视。有鉴于此，行政机关及其工作人员应该更加具有回应性，以使自己成为社会公平的捍卫者，并使真正的公共利益成为公共行政日常行为的指南。

再次来看责任性原则。它是指"管理人员及管理机构由于其承担的职务而必须履行一定的职能和义务。没有履行或不适当地履行他或它应当履行的职能和义务，就是失职，或者说缺乏责任性"①。从民主的角度来看，责任性原则是代议制度中必须始终贯穿的一个重要原则，它能够在人民无法直接行使公共权力的情况下确保人民对掌权者的控制，避免权力滥用，因此"界定责任的概念和方法构成了民主理论中的根本性问题"②。从公益的角度来看，责任性原则是推进公益所不可缺少的一个基本要求，通过责任追究亦即通过对不能有效推进公共利益的政府官员进行撤换，对利用公职损公肥私的政府官员进行惩罚，公共权力的运用将更为可靠地朝向公共利益。需要指出的是，责任概念的民主视角与公益视角同样是重要的，两者的有效结合将有助于我们更好地理解政府官员的责任究竟意味着什么。在前面我们曾经谈到过弗里德里克与芬纳就行政责任所展开的争论，显然，芬纳对外部责任的强调更侧重于民主的实现，而弗里德里克对内部责任的强调更侧重于公益的达成。然而，这两者是互相包容而非互相排斥的。人民对公共利益的关注使他们不会只期望政府不犯错，因此政府官员利用专业知识以有效推进公共利益同样是其所负责任的一部分，政府官员必须依托人民对他们的信赖而发挥与其职务相匹配的才能。另一方面，政府官员对公共利益所作的有意或无意的错误解释都不能只受道德上的谴责，道德责任必须建立在政治责任有效运转的基础之上，缺乏有效民主控制的内部责任是软弱无力的。

最后来看公民参与。它是指公民通过各种方式自愿地、合法地参与政治生活的行为，这些方式包括参加投票和选举、组织利益集团和政党、进行政治集会和请愿、与政府官员接触并反映问题，等等。从民主的角度来

---

① 俞可平主编：《治理与善治》，社会科学文献出版社 2000 年版，第 10 页。

② ［美］珍妮特·V. 登哈特、罗伯特·B. 登哈特：《新公共服务：服务，而不是掌舵》，丁煌译，中国人民大学出版社 2004 年版，第 119 页。

看，公民参与能够促进政治统治的合法性，提高政策执行的效率，增强民众对政治生活的认知，培育有利于民主的政治文化，而且公民参与的普遍性与充分性也被看做是衡量政治统治民主程度的标准之一。从公益的角度来看，公民参与的积极意义既在于公民作为智慧之源能够提供有利于公共利益达成的建设性意见，也在于公民的积极配合与热心参与是政府有效推进公共利益的前提条件，况且公共利益的确定本来就是一个公民积极参与政策对话的过程，特别是弱势群体的对话资格必须予以保证。先前我们在阐述托—密原理时曾经谈到过，什么是公共利益必须依赖于公众自身所作的判断，因为"即使我们是民主国家选民中的一员，我们也无法确定自己的全部利益都会得到充分的保护；但是，如果我们被排除在公民的范围以外，我们几乎可以断言，我们的利益会被忽视，或者直接受到损害，从而严重地危害了我们的利益"①。值得注意的是，以往公民参与的理论从来没有像现在这样关注于公共行政领域的公民参与，因为这一领域一直被看做是专家垄断的领域。这显然是一个进步，而且正如学者们所指出的那样，公民参与有助于实现行政管理的民主化，它可以扩展行政技术未考虑到的层面，改善公共政策的品质；可以提供创新观念；对于争执不休的歧见，可以透过多数决议的方式解决，有助于民主社会理念及各种公共价值观的维护；对政府当前所无法展现的公共服务职责加以补充②。但是，公民参与的这种积极作用能否得到充分发挥，关键还得看公共行政的实践能否为公民参与行政管理活动提供多样化及现实的参与途径，亦即要看行政管理过程中公民参与的制度化水平如何，在这方面还有很多工作要做。

根据上述分析，公共行政要想更好地实现自身的宗旨，就必须构建真正民主的行政。为此，政府必须推进政务公开，以赋予人民知情权，增强行政人员的回应性，健全制度以使行政人员负起责任，鼓励民众积极参与政策过程。这样做的目的，不仅仅是因为透明、回应、责任、参与等价值常常被看做是民主价值的重要组成部分，也是因为通过这些举措能够使公共利益得到更好的看护。就此而言，公共行政不能脱离民主，因为民主行政从本质上说是公益行政，公共行政必然要求民主行政。

----

① ［美］罗伯特·达尔：《论民主》，李柏光、林猛译，商务印书馆1999年版，第60页。

② 李图强：《现代公共行政中公民参与》，经济管理出版社2004年版，第38页。

第二节　政治家、官僚与选民

如何在公共行政中贯彻民主，关键的问题在于如何处理民选政治家、行政官僚以及普通选民之间的关系，而这一问题的解决又包括两个层面：第一，如何在确保前两者更好地履行职责的同时又能够做到使其向后者负责；第二，如何通过公民有效的支持和配合来增强前两者行为的合法性。前者反映了一种责任政治观，即公共权力的行使者作为公民权力的受托者，其权力的获得和行使都必须得到权力所有者的同意，并对其负责；后者反映了一种参与民主观，它意味着"公共组织'不仅必须使正式制度和程序民主化，而且必须为非官僚的对话和组织形式留出空间'"①。

一　选民与政治家

首先，我们来看一下选民与政治家之间的关系。研究这种关系的理论有时被称作代表制理论，因为民选政治家被看做是选民的代表，虽然不是一般所泛指的那种代表。根据伯奇的看法，政治代表即"那些根据习俗或法律在政治系统中拥有代表身份或角色的人"，"那些人的基本特点是他们被选择的方式，而不是他们的行为或特征或象征价值"②。换句话说，政治代表所指代的是民众通过正式程序选出来的那些人，他们的合法权力来源于其经历了一次选举过程。

关于政治代表的争论主要涉及其在什么意义上代表人民，由此引出了如下问题：代表应根据其选区人民的意愿还是基于对整个国家利益的考虑来行事。选择前者的理论被称作委托说，其支持者认为，代表作为选民的代理人，应该被看做选民派驻议会的使节，他们在议会中言行必须严格遵照选民要求而不能自行其是，否则就是对选民委托的背叛。委托说最早可以追溯至英国托利党人对议会成员作用的看法，当时他们认为议员的作用

---

① Colin Pilkington, *Representative Democracy in Britain Today*, Manchester: Manchester University Press, New York: St. Martin's Press, 1997, p. 325.

② A. H. Birch, *Representation*, London: Macmillan Press LTD., 1972, pp. 15 – 20.

是代表地方利益。随着议会权力的上升，到 17 世纪英国出现了有关议员作用的辉格党理论，亦即后来所称的代表说，它主张："议员既非委托代表，也非微观代表和象征代表。他们是当选代表，其职责不是推进其选民的利益，而是根据自己对什么是最好的国家利益的个人判断增进作为一个整体的国家利益。"① 在欧洲大陆，代表说的观点逐渐占据主流，著名的政治思想家伯克和密尔都倾向于这种观点，伯克在其对布里斯托尔选区人民的演讲中以及密尔在其《代议制政府》中都认为，代表的知识、经验、才能高于普通选民，因此一经选出就应取得独立地位，他们应该根据自己所认为对国家利益最有利的方式来行事，而不需遵从选区人民的指令，强制委托只会妨碍代表更好地履行其职责。不仅如此，代表说在政治实践中也逐渐被认可，表现为法国 1791 年《宪法》中的规定："（政府）部门中的当选代表不是某个特定部门的代表，而是整个国家的代表，他们不应被给予指令。"受法国《宪法》中这条禁止给予命令与指令条款的影响，后来很多欧洲大陆国家都在宪法中采用了类似规定。尽管如此委托说并未就此消亡，例如，在大洋的另一端，美国制宪者们"期望国会议员以其选区代理人的方式行事，他们倡议通过经常性选举来阻止代表获得太多独立性"②。

　　需要指出的是，前面所介绍的委托说和代表说只关注代表应当如何行事，实践中代表究竟如何行事却很少有人进行细致的探讨。所幸的是，随着行为主义政治学发展及研究方法的多样化，后一方面的经验研究也逐渐多了起来。米勒和斯托克斯在 1958 年第一次试图将选民的实际观点与选区议员的行为相连，他们发现议员在涉及公民权利问题时更有可能以代理人方式行事。芬诺在 1978 年发现，议员为选区服务的家乡风格可以用于赢得选民的信任，以使他被允许在一些领域行使自己的判断。霍尔在 1987 年发现，议员们一方面在其所在选区受立法影响时行为更为积极，另一方面对于非常关心的问题则不论所在选区是否会受影响他们都会参与其中。克雷斯诺在 1994 年发现，选区服务并未影响到在任众议员的投票，但是对在任参议员的投票有较大影响。布朗内在 1995 年发现，选区人民

① A. H. Birch, *Representation*, London: Macmillan Press LTD., 1972, p. 40.

② Ibid., p. 42.

在农业及相关领域的立法方面是（议员行为）最重要的动力来源①。另一些学者还调查了选民在哪些问题上会有较为明显的意愿，检验了议员所设想的选民意愿是否为真正的选民意愿，考察了议员再次当选与其行为模式之间的联系，等等。上述这些研究的意义非常重大，因为理解议员行为与选民意愿之间的联系不能够只依赖理论的阐释和逻辑的推演。当然，关于委托说和代表说之间的分歧也不应随意夸大，事实上，西方国家的议员总是在某些政策问题上遵循代理人模式而在另一些政策问题上遵循代表模式。一方面，完全不顾选区人民的意愿会在下次选举中遭到选民的报复，从而被剥夺再次当选的机会；另一方面，一味遵从选区人民的指令会限制代表自身才智的发挥并丧失欲有所作为的雄心，而且以此局部利益委托为基础的政府体制也只能追寻个别利益的汇总而不是真正的公共利益。

　　按照马克思主义的看法，代表与选民之间的关系应该是一种委托与被委托关系，例如，马克思曾经在论述德国国民议会权利的时候指出：国民议会本身没有任何权利……人民委托给它的只是维护人民自己的权利。如果它不根据交给它的委托来行动……这一委托就失去效力②。因此，总体而言，马克思主义的代表制理论更符合强制委托理论。这一方面体现在经典作家们强调代表是选民的公仆，必须忠实选民的意志和利益，应当听命于选民；另一方面也体现在他们在对无产阶级政权进行制度设计时强调选民随时可以撤换和罢免代表，以迫使代表时刻遵从选民意志。更重要的是，代表说"要求代表按全体人民的意志和利益行事。然而，抽象空洞的全民意志和利益是不存在的，全民意志和利益是每个局部和地方人民意志和利益的整合，只有每个代表都全面、客观地反映各自所代表的选民和选举单位的意志和利益，各种利益通过代表大会上的交流、调和、妥协，最后按少数服从多数表决，就形成全体人民的意志和利益。全民意志和利益不是先天存在的"③。这就是说，只有肯定代表是选民所委托的代理人，强调代表应该反映选区人民的意志，真正的全体利益才会最终产生。对于

---

　　① 参见 Herbert F. Weisberg, Eric S. Heberlig, and Lisa M. Campoli（eds.）, *Classics in Congressional Politics*, chapter 5 "What is Representation", New York: Addison - Wesley Educational Publishers Inc. , 1999, pp. 70—75.

　　② 《马克思恩格斯全集》第 6 卷，人民出版社 1972 年版，第 305 页。

　　③ 蔡定剑：《中国人大制度》，社会科学文献出版社 1996 年版，第 167—168 页。

资本主义民主国家来说，无论是要求代表根据委托说所规定的方式行事还是根据代表说所规定的方式行事，其实质都是一样的，即代表实际代表的都是统治阶级的利益，而且资本主义民主制度的设计及其实践都是为了确保代表统治阶级利益的代表能够当选。这种当选代表与选民利益相脱节的现象引起了某些后果，例如，近些年来直接民主制在发达国家的复兴趋势，其中一个重要原因就是选民不相信其代表是人民利益的真正代表，他们发现大多数政治家的行为是与腐败、丑闻、自私自利、不信守承诺联系在一起的[①]。另外一些学者则对代议民主实践所导致的政治冷漠、公德心丧失深感忧虑，他们同意卢梭对代表制的批评，即"爱国心的冷却，私人利益的活动，国家的庞大、征服、政府的滥用权力，这些都可以使我们想象到国家议会中人民的议员或代表的来路"[②]。不过，根据我们在第一章所分析的原因，代议民主制仍然是当前阶段人类社会唯一适用的政治统治形式，因此真正现实的选择不是取消代议制度，而是改进代议渠道，密切代表与选民之间的联系，强化代表的责任心。要做到这点，笔者以为，应当在一定程度上重申选民与代表之间委托与被委托关系，强调代表认真倾听选民的要求，时时做到向选民负责。这样做将会增强选民对其代表的信任，使代表能够在更广泛的范围内运用自己的明智判断为选民服务。

二 政治家与官僚

政治家与官僚是现代社会两种不同的政治角色，他们在活动范围、行为模式、思想倾向、责任性质等方面都有差别。按照韦伯的看法，政治家必须置身于政治的角斗场中，充满激情地去战斗并为自己的主张赢得更为广泛的支持者；官僚则应当循规蹈矩，严守纪律并且绝对忠实地执行政治家的指令，即便这种指令违背其自己的价值信念。这两种角色如今都已不可或缺，原因一方面在于政治家需要代表民众来控制行政官僚，以间接实现人民的统治；另一方面在于政治家的才智仍然不适用于解决纷繁复杂的

---

① Colin Pilkington, *Representative Democracy in Britain Today*, Manchester: Manchester University Press, New York: St. Martin's Press, 1997, p. 125.

② 卢梭：《社会契约论》，何兆武译，商务印书馆 1980 年版，第 125 页。

行政事务，他们需要依赖拥有专业技能的行政官僚来帮助实现其对选民的承诺。但是，这样一来，我们就需要考虑如下几个问题：如何利用官僚的专业知识来帮助政治家制定更为完善的政策？如何保证政治家真正控制拥有各种专业技能的官僚？如何保证政治家对官僚的控制不至于妨碍其运用其专业技能来处理行政事务？如何在强调官僚向政治家负责的同时激励官僚并增强其责任意识和荣誉感？

上述问题就涉及政治家与官僚的关系，对此阿伯巴奇等人在20世纪60年代末至70年代初对7个发达国家政客与官僚所作的实证调查是非常有意义的，后来这些调查的结果及其分析被收录于《两种人：官僚与政客》一书。在该书中，阿伯巴奇等人提出了政治家与官僚关系的四种假设：（1）政策与实施。也就是说，政客制定政策，官僚仅仅执行。（2）事实与利益。假定政客和官僚两者都参加政策制定过程，但官僚带来的是事实和知识，而政客带来的则是权利和价值观。（3）动能与均势。认为官僚和政客两者都参加政策制定过程也都关心政治，真正区别在于政客明确地表达无组织个人的广泛分配的利益，而官僚则调节有组织追随者的狭窄、集中的利益。（4）纯粹的混合。相信这个世纪剩下的25年将会证明韦伯所说的政客角色和官僚角色间区分的实际消失，从而会产生他们可以称为纯粹混合的情况①。

阿伯巴奇等人认为，他们对7个发达国家政客与官僚的调查似乎更符合第三种假设，因为调查的一些数据表明："正如假设Ⅲ所展示的，在工业国家的民主政治中，官僚和政客都必须应付外部的政治压力，但是，影响官僚的那些人比影响政客的更为集中，组织化的程度更高。"② 这被看做是最引人注目和意料之外的发现之一，但是这个发现与通常所认为的并不一致，因为大量有关利益集团的研究文献说明利益集团在游说议员方面同样出力甚勤，议员并不能够免于这种压力。另一方面，阿伯巴奇等人根据这个发现所得出的如下结论同样受到了质疑："如果政府要对普通公民的愿望和要求表示更多的关心的话，那么我们首先抱有希望的还是政客，

---

① ［美］乔尔·阿伯巴奇等：《两种人：官僚与政客》，陶远华等译，求实出版社1990年版，第4—19页。

② 同上书，第98页。

如果说经验丰富的官僚是现代政府的基础的话，那么政客就是现代民主政府的基础。"① 在弗雷德里克森等新公共行政学派的理论家看来，政治家往往代表强势群体和特权阶层，官僚恰恰才是弱势群体利益的可靠代言人，是社会公平的维护者。

还需要指出的是，阿伯巴奇等人所提出的上述四种假设都无法说明20 世纪 80 年代以来新公共管理运动中政治家与高级文官之间的新型关系。在这种关系中，政治家被看做是委托人，是为满足选民需求而设定政策目标的战略家，高级文官则被看做是代理人，是被聘用的首席执行官和管理者。政治家按照写有固定条款的合同来聘用管理者，他们只对政策目标负责，不直接干预管理者的活动，但在后者绩效不良时可以依照合同予以解聘。另一方面，高级文官则对自己管理活动的产出负责，他们被赋予更多的自主权，特别是在资源配置和人事任免方面的自由度更大，而且在绩效突出时还将获得额外的奖励。总体而言，合同制关系的核心内容就是用个人的工作合同和绩效合同代替了以规章制度和工作程序建立起来的行政体制。这种关系很难说比传统官僚制下两者之间的关系更为可取，对此很多学者进行过阐述。

第一，用合同来规定高级文官的管理责任不仅过于简单化，也模糊了政治责任，并且往往带来更多的问题，例如巨大的交易成本以及管理者的投机行为。

第二，根据绩效付酬因为不能设计出评价绩效的客观而又可操作指标，往往流于形式。"同时，这种做法完全忽视了当代公共管理研究中，大量关于绩效报酬制度负面影响的研究，也没有看到在以往根据结果付薪的改革尝试中，它的历史记录是多么的糟糕。"② 事实上，澳大利亚在两年的试验之后也结束了高级文官的绩效奖励制。

第三，合同制试图用利润来提高管理者良好作为的积极性，从而使自利动机成为被肯定的因素，这常常导致腐败滋生，而且一味强调经济、效

---

① ［美］乔尔·阿伯巴奇等：《两种人：官僚与政客》，陶远华等译，求实出版社 1990 年版，第 231 页。

② ［英］克里斯托弗·胡德：《国家的艺术：文化、修辞与公共管理》，彭勃、邵春霞译，上海世纪出版集团 2004 年版，第 114 页。

率、产出会使公务员的服务意识和奉献精神越来越淡薄。考虑到合同制本身在私营管理中也并非总是有效的，因此与一些人的期望相反，合同制的推行可能会以损害公共利益为代价而增进少数人的利益。

第四，尽管名义上政治家只能以合同约束管理者，但实际上政治家仍未认同管理者的首席执行官身份，他们在实践中依然不断干预管理者的决策。最终的结果是"管理者确实显得在很多方面获得了额外的权威"，但同时"很多国家都重新强调了政治控制"①并使得管理者的政治化程度更深。

第五，合同制的引入使政治家与高级文官从选民共同的仆人变成了各怀猜忌的对手，两者之间不仅缺乏信任，而且相互推诿责任。正如莱恩所指出的那样，合同主义使政治家和首席执行官都"倾向于投机行事，以使其各自利益最大化"，政治家"当结果未如所愿时就责备首席执行官，而不顾订合同者是否表现良好"；另一方面，"执行官由于相同原因而在逃避责任"，特别是当政府不能最终证明他们在逃避责任的时候②。

有鉴于此，一些学者认为，应当回归到官僚制范式下政治家发布指令、官僚严格执行指令的那种关系中去，重申民选政治家对官僚的控制，强化公务员的行政伦理。不过，这种关系是以错误的政治与行政二分法作为前提的，如今不仅官僚普遍认为自己已经参与政策制定，大多数政治家也不认为官僚只是政策执行人员，因此这种简单化的命令服从关系无法说明现实。另一些学者则坚持新公共管理实践取得了很好的成效，例如激发了高级文官的潜力，提高了政府供应服务的效率，而且合同规定的直接管理责任的确比传统官僚制范式下的间接政治责任更为明确和可行。然而，正如上面所述，新的合同关系带来的问题比其解决的问题更多，特别是当公共部门中的管理领域扩大而挤占政治领域的时候，伴随着私有化、市场化的推进，公共行政的性质必然发生改变，其所服务的宗旨必然被扭曲。还有一些学者认为，未来公共行政的发展将见证多种组织形式、多重价值

---

① ［英］克里斯托弗·波利特、［比］海尔特·鲍克尔特：《公共管理改革——比较分析》，夏镇平译，上海译文出版社 2003 年版，第 137 页。

② Tom Christensen and Per Lægreid (eds.), *New Public Management: The Transformation of Ideas and Practice*, Aldershot: Ashgate, 2001, p. 245.

观念与多重责任关系的混合，其结果将是官僚制与新公共管理的综合，从而导向更负责并且更高效的公共行政。然而，这种看法也许过于乐观了，因为官僚制与新公共管理有着不同的理论基础和价值导向，要想只吸收各自优点而摒弃其局限性是非常困难的，很明显如果只以其中一个范式为主体而吸收隶属于另一范式的某些具体措施，那只是对前一范式的改进而不是两种范式的综合。

事实上，要想确立政治家与官僚之间的良好关系，最重要的或许就是要强调两者作为解决公共问题和推进公共利益的合作伙伴身份。根据这个前提，我们可以得出如下结论：（1）政治家与官僚之间不全是一种命令与服从关系，也不只是确立目标和提供技术的关系，他们更不是争夺政策主导权的竞争对手和相互提防、各谋其利的理性经济人。（2）官僚作为具有道德责任感的政府公务员，可能需要在政治家发布错误指令的时候据理力争以维护公共利益，就此而言，两者之间需要更多的沟通与协助而非令行禁止。（3）目标和手段的分离完全是机械的划分，因为正如前面曾经说到的那样，政治家只有在知道技术上的可行性之后，才能够设定政策目标，同样设定后政策目标也在一定程度上决定了官僚必须采用什么样的技术来实现目标，因此政治与行政并非先后的关系而是共存的过程。（4）官僚在任何意义上都不能等同于企业家，因为他们实际要做的并不是帮助公共组织赢利，而是帮助公共组织推进公共利益，在这个过程中经济与效率往往要从属于其他更高层次的价值。（5）尽管影响公共利益的重大决策只能掌握在直接向选民负责的政治家，但是官僚能够帮助提供有关政策问题的各种资讯并提供参考性意见，特别是有关政策反馈的信息，这对于调整和完善政策来说是非常必要的，因此官僚是否介入政策制定的争论应当替换为官僚可以在多大程度上介入政策制定，而介入程度的确定必须同时考虑到政策质量及其合法性。（6）官僚非民选的性质决定了他们必须对民选政治家负责，必须接受民主的控制，这是确保公共行政民主性质的前提。因此，"责任机制的有效性必须在如下背景中得到检验：官僚是如何受到控制的，如何能对当选政治家和公众的意愿做到有回应性"[①]。

---

① Richard Mulgan，" 'Accountability'：An Ever – Expanding Concept?" *Public Administration*，Vol. 78，No. 3，2000，p. 570.

换言之，官僚的政治责任不能因为其他形式的责任而被抛弃，尽管这种责任因其间接性而需要更为明确。当然，官僚制组织如果一味追求纯粹的命令服从关系，的确会扼杀官僚的积极性、主动性与创造性，从而影响公共事务的有效处理。因此，政治家与官僚的良好关系构建最终依赖于政治家与官僚之间的相互信任，依赖于两者彼此把对方看做可以依靠的合作者，依赖于两者之间真诚而有效的交流。

三　官僚与选民

官僚与选民的关系是代议民主制中极为复杂的一对关系，这种复杂性体现为"政治权力中的二律背反"，即在权力授予的过程中选民是政治权力的授予者，拥有最高的主权，但政治权力行使过程，主权者只能是被支配、被统治的力量①。为了防范权力行使者越权和滥用权力，就需要加强对权力的监控，而其最终目标则是要确保权力按照民众所授予的方式来行使并服务于民众，以体现人民主权，这对选民与官僚关系的建构提出了更高的要求。长期以来，官僚与选民的关系一直没有得到很好的处理，这可以部分地归因于如下事实：经典的代议民主理论有意无意地回避了官僚与选民的关系而传统的官僚制范式有意无意地隔断了官僚与选民的关系。

按照经典的代议民主理论，选举是检验民主的重要标准，因此只要政治家由民选产生并且可由人民通过定期选举加以撤换，那么一个政治体制就可以在最低限度上被称为民主体制——尽管民主程度各异，至于官僚，他们只是政治家政策的忠实执行者，他们只服从等级制中上一层级的官员并最终受制于政治家，他们与选民并无直接联系，因为选民利益是由政治家来代表的。根据传统的官僚制范式，来自政治家单方面的明确指令是保证官僚有效作为的前提，选民不论是作为整体还是作为个人都不应干预官僚行政，因为多重指挥必将导致管理混乱，而且选民缺乏关于官僚行政的充足信息，同时只要官僚受到政治家的严格控制，他们就通过政治家的民选产生而间接成为责任追究的对象，他们对公共权力的行使就不会因为选民的缺位而造成失控的危险。对此，我们可以简单地概括成经典的代议民

---

① 刘德厚：《广义政治论——政治关系社会化分析原理》，武汉大学出版社 2004 年版，第161 页。

主理论更看重选民与政治家之间的互动而传统的官僚制范式更注重政治家与官僚之间的分工。上述两个方面的结合构成了代议民主下的传统官僚制，在这种体制中，公民参与只属于政治过程而与官僚行政无涉，原因在于"官僚制组织与公民参与在本质上有一些冲突。从公民参与的角度来看，与官僚组织结构不相容，公民参与公共事务是为了更民主、更加符合人们需求，而政府的官僚结构则是要求效率化、层级权威、常规性，去除人情，正好与公民参与的本质相冲突"①。尽管如此，原先这种体制仍然被认为基本上是运转有效的，因为它既能确保权力的民主性质又能确保行政高效，具体的做法是，把政治民主与行政实施看做是两个先后且可分的过程，通过政治过程来落实民主而通过行政过程来保证高效，其中民主体现在民选政治家表达民众意志并且代表民众控制官僚，高效体现在官僚的专业技能及上令下行的等级体制。然而实践证明，该体制所看重的政治与行政两阶段划分及目标与手段分离都是不切实际的，该体制所依赖的环式民主也存在诸多环节出错的可能，所以，总的来看，该体制在实现民主与追寻高效方面的功绩乏善可陈。

继之而起的新公共管理运动试图恢复公众在公共行政中的重要作用，赋予其更多的权力，并且使其从政策的被动接受者和政策执行的对象变为政策议程的确立者和政策制定的参与者。为了促成这种转变，公共行政开始被看做只是提供公共服务的管理活动，政府官员被看做是店主而选民则是购买服务的顾客。同时，为了提高公共服务的效率和质量，降低公共服务的成本，让管理者管理、公共部门市场化、强化竞争等措施正在改造政府；为了实现消费者的主权，增强官僚的回应性，公共服务的小规模化以及用者付费等制度先后被采用。这些举措的确在很大程度上改变了官僚与选民之间的关系，并使得以顾客为导向和以消费者为导向成为最具吸引力的口号。如今选民不只是在投票过程中履行选举政治家职责的公民，他们也被看做是拥有决定权的顾客和消费者。另一方面官僚也不能只听从政治家的指令，他们要了解选民有哪些需要，并且以优质服务来满足选民的需要。应该承认，上述举措无疑具有一些积极作用，表现在行政过程更大的透明性及公民参与价值的弘扬。不过，新公共管理仍然没能成功地处理好

---

① 李图强：《现代公共行政中的公民参与》，经济管理出版社 2004 年版，第 161 页。

官僚与选民的关系，这首先是因为新公共管理所借用的私营管理经验并不适用于公共行政的实践，而且管理主义的理论不能正确解释官僚与选民之间的复杂关系。正如很多人所指出的那样，公共行政的政治性与管理性同样重要，公共行政不能被理解为只是公共服务的管理活动，它也涉及政治权力的运作，涉及官僚与选民之间的强制关系，涉及管制与协调活动。对此劳斯就曾指出，公共服务所包括的强制关系（政策）、依赖关系（社会安全），以及不可抗拒的关系（逮捕）都是私营服务所没有的[①]。因此，官僚与选民的关系要比店主与顾客的关系复杂得多，选民不只是主权的拥有者，他们同样是官僚权力的支配对象。况且，选民显然也并不认同自己的消费者身份，他们仍然坚持自己作为选民的资格，强调自己拥有权利的公民地位。其次，新公共管理所建立其上的经济学假设是狭隘的，不能够说明政治过程的复杂性。由于个人主义的理性假定，新公共管理把公共利益的概念看做是无意义的，从而使官僚行政的宗旨被歪曲。如今官僚所需要取悦的只是个体的消费者，然而正如有人所指出的那样，在消费者利益和要求多元的时候政治过程仍然不可或缺。新公共管理运动有时过于乐观地期望政治家政策与消费者主权之间的一致性，然而代表选民的政治家们在制定政策时反映的是经过斗争、妥协及综合之后的选民整体利益，这种整体利益不能够分解为个别消费者的利益。因此，如果一味强调官僚向下负责，那么当政治家政策与选民个别利益冲突时，官僚必然无所适从，实践中引发的困境就是当政治家的政策目标、让管理者管理的需要及消费者所提出的服务要求之间相冲突时该如何解决。

有鉴于此，官僚与选民关系的良好构建仍然需要坚持代议民主的前提，因为代议民主对于确保民主价值贯穿于公共行政来说更具有现实性。从代议民主的角度来看，政治家所制定的政策是选民意志的体现，代表着选民作为一个整体所拥有的主权，不论消费者主权的口号如何具有吸引力，都不可能替代政治家对官僚的控制。但同时我们也应看到，传统官僚制依靠政治家来反映选民意愿和制定政策，通过官僚来提供专业技能和实施政策的简单划分过于机械，也不应如此。这是因为，虽然重大政策的制

① John R. Greenwood, Robert Pyper and David Wilson, *New Public Administration in Britain*, London: Routledge, 2002, p. 12.

定最终必须依赖民选政治家的经验与才智，虽然日常复杂的政策执行需要依赖行政官僚的专业技能，但是只有民众的有效参与及最终控制才能确保有效的公共行政与健全的政治民主之间协调一致，因此公共行政并非是与民众无关的事情。新公共管理主张在公共行政中引入一定的直接民主因素，密切官僚与选民的联系，这是非常必要的，因为官僚在处理日常行政事务的过程中必然要与选民发生接触，选民的基本需要应该构成其行为的基础，而选民的意见将能够确保其行为不至于出错。就此而言，官僚对选民要求的敏感度是必要的，当然，选民对公共事务的热心支持与参与也是必要的。在西方发达国家，由于普通公民在政治生活中缺乏直接表达利益的渠道，因而他们一般通过自己组织的利益集团来反映利益诉求。利益集团能够密切政府与人民的联系，为公民参与公共事务提供有序渠道，为官僚更好地处理公共事务提供专业资讯。此外，具有一定策略的利益集团能为其代表的少数群体赢得正当利益，如美国全国有色人物促进会在 20 世纪五六十年代就曾经取得过非常突出的成果。与选举和投票一样，利益集团也具有积极作用，因为选举和投票中被忽略的少数派的正当利益能够通过利益集团的组织活动得到有效维护，这些组织活动中就包括向官僚集团施压。对于无组织的普通民众来说，他们可以检举和控告不法行政行为对他们的侵害，求助于行政自身或司法来维护自己的合法权益。当然，前提是他们不会因此而受到报复或不公正的裁决。在理想状态下，"公民和公共管理者之间的核心要素应该是一种合作型关系，它建立在共同的知识和决策之上，而不是管理者控制或取悦和抚慰公民；它设想公民有自我管理的能力，即使在那些复杂的、令人头疼的事情上"①。这在多大程度上会成为现实，还得看实践中官僚和公民愿意为此付出多大的努力。

---

① ［美］勃克斯等：《新公共管理与实质性民主》，载《上海行政学院学报》2002 年第 3 期，第 104 页。

第七章　思考与启迪

　　20 世纪末西方国家的行政改革浪潮声势浩大，原先作为公共行政主导范式的官僚制范式受到批评，继起的新公共管理范式强调以顾客为导向，希望行政过程更透明以及行政人员对民众更具回应性，从而在增进公共行政民主性质方面具有一定作用。在新公共管理运动冲击下，行政民主化的必要性已得到广泛认同，越来越多的人认识到，公共行政主体既包括行政人员也包括广大民众。没有民众参与的行政无公共性可言，也缺乏民主精神。不过，新公共管理所理解的民主并不全面，消费者主权显然不能代替传统代议民主政治的制度架构。在笔者看来，民主行政除指每个公民都有权参与行政活动外，也指行政权力始终置于民主控制之下，只有同时注重这两者才会有民主行政的发展。

第一节　中国民主行政的发展

　　当代中国的民主行政发展应该如何规划，目前国外流行的新公共管理范式能否成为指引。答案是否定的。中国的民主行政发展不能搬用西方行政改革中非政治化和市场化倾向较浓的新公共管理范式，而应努力建构属于自己的民主行政范式，这不仅是因为国情不同，也是因为新公共管理狭隘的经济学理论基础具有种种弊病。重走西方传统的官僚制范式也不是可行的选择，因为根据这一范式有关政治与行政二分法的假定，代议民主过程只能在公共行政之外发挥作用，这将导致行政管理活动的公共性不充分。正如国内有学者指出："代议的或多元的民主政治不足以使一个社会成为真正的民主社会，为达到目标，我们必须运用民主政治的理论，对有关政府官僚制度特性进行规定，并且我们必须将民主政治的功能运作化。"① 为此，笔者以为，在谈论中国当前民主行政发展时必须强调，民主与行政不是分开来解决的问题，任何试图增进公共行政民主性质和完善民主社会公共行政的思路都应当整合民主与行政，以下五大战略正是立基于此。

一　切实保障代议机构职权的行使

在代议民主范围内，行政权力的民主控制最终体现为代议机构的制约作用，因为只有代议机构，才拥有必要的资讯和手段监督行政人员。不论公民参与在公共行政中如何重要，这种参与始终有一定的限度。首先，公共行政作为一种管理活动需要遵循效率原则，而决策迅速和执行不受干扰是确保高效的前提，如果公民参与不受限制，必将影响政策的贯彻执行。其次，普通公民不具备足够的专业知识，他们的参与在大多数时候只起到赋予政策以合法性的作用，能够提供建设性意见的实质性参与仍然欠缺，特别是对发生于其生活区域外的公共事务而言。因此，有效制约行政机构必须依赖强大的代议机构，在中国就是各级人民代表大会（简称"人大"）。

为了确保作为代议机构的人大能够更好地发挥作用，最重要的是明白什么应该做，什么不能做。当前中国各级人大作用得不到充分发挥，很大一个原因就在于其对自身职责的理解并不清晰。密尔曾经指出："代议制议会的适当职能不是管理……而是监督和控制政府。"② 各级人大只有在所监督和决定的事项都很重要且有针对性时，其监督权与决定权才有效。在行政专业性质增强和干预范围扩大的今天，没有这种职权范围的自制就没有职权的有效行使。目前人大立法、任免、决定、监督四项职权中监督权最薄弱，而监督权乏力的很重要的原因在于一些人大代表的代表性不强，或者不称职。因此，要想真正使人大职权得到强化，就应采取有效措施，确保当选人大代表都有广泛代表性和杰出才能。

---

① 李图强：《现代公共行政中的公民参与》，经济管理出版社 2004 年版，第 147 页。
② ［英］约翰·斯图亚特·密尔：《代议制政府》，汪瑄译，商务印书馆 1982 年版，第 80 页。

　　首先，人大代表的广泛代表性可以使不同方面的意见得到反映，使真正的公共利益始终成为公共行政追寻的宗旨，并且使人大在行使职权时赢得更多的道义支持。与此相伴，人大代表应强化自己作为选民代表的责任意识，认真倾听选民的意愿和抱怨。尽管人大代表未必要以委托说所规定的严格遵守选民人民意见的方式来行事，但是一定程度的委托与被委托关系仍然是有益的，否则选民的真实意愿就得不到应有的尊重。

　　其次，人大代表的杰出才能可以保证公共事务处于良好的领导之下，保证技术统治始终服务于民治，同时人大代表才能的发挥也是其实现自我价值的过程。根据福山的观点，"民主长期健康和稳定有赖于它为其公民所提供的发泄优越意识的渠道的数量和质量"①。代议政治就是这样一种能够实现人的雄心和抱负的渠道，通过这一渠道，拥有杰出才能的政治家为获得普遍而理性的认可而斗争。因此，只要人大能够提供足够的发展空间，想脱颖而出的政治家们就会以极大的激情投身政治，从而有效地促进人大职权的有效行使。反过来说，如若没有大批优秀的政治家愿意承担人大的工作职责，那么强有力的人大就是不可想象的。中国的各级人大应当真正成为有抱负者发挥才能之所，而不是像现在一些地方人大那样成为离退休干部的"安置所"，人大代表也应选出真正具有参政议政能力的人来担任，而不应当成为荣誉性称号，因为保障人大职权的良好制度规定最终仍然需要人来落实。

二　锻造有责任心和道德感的行政人员

　　民主行政发展应该破除政治中立原则，锻造敢于负责并且具有道德感的行政人员。所谓政治中立，就是指行政人员作为政策执行人员不应对政策有任何偏好，以免这种偏好妨碍其有效执行政策，他们所应该做的就是使自己的专业知识服从任何依靠选举上台的政治家，不论后者的政治倾向如何。行政人员的政治中立是官僚制范式借以实现政治与行政分离的一项规定，这项规定被看做是确保行政管理高效率的必要条件，并且在当时为防止腐败的政党政治侵蚀行政管理活动起到了积极的作用。然而，这一原

---

　　① ［美］弗朗西斯·福山：《历史的终结及最后之人》，黄胜强、许铭原译，中国社会科学出版社 2003 年版，第 357 页。

则在实践中受到了挑战，并且最终被证明是不恰当的，对此很多国外学者都曾指出过。他们认为，行政人员的政治中立是无法做到的，而且行政人员在实践中并不按政治中立原则行事。

对于当代中国的行政人员来说，他们需要坚持四项基本原则，贯彻党的政策主张并与党始终保持一致，因此，在政治上不是中立的。在党充分代表全国人民的利益时，政治与行政的统一就能够保障公共行政的公益性。但是，政治立场和政治方向的归属并不是政治的全部，行政官员在行政管理活动中需要接触具体的公民，需要根据个案的不同情况来处理问题，这些同样是政治生活的一部分。因此，公共行政如今需要的不再是游离政治环境之外、只专注管理事务的行政人员，也不再是对选民冷酷无情、只专注政策效果的行政人员，而是敢负责任并且有道德感的行政人员，是能够回应民众要求并有人情味的行政人员。这就要求行政机关加强行政伦理建设，锻造行政人员的高尚品德，也要求行政人员贴近普通公民，把公民的个别情况当做重要的事情来处理，这将对行政人员提出更高的要求。

值得注意的是，新公共管理运动也反对文官的政治中立，但却是基于不同考虑，即这样做会妨碍文官积极性与能动性的发挥，从而损害管理效率和产出，因此新公共管理对政治中立原则的摒弃是与非政治化联系在一起的，在新公共管理的话语中，管理主义的授权替代了政治服从的需要。其所提出的"让管理者去管理"的口号把高层行政人员等同于企业家，无法正确地说明行政人员的职责与地位，而且这种破除行政人员政治中立的做法是以行政人员政治性的丧失为代价的，并不可取。此外，还需要指出的是，行政人员作用的有效发挥是与官僚制仍是公共行政最佳组织形式这一基本立场相联系的，不论新公共管理运动提出多少种新型的、有效的组织形式，都只能是理性官僚制的补充。特别是在行政事务专业性越来越强的今天，受过专业培训和经考试录用的行政人员仍然在处理公共事务方面具有不可比拟的专业优势。因此，作为一种组织形式的官僚制仍然是推进公共利益所不可或缺的必要手段。当然，公共利益的实现本身也会有利于政治民主的维持和发展。这就是为什么有学者会指出，"民主进程如果要一以贯之"需要具备许多条件，其中之一就是"必须拥有一个具有连贯性，受过培训、技术上胜任的职业化官僚机构。政府部门应当以业务上的精益求精为本职，但又必须服从民主的控制，以保证行政对人民的需要和愿望负责"①。

三　强化政治家对行政人员的有效控制

从民主的角度来说，由民选产生并且可撤换的政治家应代表选民控制行政人员，敦促其服从和执行自己所制定的政策，以体现人民的统治和人民的意志。因此，"一个有效能的民主政权的政治领袖必须在维护自己的政治承诺的同时找到利用科层人员专业知识的途径"②。在现实政治生活中，行政人员尽管形式上承认政治家对其有指挥权，承认代议机构对其有控制权，但却经常通过各种方式使这种指挥和控制无法产生实际效果。这充分说明：要加强行政的民主控制就必须完善各项行政监督制度，因为只有建立更多的制度渠道，民选政治家对行政人员的控制才会真实而有效。在当代中国，各级人大代表及政府组成人员作为民选政治家应该承担起控制行政人员所作所为的职责，为此，必须采取如下措施：

第一，加强对重要法律执行情况的检查，并规定政府部门在采取重要行动时必须及时通报人大。一般而言，人大代表的所有工作都应与对行政活动的监督相连，但实际上代表们往往只注重本职工作、社会工作和制定法律，在监控政府方面花费的时间和精力都不够。因此，人大代表要想更好地发挥作用，还应当通过视察、选民座谈、约见政府领导等多种形式来及时获得有关行政活动的各项信息。同样，人大要真正承担起控制行政的职责，也应该给其正确定位。现代社会行政事务繁多，不能事无巨细都要求人大予以监督。各级人大只要能够对涉及公共资金使用、公民权利保护等问题的重要法律的执行情况进行检查，并且随时追踪政府部门的重要行政行为，就已经监督了其所应该监督的事项，这样监督才可能是有效的。

第二，加强对行政自由裁量权的监控，降低行政人员滥用权力的危险性。行政过程是否需要自由裁量直到如今仍是一个引起争论的话题。一方

---

① ［匈］西麦：《民主化进程和市场》，载［日］猪口孝等编《变动中的民主》，林猛等译，吉林人民出版社1999年版，第142—143页。

② ［美］彼得斯：《巩固民主过程中的公务员》，载中国社会科学杂志社编《民主的再思考》，社会科学文献出版社2000年版，第332页。

面洛伊等人认为，广泛的自由裁量权会损害公共利益，因而"呼吁取消行政自主权而代之以他所说'司法民主'"①。另一方面，弗雷德里克森等人认为，"适用法律而不考虑社会公平会导致非正义"，故而自由裁量是必要的②。笔者赞同自由裁量权的重要性，因为法律很难包罗万象，没有办法完全涵盖和约束行政活动，现实中具体而鲜活的行政个案都需要区别对待。当然，自由裁量权的危险性也不能忽视，不恰当的自由裁量会滋生腐败，会使公众因怀疑政府执法的公平性而不配合行政人员的执法行为，从而导致行政违法行为增多。因此，政府部门在制定与执行政策时应该规定行政人员自由裁量权的范围和限度，而人大则应当通过立法确立完善的行政程序，健全行政自由裁量的监督和救济制度，并创建严格的违法责任追究制。

第三，加强对政府部门渎职、腐败、越权等行为的调查和处理，及时纠正错误行政行为。政府部门渎职、腐败、越权行为往往会引发民众的不满和对立情绪，如不能正确处理，往往会导致政府合法性和公信力下降，因此，人大代表和政府领导人在此类事件发生时应尽最大努力进行调查，并将处理结果和决定公之于众，以取得民众的信任和支持。毋庸置疑，严厉的惩治与及时的纠偏是行政置于民主控制之下的主要体现。

四　推动公众参与行政进程

公共行政的公共性取决于公众能否被纳入公共行政的进程，以推动政治民主与良好行政。20世纪下半叶，公民参与在政治生活中占据了越来越重要的地位，特别是伴随着一些学者对实践中代议民主局限性的反思，普遍的公民参与已逐渐被看做是维持和发展民主政治的重要基础，越来越多的公共行政实践者和理论家成为公民参与的积极倡导者。这是认识上的很大转变，尽管公民参与如今被认为是公共行政的依靠力量和重要主体，

---

① 〔美〕詹姆斯·Q. 威尔逊：《美国官僚政治》，张海涛等译，中国社会科学出版社 1995 年版，第 287 页。

② 〔美〕乔治·弗雷德里克森：《公共行政的精神》，张成福等译，中国人民大学出版社 2003 年版，第 89 页。

"有助于强化公共行政理解公民并回应民众需要的能力"①，被看做是行政活动得以体现其公共性的一个不必缺少的要素，但是，原先公共行政领域却只允许行政人员和专家在其间活动。

前面我们已经指出，官僚制范式的主要局限就在于没能将公众纳入公共行政的进程中。根据官僚制范式，公民参与属于政治过程范畴，不应当影响与政治过程相分离的行政管理，他们的意志所体现的人民主权反映在选举的结果上，而他们的利益要求可以由政治家和行政人员通过移情来体察。由于这种做法是以机械的政治与行政可以分离为理论基础的，既没有考虑到公民参与对于实现政治民主所具有的重大意义，也没有考虑到公民参与对于改进公共行政的积极作用，因此在后来广遭诟病。在此之后的新公共管理范式认同公民参与的价值，赞成在公共行政中赋予公民更多的决定权，从而与官僚制范式相比是个很大进步。这一运动试图重新构建和改造政府，用服务市场化和小规模化等方式来确保公民能够作为顾客和消费者发挥更大的主导权，拥有更多的选择权。不论这种消费者和顾客的身份如何不恰当，但是公众的确获得了选举之外更多实实在在的权利，作为其结果，行政人员如今必须向下看而不只是接受来自行政组织体系上层的指令。需要注意的是，新公共管理对参与的强调与过去对参与的强调不同，尽管过去官僚制行政之外的代议民主也强调公民参与，但那只是投票和选举意义上的参与，如今公民参与更为具体和多样，往往带有直接民主的一些特征，并且是和充分相信民众的自治能力相连的。还应当看到的是，新公共管理运动的推进创立了一些公民直接参与公共行政的有效形式，如参与公立学校治理、社区治安、农业行政、环境保护，等等，这些参与形式所取得的突出成绩使反对公民参与行政活动的如下论据不再成立：公民参与行政活动缺乏可操作化的现实途径。当然，新公共管理因为其狭隘的经济学基础而扭曲了对公共行政的正确认识，导致其所看重的公众参与被等同于顾客购物，消费者享受服务。如此一来，公民权利尽管有了某些实现的新途径——如通过用户付费等，但是另一些重要的参与形式也因此而淡化了。这意味着我们在肯定新公共管理弘扬公民参与价值的同时仍需持保

_____

① ［美］戴维·H. 罗森布鲁姆、罗伯特·S. 克拉夫丘克：《公共行政学：管理、政治和法律的途径》，张成福等译，中国人民大学出版社2002年版，第502页。

留态度，因为公民参与行政的规模、程度和范围仍然是探索中的一个话题。

　　就目前而言，鉴于在整个国家层面代议民主的框架仍不可能改变，因此公民选择、监督和罢免政治家的权利仍是公民参与的重要形式，而且这种参与将在很大程度上决定着公共行政的好坏，因为公共行政需要他们来领导和监督。与此相对应，公共行政中的公民参与应该具有一定的限度，特别是要避免无序参与，至于像新公共管理那样将公民主权分解成个别消费者所享有的服务选择权和决定权也是不恰当的。当然，这绝不意味着公民应该把监督行政权力行使的责任完全交付给代议机关，因为"相对于选民来说，代议机关是国家权力的行使者，它也有其自身的利益，由它来决定是否应该追究其代表的政治责任，就有可能使选民或原选举单位推动追究代议机关代表政治责任的主动权，而民主政治正是要求由选民或原选举单位来最终决定是否追究代表的政治责任、追究到什么程度、以什么方式追究"①。所以，一些通过试验而被证明有效的直接参与形式可以适当推广，如前面所说的一些参与形式，又如 20 世纪 80 年代在英、法等国出现的公共质询制度。在地方层次上，政府可以运用公决方式来使公民直接参与一些行政决策，特别是在专业性不强、与民众利益和情感相关的事项上，也可以通过举办行政听证会来收集民众的意见和建议。这些直接参与的形式有些已经在中国涌现，它们对于公共行政的民主化来说非常重要，因为"当代行政民主化的实质是大力发展直接民主；公民参与不仅仅是重塑政府的动力，也是政府改革的重要目标；一个国家的民主化程度取决于公民参与和实现行政民主化的程度"②。

五　扩展公共商谈的空间

　　在 20 世纪八九十年代的美国及西欧一些国家，伴随着公司权力的扩张和崇尚私人经济利益的文化价值观兴起，曾经发挥过重要作用的公共领域呈现衰落的趋势。这种衰落并非指其内容与范围的减少，而是指其质量下降。也就是说，尽管作为公共领域重要活动主体的新闻媒体能量越来越

---

① 张贤明：《论政治责任》，吉林大学出版社 2000 年版，第 163 页。
② 杜钢建：《公民参与在重塑政府中的作用》，载《新东方》1999 年第 1 期，第 64 页。

大，但其所报道的主题却一味迎合人们的趣味，重大社会问题"被否定、压制、神秘化和虚饰"①。这种状况亟待改变，因为没有公共性的公共领域只能是公共权力的附属品。

那么，公共领域的公共性如何培育呢？笔者以为，应当通过建设性的商谈来促进旨在提高政策质量的对话：它有利于培养公民热心公共事务的品格，增强其对政治运作的认知；有利于民众表达其利益和要求，防止公共部门沦为私人谋取利益之所；有利于民众在一定程度上达成共识，确保政策的顺利执行。特别是对公共行政来说，有成效的商谈和对话既是改进其工作的基础，也是政治民主的要求。当然，这里的对话不是一般日常用语所指称的对话，而是"相互理解的一个过程"，只有"当参与者相互间平等相待，没有强制，当他们移情地倾听另一个人的焦虑，以探究他们的基本假设和世界观时"，真正的对话才会出现②。要促进有成效的商谈和对话就必须首先构建商谈和对话的平台，并保障每一位公民参与商谈和对话的权利。为此，必须做到如下几点：

第一，健全相关法律，要求政府部门公开各项政务信息。政务信息公开是民众开展商谈和对话的前提，没有充足的政务信息，商谈与对话的成效就差。现实政治中一些地方政府机构及其领导人经常借口要保证行政效率，或者因为要逃避责任而有意隐瞒对己不利的信息，这必然破坏行政的民主控制，正如列宁所说，"没有公开性而谈民主是很可笑的"，公开原则是一项"广泛民主原则"③。

第二，鼓励行政机构引导商谈和对话，推动实质性的公民参与。行政机构与行政人员的态度是决定商谈和对话能否有效的一个因素，正如金和其他学者指出的那样："如果我们假定更真实的参与背景要求行政管理者作为促进者行事的话，那么其职责就是要作为基本的变革行动者开始塑造

---

① ［美］卡尔·博格斯：《政治的终结》，陈家刚译，社会科学文献出版社 2001 年版，第 2 页。

② Nancy C. Roberts, "Keeping Public Officials Accountable Through Dialogue: Resolving The Accountability Paradox", *Public Administration Review*, Vol. 62, No. 6, 2002, p. 660.

③ 《列宁选集》第 1 卷，人民出版社 1995 年版，第 417 页。

参与过程。"① 这要求行政机构在确立商谈主题、完善对话规则等方面提供帮助，使公民的商谈和对话能够纳入有序参与的范围；要求行政机构采取积极措施，保障想要参与商谈的主体的对话资格，并认识到公民参与公共事务的商谈和对话是确保公共行政民主价值实现的重要一环；要求行政机构承认个人理性的有限性，相信源于广大民众的经验智慧能够减少这种有限理性出错的可能，并愿意为此接受一定限度内的低效率。

第三，保障新闻媒体的报道自由，使之成为公民参与商谈与对话的重要阵地。对于普通公民来说，参与商谈和对话的制度性渠道缺乏，所起作用有限，行政机构似乎也并不情愿为其提供更多的对话空间。在这种时候，新闻媒体把公民的代表性意见和观点报道出来，有助于引起争论和共鸣，形成支持和压力，政府部门的工作也将因为此种支持和压力而得到改进。

第四，构建一定形式的政策对话网络，使商谈和对话拥有更为现实的途径。对此，福克斯和米勒曾介绍过几个体现此类对话的实例，分别涉及生物伦理、废品回收等不同主题，发起者包括政治家、行政人员、专业人士、利益集团和普通市民②。这些对话的开展说明，只要具有可操作的现实参与途径，公民的参与意愿和热情就会被激发，有意义的政策建议就将从公民有效的商谈和对话中产生。当然，商谈和对话的目的不仅仅是提供政策建议，它也是政府民治、民享、民有的体现，因为只有始终处于民众议论之中的政府才是民主的政府。

应当指出的是，中国民主行政发展的上述五大战略吸收了不同公共行政理论的观点，它们构成了一个整体，其核心就是强调大众参与基础上的官僚制与代议民主制的结合。大众参与可以使行政过程中的民主精神得到体现，而代议民主制则是官僚制赖以运作的政治环境。中国民主行政发展的前景如何，关键在于这种结合是否能够比主张政治与行政分离的官僚制范式和现在初现端倪的新公共管理范式做得更好。笔者以为，上述五大战

---

① Cheryl Simrell King et al. , "The Question of Participation: Toward Authentic Public Participation in Public Administration", *Public Administration Review*, 1998, Vol. 58, No. 4, p. 325.

② ［美］查尔斯·J. 福克斯、休·T. 米勒：《后现代公共行政——一种话语指向》，楚艳红等译，中国人民大学出版社 2002 年版，第 136—139 页。

略的实施将对此不无助益。

第二节　政治、民主与公共行政

本书结合 20 世纪西方公共行政的范式转变，着重论述了政治属性对于公共行政所具有的重要意义，同时强调公共行政应当始终置于民主控制之下，而民主政治也需要落实于公共行政的运作过程之中。

一　政治与行政的统一

关于政治与行政的关系，笔者赞同阿普尔比、沃尔多、斯蒂尔曼、凯登、彼得斯等理论家的看法，行政与政治是统一的。具体表现在如下几个方面：

第一，公共行政永远不会脱离政治因素的影响，政治环境构成了行政管理活动的背景。在西方国家的政治实践当中，因压力集团游说而致不良政策出台，因执政党更换而致政策改变，因政策对象不予配合而导致政策执行不力，因利害相关人阻挠而导致无效政策不能终结这样一些现象屡见不鲜。相比政治活动，行政活动具有一定的稳定性，但这种稳定性只是相对的，政治环境一旦发生变化，行政就必须学会适应新环境。由于行政活动处于政治环境之中，故而行政决策与执行不能只考虑经济、技术上的可行性，政治上能否广为接受同样是需要考虑的一个因素。在民众或民众代表愿意时，低效率与高成本的行政仍然是可被允许的，当然其前提不可或缺。这意味着公共行政永远不可能是纯粹的管理活动，意味着行政活动仍然需要在投票选举、政党政治、利益集团的游说活动、公民参与的综合作用下展开，意味着社会主义国家和资本主义国家的公共行政始终具有不同特点。也就是说，"不同国家的行政管理，一方面存在某些普遍的、共同适用的原理，另一方面又在不同程度上具有不同的阶级性质或政治性质"①。

第二，公共行政是政治过程的一部分，而不只是运用专业技能来实现

---

① 夏书章主编：《行政管理学》，中山大学出版社 1998 年版，第 22 页。

既定目标的过程。根据一些学者对政治与行政二分法的批判，政治过程与行政过程是不可分的，政治过程必然在公共行政中得以延续。所谓公共行政只是执行政治家政策，执行只是以理性为指导来追求高效的这种幻想是不现实的。因此，不仅政治因素时刻影响着公共行政的正常进行，政治斗争也在公共行政的运作中继续展开，就此而言，公共行政只能是具有特殊性——亦即政治性的管理活动。尽管我们有时可以辨明某种活动的政治性更强，某种活动更带有执行性特点，但是，想象政治活动总是先于行政活动以及行政活动必然紧接着政治活动则是不正确的。政治过程与行政过程不可能截然分开，两者总是相互交织在一起，将政治与行政的区别简单地等同于目标与手段的区别，这将遗漏掉很多具有重要意义的内容。从西方公共行政的实践来看，政治与行政也是紧密交织在一起的"无缝之网"，"政治事务与行政事务之间的张力既是公共管理新模式的特征，也是其所取代的老模式的特征"①。

第三，政治斗争的结果需要通过公共行政来得以实现，因此公共行政必然反映着政治的要求。关于这一点，有大量的经验证据表明，西方国家的利益集团在游说符合自身的政策通过后仍会追踪其执行情况，游说失败也会全力影响行政机关的执行活动，借以获利或避免利益受损，故此政治活动在行政管理过程中无所不在。另一方面，在政策执行中发现所制定政策有不恰当的地方、不能够达到预期效果或者完全错误，那就需要重新制定、修改或终结先前的政策，为此将引发新的政治斗争，此时的行政活动反过来成为引发政治过程的前奏。这种状况正好体现了政治统治与政治管理之间的辩证关系，即政治管理必须服务于政治统治。尽管公共行政作为阶级社会内国家行政组织对社会公共事务的管理活动，其所服务的利益并非统治阶级利益的直接体现，但是，因为这种管理活动仍然是政治过程的一部分，仍然在政治的环境中展开，因此其所实现的利益分配总是体现着一定阶级之间所进行的政治斗争的结果。当然，如果我们不那么机械地分割政策制定与执行的话，就能够透过现象看出本质：政策制定与执行有机结合在一起以维护统治阶级的最大利益，正是这样的政治通过行政得以体

---

① Jonathan Boston et al. , *Public Management*: *The New Zealand Model*, Auckland: Oxford University Press, 1996, p. 9.

现出来。事实上，"公众并非完全没有察觉到官僚想要使如下政治讨论占据先机的企图：谁的利益将会或者应该用以惠及一些人——因而是政治的——同时损及其他人"①。

二　民主是公共行政的内在要求

关于公共行政与民主的关系，本书在前面不同地方进行过阐述。

一方面，笔者以为，公共行政的公共性只有在民主的政治制度中才能真正得以实现，所以公共行政所对应的政治统治只能是民主的政治统治。这首先是因为，只有民主的政治统治，才要求公共行政至少在表面上服务于公共利益，从而使其在目标上具有公共性。对于非民主制度而言，尽管政府部门同样要承担管理社会公共事务的职能，但是行政管理活动的公益性质并不突出，社会成员所享有的利益更多地被看做是统治阶级的特别恩赐而非应当具有的合法权益，因此行政活动不具有公共性。反观民主社会，政治关系的民主化要求不同一于统治阶级利益的公共利益成为行政活动追寻的目标，此时的行政才不再是私天下的行政。其次，只有民主的政治统治，才能够将公民参与纳入公共行政中来，从而使其在主体上具有公共性。对于非民主制度来说，尽管动员性的公民参与仍然可能存在，但是以影响政府政策制定和执行为目的的自愿性公民参与并不多见，而且往往缺乏成效。反观民主社会，公民政治权利至少在表面受到尊重，公民的政治参与既有制度保障，也有现实途径，此时严格意义上的公共行政才有生存和维系的土壤。

另一方面，民主政治应当加强对公共行政的民主控制。确保民主在公共行政中得以实现同样非常重要，因为民主的统治必将要求以民主方式来进行统治，"除非统治者以民主的方式治理，否则这一政体决不能称作民主政体"②。前面已经指出，我们不能以政治与行政二分的思路来分别解决民主与效率的问题，政治民主与行政高效都需要贯彻民主行政原则。这一点意味着民主的内涵要远比选举更为丰富，意味着我们在行政管理过程

① Ralph P. Hummel, *The Bureaucratic Experience*, New York: St. Martin's Press, 1982, p. 186.
② ［美］林茨和［英］斯特潘：《走向巩固的民主制》，载［日］猪口孝等编《变动中的民主》，林猛等译，吉林人民出版社1999年版，第57页。

中需要不断地创设出各种可操作化的制度来推动民众的积极参与，意味着我们需要加强政务公开，意味着掌握行政权力的政府机关及其工作人员必须置于持续的、严格的监控之下。鉴于现代民主只能采用代议民主，因此采取有效措施确保人民代表向人民负责格外重要，特别是对于公共行政来说，如何建立和健全相应的责任机制，以处理好政治家、官僚和选民之间的关系，仍然是一个未决的问题。西方国家在确立民主体制的同时，逐渐发展出了各种监控手段以防止政府权力滥用、保障公民合法权益，这些宝贵的经验值得我们借鉴。

从 20 世纪西方公共行政的演变来看，笔者以为，无论是官僚制范式还是新公共管理范式，都并非只热衷于追求效率，两者同样关注政治民主如何在公共行政领域得以实现。尽管它们在民主的含义及实现途径上有着非常不同的认识，但是，两者都试图通过一定的责任形式来落实对行政的民主控制，官僚制范式主要是通过间接的政治责任，新公共管理范式主要是通过直接的管理责任。总体而言，新公共管理范式因为过于重视管理特性，似乎在这方面更不令人满意，但是，其对公民参与价值的肯定使得公民参与成为公共行政中不能再回避的一个话题。后来提出的一些改革模式也不只是想要指出和纠正新公共管理同样存在的低效，它们试图通过不同方法推进公共行政中的透明、回应、责任、参与等价值。尽管这些价值本身并不等于民主，但它们是民主精神的体现及其伴生物，没有这些价值的实现，民主就只能是没有根基的空中楼阁。从本质上说，笔者以为，公共行政就是民主行政，为此需有强大的代议机构、有责任意识的政治家、有道德感的官僚、热心公共事务的公民、有效的责任机制以及促进不同主体交流与对话的公共空间。这些要素能够保障公共行政的民主精神，从而最终将反过来有助于民主政治的维系和发展。

参 考 文 献

一、中文部分

1. 《马克思恩格斯选集》第 1、3 卷，人民出版社 1995 年版。

2. 《列宁选集》第 3 卷，人民出版社 1995 年版。

3. ［古希腊］亚里士多德：《政治学》，吴寿彭译，商务印书馆 1965 年版。

4. ［古希腊］亚里士多德：《雅典政制》，日知、力野译，商务印书馆 1959 年版。

5. ［英］约翰·索利：《雅典的民主》，王琼淑译，上海译文出版社 2001 年版。

6. ［英］休谟：《休谟政治论文选》，张若衡译，商务印书馆 1993 年版。

7. ［英］休谟：《人性论》下册，关文运译，商务印书馆 1980 年版。

8. ［法］卢梭：《社会契约论》，何兆武译，商务印书馆 1980 年版。

9. ［法］托克维尔：《论美国的民主》上、下卷，董果良译，商务印书馆 1988 年版。

10. ［英］约翰·斯图亚特·密尔：《代议制政府》，汪瑄译，商务印书馆 1982 年版。

11. ［美］汉密尔顿、杰伊、麦迪逊：《联邦党人文集》，程逢如译，商务印书馆 1980 年版。

12. ［美］威尔逊：《国会政体》，熊希龄、吕德本译，商务印书馆 1986 年版。

13. ［美］F. J. 古德诺：《政治与行政》，王元译，华夏出版社 1987 年版。

14. ［美］乔治·霍兰·萨拜因著，托马斯·兰敦·索尔森修订：《政治学说史》上册，盛葵阳、崔妙因译，商务印书馆 1986 年版。

15. ［美］约瑟夫·熊彼特：《资本主义、社会主义与民主》，吴良健译，商务印书馆 1999 年版。

16. ［美］查尔斯·J. 福克斯、休·T. 米勒：《后现代公共行政——一种话语指向》，楚艳红等译，中国人民大学出版社 2002 年版。

17. ［美］O. C. 麦克斯怀特：《公共行政的合法性——一种话语分析》，吴琼译，中国人民大学出版社 2002 年版。

18. ［美］乔治·弗雷德里克森：《公共行政的精神》，张成福等译，中国人民大学出版社 2003 年版。

19. ［美］B. 盖伊·彼得斯：《政府未来的治理模式》，吴爱明、夏宏图译，中国人民大学出版社 2001 年版。

20. ［美］T. S. 库恩：《科学革命的结构》，金吾伦、胡新和译，北京大学出版社 2003 年版。

21. ［美］蓝志勇：《行政官僚与现代社会》，中山大学出版社 2003 年版。

22. ［美］乔·萨托利：《民主新论》，冯克利、阎克文译，东方出版社 1998 年版。

23. ［英］戴维·比瑟姆：《马克斯·韦伯与现代政治理论》，徐鸿宾等译，浙江人民出版社 1989 年版。

24. ［美］罗伯特·达尔：《论民主》，李柏光、林猛译，商务印书馆 1999 年版。

25. ［美］本杰明·巴伯：《强势民主》，彭斌、吴润洲译，吉林人民出版社 2006 年版。

26. ［英］詹姆斯·布赖斯：《现代民治政体》，张慰慈等译，吉林人民出版社 2001 年版。

27. ［美］道格拉斯·拉米斯：《激进民主》，刘元琪译，中国人民大学出版社 2002 年版。

28. ［法］克罗齐、［美］亨廷顿、［日］绵贯让治：《民主的危机》，马殿军等译，求实出版社 1989 年版。

29. ［日］猪口孝等编：《变动中的民主》，林猛等译，吉林人民出版社 1999 年版。

30. ［美］安东尼·奥罗姆：《政治社会学——主体政治的社会剖析》，张华青等译，上海人民出版社 1989 年版。

31. ［美］乔尔·阿伯巴奇等：《两种人：官僚与政客》，陶远华等译，求实出版社 1990 年版。

32. ［美］戴维·奥斯本、特德·盖布勒：《改革政府——企业家精神如何改革着公营部门》，上海市政协编译组、东方编译所译，上海译文出版社 1996 年版。

33. ［美］詹姆斯·Q. 威尔逊：《美国官僚政治》，张海涛等译，中国社会科学出版社 1995 年版。

34. ［美］尼古拉斯·亨利：《公共行政与公共事务》，张昕等译，中国人民大学出版社 2002 年版。

35. ［美］罗伯特·丹哈特：《公共组织理论教程》，项龙、刘俊生译，华夏出版社 2002 年版。

36. ［美］詹姆斯·W. 费斯勒、唐纳德·F. 凯特尔：《行政过程的政治——公共行政学新论》，陈振明等译，中国人民大学出版社 2002 年版。

37. ［澳］欧文·E. 休斯：《公共管理导论》第二版，彭和平等译，中国人民大学出版社 2001 年版。

38. ［美］戴维·H. 罗森布鲁姆、罗伯特·S. 克拉夫丘克：《公共行政学：管理、政治和法律的途径》，张成福等译，中国人民大学出版社 2002 年版。

39. ［英］克里斯托弗·胡德：《国家的艺术：文化、修辞与公共管理》，彭勃、邵春霞译，上海世纪出版集团 2004 年版。

40. ［美］文森特·奥斯特罗姆：《美国公共行政的思想危机》，毛寿龙译，上海三联书店 1999 年版。

41. ［美］文森特·奥斯特罗姆：《复合共和制的政治理论》，毛寿龙译，上海三联书店 1999 年版。

42. ［美］戴维·奥斯本、彼得·普拉斯特里克：《摒弃官僚制：政府再造的五项战略》，谭功荣、刘霞译，中国人民大学出版社 2002 年版。

43. ［加］A. 布莱顿等：《理解民主——经济的与政治的视角》，毛丹等译，学林出版社 2000 年版。

44. ［美］弗朗西斯·福山：《历史的终结及最后之人》，黄胜强、许铭原译，中国社会科学出版社 2003 年版。

45. ［法］夏尔·德巴什：《行政科学》，葛智强、施雪华译，上海译文出版社 2000 年版。

46. ［美］詹姆斯·M. 布坎南、戈登·塔洛克：《同意的计算——立宪民主的逻辑基础》，陈光金译，中国社会科学出版社 2000 年版。

47. ［美］乔·B. 史蒂文斯：《集体选择经济学》，杨晓维等译，上海三联书店、上海人民出版社 1999 年版。

48. ［美］丹尼斯·C. 缪勒：《公共选择理论》，杨春学等译，中国社会科学出版社 1999 年版。

49. ［美］奥利弗·E. 威廉森：《治理机制》，王健等译，中国社会科学出版社 2001 年版。

50. ［德］柯武刚、史漫飞：《制度经济学：社会秩序与公共政策》，韩朝华译，商务印书馆 2000 年版。

51. ［美］阿马蒂亚·森：《伦理学与经济学》，王宇、王文玉译，商务印书馆 2000 年版。

52. ［美］约瑟夫·斯蒂格里兹：《政府经济学》，曾强等译，春秋出版社 1988 年版。

53. ［美］加布里埃尔·A. 阿尔蒙德、小 G. 宾厄姆·鲍威尔：《比较政治学：体系、过程和政策》，曹沛霖等译，上海译文出版社 1987 年版。

54. ［美］西摩·马丁·李普塞特：《一致与冲突》，张华青等译，上海人民出版社 1995 年版。

55. ［英］埃弗尔·詹宁斯：《英国议会》，蓬勃译，商务印书馆 1959 年版。

56. ［美］李普曼：《舆论学》，林珊译，华夏出版社 1989 年版。

57. ［美］艾克曼：《腐败与政府》，王江、程文浩译，新华出版社 2000 年版。

58. ［美］希尔斯曼：《美国是如何治理的》，曹大鹏译，商务印书馆 1986 年版。

59. 〔美〕詹姆斯·E. 安德森:《公共决策》，唐亮译，华夏出版社1990 年版。

60. 〔美〕查尔斯·沃尔夫:《市场或政府——权衡两种不完善的选择》，谢旭译，中国发展出版社 1994 年版。

61. 〔德〕马克斯·韦伯:《学术与政治》，冯克利译，外文出版社1998 年版。

62. 〔德〕马克斯·韦伯:《经济与社会》上、下卷，林荣远译，商务印书馆 1997 年版。

63. 〔德〕马克斯·韦伯:《社会科学方法论》，李秋零、田薇译，中国人民大学出版社 1999 年版。

64. 〔英〕弗兰克·帕金:《马克斯·韦伯》，刘东、谢维和译，四川人民出版社 1987 年版。

65. 〔美〕彼德·布劳、马歇尔·梅耶:《现代社会中的科层制》，马戎等译，学林出版社 2001 年版。

66. 〔美〕劳伦斯·彼得: 《彼得原理》，中国文联出版公司 1996年版。

67. 〔英〕戴维·米勒、韦农·波格丹诺编:《布莱克维尔政治学百科全书》，中国问题研究所等组织翻译，中国政法大学出版社 1992 年版。

68. 《中国大百科全书·政治学》，中国大百科全书出版社 1992年版。

69. 〔美〕列奥·施特劳斯、约瑟夫·克罗波西主编:《政治哲学史》下卷，李天然等译，河北人民出版社 1993 年版。

70. 〔英〕莱斯诺夫:《二十世纪的政治哲学家》，冯克利译，商务印书馆 2001 年版。

71. 〔美〕R. J. 斯蒂尔曼编著:《公共行政学》上册，李方、潘世强等译，中国社会科学出版社 1988 年版。

72. 〔美〕理查德·J. 斯蒂尔曼二世编著:《公共行政学：概念与案例》，竺乾威、扶松茂等译，中国社会科学出版社 2004 年版。

73. 〔挪〕汤姆·克里斯滕森、佩尔·勒格莱德主编: 《新公共管理——观念与实践的转变》，刘启君等译，河南人民出版社 2003 年版。

74. 〔美〕菲利克斯·A. 尼格罗、劳埃德·G. 尼格罗:《公共行政学简明教程》，郭晓来等译，中共中央党校出版社 1997 年版。

75. ［美］宾厄姆等：《美国地方政府的管理：实践中的公共行政》，九洲译，北京大学出版社 1997 年版。

76. ［美］阿兰·S. 罗森鲍姆编：《宪政的哲学之维》，郑戈、刘茂林译，生活·读书·新知三联书店 2001 年版。

77. ［美］肯尼斯·W. 汤普森编：《宪法的政治理论》，张志铭译，生活·读书·新知三联书店 1997 年版。

78. ［美］斯蒂芬·L. 埃尔金、卡罗尔·爱德华·索乌坦编：《新宪政论——为美好的社会设计政治制度》，周叶谦译，生活·读书·新知三联书店 1997 年版。

79. ［英］约翰·格林伍德、戴维·威尔逊：《英国行政管理》，汪淑钧译，商务印书馆 1991 年版。

80. ［英］戴维·赫尔德：《民主的模式》，燕继荣等译，中央编译出版社 2004 年版。

81. 中国社会科学杂志社编：《民主的再思考》，社会科学文献出版社 2000 年版。

82. ［美］卡尔·博格斯：《政治的终结》，陈家刚译，社会科学文献出版社 2001 年版。

83. ［美］艾萨克：《政治学：范围与方法》，郑永年等译，浙江人民出版社 1987 年版。

84. ［美］伊斯顿：《政治体系：政治学状况研究》，马清槐译，商务印书馆 1993 年版。

85. ［英］帕特里克·敦利威：《民主、官僚制与公共选择——政治科学中的经济学阐释》，张庆东译，中国青年出版社 2004 年版。

86. ［英］简·莱恩：《新公共管理》，赵成根等译，中国青年出版社 2004 年版。

87. ［美］威廉姆·A. 尼斯坎南：《官僚制与公共经济学》，王浦劬等译，中国青年出版社 2004 年版。

88. ［美］特里·L. 库珀：《行政伦理学：实现行政责任的途径》，张秀琴译，中国人民大学出版社 2001 年版。

89. ［美］珍妮特·V. 登哈特、罗伯特·B. 登哈特：《新公共服务：

服务，而不是掌舵》，丁煌译，中国人民大学出版社 2004 年版。

90. ［美］杰克·普拉诺等：《政治学分析辞典》，胡杰译，中国社会科学出版社 1986 年版。

91. ［德］哈贝马斯：《在事实与规范之间：关于法律和民主法治国的商谈理论》，童世骏译，生活·读书·新知三联书店 2003 年版。

92. ［德］尤尔根·哈贝马斯：《合法化危机》，刘北成、曹卫东译，上海人民出版社 2000 年版。

93. ［德］哈贝马斯：《交往行动理论》第一、二卷，洪佩郁、蔺青译，重庆出版社 1994 年版。

94. ［德］尤尔根·哈贝马斯：《包容他者》，曹卫东译，上海人民出版社 2002 年版。

95. ［德］哈贝马斯：《公共领域的结构转型》，曹卫东等译，学林出版社 1999 年版。

96. ［英］克里斯托弗·波利特、［比］海尔特·鲍克尔特：《公共管理改革——比较分析》，夏镇平译，上海译文出版社 2003 年版。

97. 刘德厚：《广义政治论——政治关系社会化分析原理》，武汉大学出版社 2004 年版。

98. 国家行政学院国际合作交流部编译：《西方国家行政改革述评》，国家行政学院出版社 1998 年版。

99. 俞可平主编：《治理与善治》，社会科学文献出版社 2000 年版。

100. 竺乾威、马国泉编：《公共行政学经典文选》英文版，复旦大学出版社 2000 年版。

101. Bernard E. Brown 编：《比较政治学读本》影印本，北京大学出版社 2004 年版。

102. 张康之：《寻找公共行政的伦理视角》，中国人民大学出版社 2002 年版。

103. 张贤明：《论政治责任》，吉林大学出版社 2000 年版。

104. 丁煌：《西方行政学说史》，武汉大学出版社 1999 年版。

105. 蔡定剑：《中国人大制度》，社会科学文献出版社 1996 年版。

106. 彭和平编著：《公共行政管理》，中国人民大学出版社 1995 年版。

107. 池忠军：《官僚制的伦理困境及其重构》，知识产权出版社 2004 年版。

108. 杨龙：《西方新政治经济学的政治观》，天津人民出版社 2004 年版。

109. 李图强：《现代公共行政中的公民参与》，经济管理出版社 2004 年版。

110. 刘军宁：《共和·民主·宪政——自由主义思想研究》，上海三联书店 1998 年版。

111. 王焱编：《宪政主义与现代国家》，生活·读书·新知三联书店 2003 年版。

112. 彭和平、竹立家编译：《国外公共行政理论精选》，中共中央党校出版社 1997 年版。

113. ［美］万斯莱等：《公共行政与治理过程：转变美国的政治对话》，《中国行政管理》2002 年第 2 期。

114. ［澳］欧文·E. 休斯：《新公共管理的现状》，《中国人民大学学报》2002 年第 6 期。

115. ［英］克里斯托弗·胡德：《公共管理改革中的三个悖论》，《国家行政学院学报》2002 年第 6 期。

116. ［美］理查德·C. 勃克斯等，《新公共管理与实质性民主》，《上海行政学院学报》2002 年第 3 期。

117. 王乐夫：《论公共行政与公共管理的区别与互动》，《管理世界》2002 年第 12 期。

118. 王惠岩：《公共管理基本问题初探》，《国家行政学院学报》2002 年第 6 期。

119. 张立荣：《当代西方行政制度改革的取向与启示》，《社会科学》2002 年第 2 期。

120. 杜钢建：《公民参与在重塑政府中的作用》，《新东方》1999 年第 1 期。

121. 张康之：《20 世纪行政学发展回顾》，《广东行政学院学报》2002 年第 6 期。

122. 陈振明：《从公共行政学、新公共行政学到公共管理学——西方政府管理研究领域的"范式"变化》,《政治学研究》1999 年第 1 期。

123. 陈振明:《评西方的"新公共管理"范式》,《中国社会科学》2000 年第 6 期。

124. 陈振明:《走向一种'新公共管理'的实践模式——当代西方政府改革趋势透视》,《厦门大学学报》2000 年第 2 期。

125. 倪星:《论民主政治中的委托—代理关系》,《武汉大学学报》2002 年第 6 期。

126. 黄小勇:《韦伯理性官僚制范畴的再认识》,《清华大学学报》(哲学社会科学版) 2002 年第 2 期。

127. 唐钧:《官僚制的挑战——兼论对我国行政管理的启示》,《云南行政学院学报》2001 年第 3 期。

128. 李承、王运生:《当代公共行政的民主范式》,《政治学研究》2000 年第 4 期。

129. 宁骚:《行政改革与行政范式》,《新视野》1998 年第 3 期。

130. 周志忍:《公共选择与西方行政改革》,《新视野》1994 年第 6 期。

131. 段钢:《重建公共行政的思考——〈黑堡宣言〉首席作者万斯莱教授访谈录》,《中国行政管理》2002 年第 10 期。

132. 张梦中:《论公共行政的起源与范式转变》(上),《中国行政管理》2001 年第 6 期。

133. 张梦中:《美国公共行政历史渊源与重要价值取向》,《中国行政管理》2000 年第 11 期。

134. 胡伟:《在经验与规范之间:合法性理论的二元取向及意义》,《学术月刊》1999 年第 12 期。

135. 胡伟:《合法性问题研究:政治学研究的新视角》,《政治学研究》1996 年第 1 期。

136. 张星久:《论合法性研究的依据、学术价值及其存在的问题》,《法学评论》2000 年第 3 期。

137. 陈国权:《论新公共管理的经济学基础》,互联网文章,"中国 MPA 社 区","网址为 http://www.chinampa.cn/Article/top/200407/50.html。

二　英文部分

1. A. H. Birch, *Representation*, London: The Macmillan Press LTD, 1972.

2. Tom Christensen & Per Lægreid (eds.), *New Public Management: The Transformation of Ideas and Practice*, Aldershot: Ashgate, 2001.

3. Herbert F. Weisberg, Eric S. Heberlig and Lisa M. Campoli (eds.), *Classics in Congressional Politics*, chapter 5 "What is Representation", New York: Addison – Wesley Educational Publishers Inc. , 1999.

4. Herbert M. Levine (ed.), *Public Administration Debated*, Englewood Cliffs: Prentice – Hall, 1988.

5. Jay M. Shafritz and E. W. Russell, *Introducing Public Administration*, New York: Addison Wesley Longman, Inc. , 2003.

6. Fritz Morstein Marx, ed. , *Elements of Public Administration*, Englewood Cliffs: Prentice – Hall Incorporated, 1946.

7. Dwight Waldo, *The Administrative State: A Study of the Political Theory of American Public Administration*, New York: Ronald Press, 1948.

8. Paul H. Appleby, *Policy and Administration*, Alabama: University of Alabama Press, 1949.

9. Estlund and David Miller (eds.), *Democracy*, Oxford: Blackwell Publishers, 2002.

10. Austin Ranney, *Governing: An Introduction to Political Science*, New York: Prentice – Hall, 1987.

11. John R. Greenwood, Robert Pyper and David Wilson, *New Public Administration in Britain*, London: Routledge, 2002.

12. Donald Kinsley, *Representative Bureaucracy: An Interpretation of the British Civil Service*, Yellow Springs: Antioch University Press, 1944.

13. Samuel Krislov and David H. Rosenbloom, *Representative Bureaucracy and the American Political System*, New York: Praeger Publishers, 1982.

14. P. M. Punnett, *British Government and Politics*, Chicago: The Dorsey Press, 1988.

15. Luiz Carlos Bresser – Pereira, *Democracy and Public Management Re-*

form: *Building Republican Democracy*, Oxford: Oxford University Press, 2004.

16. Yvonne Fortin and Hugo Van Hassel (eds.), *Contracting in the New Public Management: from Economics to Law and Citizenship*, Amsterdam: IOS Press, 2000.

17. Charles S. Hyneman, *Bureaucracy in a Democracy*, New York: Harper & Row, 1950.

18. Ralph P. Hummel, The *Bureaucratic Experience*, New York: St. Martin's Press, 1982.

19. W. Phillips Shively, *Power and Choice: An Introduction to Political Science*, New York: McGraw – Hill, 1997.

20. A. R. Brewer – Carias, *Judicial Review in Comparative Law*, Cambridge: Cambridge University Press, 1989.

21. Ian Mcleod, *Judicial Review*, Chichester: Barry Rose Law Publishers Ltd., 1978.

22. De Smith, Woole and Jowell's, *Principles of Judicial Review*, London: Sweet & Maxwell Limited, 1999.

23. Patricia Day and Rudolf Klein, *Accountabilities: Five Public Services*, London: Tavistock Publications, 1987.

24. Jay M. Shafritz and Albert C. Hyde (eds.), *Classics of Public Administration*, Chicago: The Dorsey Press, 1987.

25. Jonathan Boston et al., *Public Management: The New Zealand Model*, Auckland: Oxford University Press, 1996.

26. Carl J. Friedrich, "Responsible Government Service Under the American Constitution", in C. J. Friedrich et al., *Problems of The American Public Service*, New York: McGraw – Hill, 1935.

27. Carl J. Friedrich, "Public Policy and the Nature of Administrative Responsibility" in Carl J. Friedrich and Edward S. Mason, eds., *Public Policy: A Yearbook of the Graduate School of Public Administration*, Cambridge: Harvard University, 1940.

28. Udo Pesch, "The Publicness of Public Administration", *Administration and Society*, 2008, Vol. 40, No. 2.

29. Herbert Finer, "Administrative Responsibility in a Democratic Government", *Public Administrative Review*, Vol. 1, Summer 1941.

30. David M. Levitan, "The Neutrality of the Public Service", *Public Administration Review*, Vol. 2, 1942.

31. James D. Carroll and H. George Frederickson, "Dwight Waldo", *Public Administration Review*, 2001, Vol. . 61, No. 1.

32. Laurence E. Lynn Jr. , "The Myth of the Bureaucratic Paradigm: What Traditional Public Administration Really Stood For", *Public Administration Review*, 2001, Vol. 61, No. 2.

33. Dwight Waldo, "Development of Theory of Democratic administration", *The American Political Science Review*, Vol. 46, No. 1, March 1952.

34. Beth E. Warner, "John Stuart Mill's Theory of Bureaucracy within Representative Government: Balancing Competence and Participation", *Public Administration Review*, 2001, Vol. 61, No. 4.

35. Kasper M. Hansen and Niels Ejersbo, "The Relationship between Politicians and Administrators-A Logic of Disharmony", *Public Administration*, Vol. 80, No. 4, 2002.

36. Nancy C. Roberts, "Keeping Public Officials Accountable Through Dialogue: Resolving The Accountability Paradox", *Public Administration Review*, Vol. 62, No. 6, 2002.

37. Cheryl Simrell King, Kathryn M. Feltey, Bridget O'Neill Susel, "The Question of Participation: Toward Authentic Public Participation in Public Administration", *Public Administration Review*, 1998, Vol. 58, No. 4.

38. Todd T. Kunioka and Gary M. Woller, "Bank Supervision and the Limits of Political Influence Over Bureaucracy", *Public Administration Review*, 1999, Vol. 59, No. 4.

后　记

　　本书是在笔者的博士论文基础上修改而成的，其主体大致写作于2003—2004年，正是公共管理思潮盛行于国内（表现为各大高校公共管理学院的相继成立）且广受好评之际——而自己却对这种管理化的趋势本能地持有保留态度。选择此主题的初衷源于从教经历，即在给行政管理学专业学生讲授政治学原理和给政治学专业学生讲授行政学原理时，感觉到很多学行政管理的人对政治学基础知识的重要性认识不充分，而学政治学的人又对公共行政的理论性及学科价值估计过低，因此想从政治学的角度来探讨公共行政的理论问题，或者说作一些行政哲学方面的思考，以强调民主与行政之间的密切联系。虽然这几年里教学和研究方向都在发生改变，但笔者相信这样的思考仍然有持续下去的必要。

　　在本书即将出版之际，我想起了自己在风景旖旎的珞珈山上求学十一载的一幕幕。回首往事，我要衷心感谢那些关心和帮助我的人。

　　感谢我的导师谭君久教授，他对我的学习、工作乃至生活都给予了无微不至的关怀，他严谨治学的态度值得我毕生学习，他对我的殷切期望和谆谆教诲我将永远铭记在心。感谢刘德厚教授，在他的课堂上我不仅学到了知识也感受到了他的人格魅力，他那深厚的学术底蕴是我今后努力的方向。感谢张星久教授，每次聆听他的教诲总让我受益匪浅，他对论文提纲所作的认真评点，给我很多启迪。感谢施雪华教授，他的渊博知识和言传身教都令我难忘，他所提出的论文结构修改意见，打开了我的思路。感谢虞崇胜教授，他在学术研究方面力求创新的精神是我学习的榜样，他对论文选题意义的肯定让我备受鼓舞。感谢储建国教授和申建林教授对我的热心帮助，感谢我的同事刘俊祥教授、徐琳副教授等，与他们合作共事倍感温馨。感谢学友胡勇、朱海英、付小刚（他们现在也是我的同事）等人和我一起度过了美好的求学时光。感谢答辩委员会的王邦佐、张立荣、倪星等诸位教授对我博士论文的肯定，感谢论文评阅人的批评和修改建议。感谢责任编辑卢小生先生耐心而细致的编辑工作。

感谢我的母亲王美君女士，她的养育之恩，特别是她在物质上、精神上对我完成学业的巨大支持是我永生难忘的。感谢我的妻子张小莉，她的理解和鼓励是我前进的动力源泉。

最后，与所得到的师友们的帮助相伴，财政的支撑也是很重要的，本书的写作和出版得到了武汉大学"985"工程二期拓展平台、武汉大学70后学者学术计划"中国特色民主政治研究团队"的资助，本书也属于武汉大学自主科研项目（人文社会科学）研究成果，得到"中央高校基本科研义务费专项资金"资助，在此特别致谢。

此外，本书第四章的第一、三节曾刊载于《珞珈政治学评论》第一卷，第五章第二节曾刊载于《天中学刊》，第五章第三节曾刊载于《东南学术》，第七章第一节曾刊载于《行政论坛》，谨对上述刊物表示感谢。

当然，由于本人学力尚浅，书中必然存在瑕疵和不尽如人意的地方，因此这里想要表明的是，来自读者的任何批评都将受到最热烈的欢迎。

陈　　刚

2010 年 4 月 10 日